KB270941

백형술 HSK

송산출판사

序文 1

HSK(中国汉语水平考试)는 모국어가 중국어가 아닌 사람들·외국인·화교·중국소수민족 등을 대상으로 한 중국어 수준을 평가하기 위한 국가급 시험이다. 이 시험은 '듣기'·'문법'·'읽기'와 '쓰기' 등을 테스트 항목으로 나누어, 중국어 수준을 평가할 수 있는 비교적 객관적인 시험 중의 하나라고 볼 수 있다. 1993년 우리나라에서 처음으로 실시된 이래, 중국에 대한 관심이 해마다 높아져 많은 사람들이 이 시험에 참가하고 있다. 이에 따라 실용적인 HSK 준비 학습서의 필요성이 진지하게 요구되고 있다. HSK 준비학습서는 시험자로 하여금 단시일 내에 높은 효과를 거둘 수 있게 하고, 중국어에 대한 이해의 폭을 더욱 확대 상승시켜야 할 것이다. 하지만 대부분 HSK를 준비하는 학습서가 서로 유사한 문제를 표절,반복하여 일시적인 요구에 맞추려는 무책임한 내용으로 일관하고 있는 점은 깊이 생각해보아야 할 일이다.

국내외 HSK 준비학습서는 거의 모두가 대개 《中国汉语水平考试大纲(初中等·高等)》·《汉语水平考试词汇和汉子等级大纲》·《汉语水平等级标准与语法等级大纲》 등을 주요 참고 대상으로 삼는데, 그 중에서도 어휘와 어법의 준거가 되는 《汉语水平考试词汇和汉子等级大纲》과 《汉语水平等级标准与语法等级大纲》은 매우 긴요한 텍스트이다. 어휘 능력은 '듣기' '쓰기' '읽기' '문법' 등을 학습하는 가장 기본적인 샘이요, 원천으로 학습자의 중국어 수준을 높일 수 있는 가장 중요한 부분이다. 이와 동시에 또한 어법은 학습자들이 자주 혼동을 겪는 부분으로 정확한 언어를 구사할 수 있는 능력을 갖추게 하는 중요한 항목이다. 상당한 어휘 학습능력을 지닌 학습자도 자칫 어패현상과 같은 오류를 범하고도 발견하지 못하기 때문에 틀리기 쉬운 부분이다.

여러 현실적인 상황을 고려하여 본 편집서는 어휘와 어법에 많은 중심을 두면서 완벽하고 섬세함을 구비하고자 하였다. 《大纲》에서 제시한 어휘와 어법은 물론 현대 중국어의 口语体와 习惯语·成语 등 대량으로 섭렵하여 완벽함을 추구하였으며, 이와 관련된 语汇 例文도 최근 시사 중국어를 제시하여 단순하고 판에 박힌 교과서적인

학습에서 탈피하고자 하였다. 예를 들면, 구어체인 「爆冷门(예상치 못한 상황이 발생하다)」의 예문으로 「世界杯第一场球, 爆冷门, 塞内加尔赢了法国.(월드컵 개막전에서 세네갈이 프랑스를 이기는 예상치 못하는 결과가 나왔다)」는, 2002년 세계 월드컵에 관한 최근의 기사 내용이다.

어휘 배열은 모든 어휘를 첫 자의 한어병음에 따라 A, B, C…… 순으로 분류 안배하여 HSK를 준비하는 사전식의 역할을 감당하게 했다. 이와 더불어 모든 어휘는 그 용법에 따라 품사를 표기하여 학습자의 어법의 효과를 높이는 도움이 되도록 하였고, 사용빈도에 따라 《大纲》이 제시한 출현비율을 근거로 각각의 부호를 주어 구분하여 학습자의 주의를 확인시켰다.

'어법' 부분에서는 가능한 어법 단어와 관련된 많은 예문을 제시하여, 적절한 어법적 어언환경을 학습자로 하여금 감각적으로 느끼게 하였다. 이외에도 해당단어의 전반적인 용법과 어법구조를 상세하게 설명하였다. 예를 들어, 「把」의 전치사의 용법 이외에 양사의 역할도 상세히 명시하여 종합적인 학습서의 역할을 하게 하였다.

이 편집서 《기출문제 어휘로 HSK 8급을 잡아라》는 HSK의 종합 학습서이면서 동시에 사전의 기능을 겸한, HSK를 준비하는 과정에서 발생할 수 있는 의문점을 해결해 줄 수 있는 절대적인 지침서이기도 하다. 좀더 완벽한 학습서를 위하여 밤낮으로 노력한 편집자들의 노고를 치하하며, 중국어 교육에 중요한 꺼리가 되었으면 한다. 아울러 앞으로 더욱 좋은 학습서로 거듭날 수 있도록 전문가와 독자들의 아낌없는 질책을 바란다.

2003년 2월 22일

최 남 규

序文2

"HSK 想成真!"
(HSK 꿈★은 이루어집니다)

HSK(汉语水平考试)

는 중국어를 모국어로 사용하지 않는 사람들(외국인, 화교, 중국소수
민족)을 대상으로 중국어 능력을 측정하기 위해 설립한 국가공인 표
준화 시험이다. HSK는 처음 1990년부터 실시되어 오늘에 이르고 있
으며, 백 여 개국에서 수 십만 명이 응시할 정도의 시험 규모로 발전
했다. HSK의 성적은 중국소재 각 대학에서 전공수업에 요구되는 실
제적인 중국어수준을 등급화한 인증서이며, 중국대학 본과 및 석겐
박사 입학과 졸업의 자격에 필수적인 요건이기도 하다. 국내에서도
이 시험의 중요성이 부각되어 기업, 기관의 직원 채용겐승진, 중국정
부장학생 선발, 국내 대학(원) 입학시험 및 교양 중국어 학력평가 등
에서 중요한 평가수단으로 받아들여지고 있다고 한다. 그야말로 중
국어와 관련된 분야를 날수 있는 알리바바의 요술 양탄자이며 '마패'

인 셈이다.

  저자가 처음 HSK를 본 것이 94년으로 기억된다. 그 때 아는 분에게 문제집 한 권을 빌려서 풀어보고 시험에 응시했었는데 결과가 6급이었다. 당시 저자는 자신의 중국어 실력이 예상에 미치지 못했던 것에 대해 무척 섭섭해했던 것을 기억한다. 거의 10년이 되는 오늘, HSK 시험 때마다 본인이 원했던 점수가 나오지 않아서 허탈감에 빠져있을 많은 수험생들을 생각하며 그들에게 작은 위안을 안기려는 마음에서 《기출문제 어휘로 HSK 8급을 잡아라》란 타이틀로 여러분과 만나게 되었다.

  사실, HSK는 중국어를 체계적으로 향상시켜주는 수단은 아니지만, 중국어를 배우려는 사람들이 본인의 능력이 어느 정도인지를 가늠하는 중요한 평가 잣대이며, 중국어를 바르게 알고, 중국어를 정확하게 사용할 수 있는 길잡이임엔 틀림 없다. 알려진 바로는 HSK에 참가한 수험생의 수가 최근에는 수만 명에 이를 정도로 가히 폭발적이라고 하며, HSK를 준비하는 문제집도 이미 30종 넘게 출판되었다고 한다. 또한 HSK와 관련한 준비학습서도 꾸준히 제작되어 고득점을 기대하는 수험생들에게 중요한 보조교재로 활용되고 있다. 그러나, 최근 출판된 기존 HSK 준비학습서가 시험과 관련한 정확한 정보를 제공하고 있는지는 한번 생각해 보아야 한다. 이것은 기출시험 문제에 대한 종합적인 검토와 정확한 어휘의 테이터 작업이 없는 주먹구구식이라고 밖에 볼 수 없으며, 때로는 내용이 너무 광범위하여

무엇을 어떻게 해야 시험에 잘 대처할 수 있는지 아직까지 명확한 대안이 없는 실정이다.

금번 《기출문제 어휘로 HSK 8급을 잡아라》는 이러한 현실적인 제 문제를 인식하고 시험에 출제되었던 그리고 앞으로 출제될 핵심 어휘를 네 영역 중 특히 '听力理解', '语法结构', '读解理解 · 第一部分', '综合填空 · 第二部分' 등 네 개의 영역으로 세분화하여 정리하였다. 지금까지 HSK의 시험 준비가 단순히 많은 문제를 풀면서 막연히 감을 익히는 시간과의 싸움이었다면, 이제는 정확한 정보와 테이터에 근거한 기출문제 어휘를 분석해 내고 이러한 어휘들이 각 영역에서 어떤 형태로 문제화되는지를 실제적인 예문을 통해 알 수 있도록 해야 할 것이다.

알려진 바에 의하면, 지금까지 HSK에 참가한 우리 나라 학생들은 '听力理解', '语法结构', '阅读理解', '综合填空' 네 영역 중 특히 '读解理解 · 第二部分', '综合填空 · 第一部分' 두 곳의 점수가 제일 높은 것으로 드러났다. 그러나, 사람에 따라 다소 차이를 보이긴 하지만 이 두 영역을 빼고 '听力理解'와 '语法结构' 그리고 '综合填空 · 第二部分'은 상당히 취약한 부분으로 드러났다. 그래서, 금번 《기출문제 어휘로 HSK 8급을 잡아라》는 수험생이 HSK를 준비하는 데 있어 가장 약한 부분을 보완해주고자 기출문제 어휘와 출제 가능한 어휘만을 모아 HSK 준비학습서를 만들게 된 것이다. 본 교재의

편찬에 인용한 참고도서를 보면 알 수 있듯이 HSK 관련도서와 HSK 문제집 등 30권 정도에 나오는 가장 핵심적인 기출문제 어휘들을 총동원하여 문제형식과 더불어 정리했기 때문에 여기 나오는 어휘를 잘 익힌다면 수험생들이 실제시험에 당황하지 않고 각 문제에 대한 해결능력이 생겨 두려움대신에 자신감과 확신을 갖게 될 것이다.

긴 시간 동안 HSK와 관련한 국내외 모든 자료를 검토하여 저자들의 심혈과 각고의 노력이 네 권의 책으로 엮어져 여러분과 만나게 된 것을 무척 기쁘게 생각한다. 참된 중국어교육과 지름길을 인도하는 마음으로 작업에 임했지만 편집 후 늘 아쉬움이 남는다. 다행히, 많지는 않지만 온라인상에 떠도는 〈유사 HSK기출문제〉를 정리했는데, 수험생들이 실전시험에 앞서 적절한 도움이 되었으면 한다.

끝으로 지난 1년 여 동안 이 작업에 공저로 참여해 주시고 아낌없는 지도와 격려를 해주신 전북대 최남규 교수님, 윤영미 선생님 그리고 전체 번역을 해주신 김성민 선생님과 차화정 선생님, HSK에 관한 여러 정보와 도움말을 주신 한민이 선생님, 이 책이 나오기까지 꼼꼼히 교열을 다 봐주시고 확인학습 구성 등 편집체재를 다양하게 잡아주신 金映潮 편집장님께 다시한번 깊은 감사를 드립니다. 또한 현대 중국어의 보급에 지대한 관심을 갖고 이 교재의 출판을 허락해 주신 윤우상 사장님과 金映潮 편집장님, 유후랑 과장님께도 심심한 감사를 드립니다.

2003년 2월 22일

백 형 술

CONTENTS

出于　　出院　初　除非　处　处分　处理　穿　穿小鞋　传
串门　创作　吹　吹冷风　淳朴　次　次要　从头到尾　从
未　凑　粗心　脆　措施　错过了

D

达　答应　答复　打　打扮　打道回府　打动　打个招呼
打工　打架　打交道　打量　打破　打起(了)退堂鼓　打扰
打算　打下手　大播特播　大不了　大吃一惊　大大方方　大
跌　大方　大概　大红脸　大家　大名鼎鼎　大手大脚　大小
呆　代　代价　带　带病　戴高帽子　单调　担任　担心
淡　当　当家　当真　挡　档　导致　倒　倒霉　倒休　到
底　到家　道听途说　得　得了　得　的确　抵制　地步
地道　第一把手　掂量　典礼　典型　点心　点子　叼　刁
掉价儿　掉头　盯　定　丢开　丢失　丢在脑后　东拉西扯
懂事　动　动不动就　动静　动脑筋　动人　动身　动手
都　都是你　独到　独身　度过童年时期　端详　对　对待
对号入座　对抗　对象　顿时　多半　多亏　夺

E

恶劣　恶心　噩梦　而　二把刀　二话没说　二心

F

发　发表　发福　发火　发苦　发牢骚　发明　发那么大脾气
发胖　发生　发展　翻　翻了一番　凡事　凡是　繁荣　反
复　反响　反省　反正　犯　犯不上　犯难　方便　方针
仿佛　放大　放冷枪　放下包袱　放心　放心不下　放在心上
非　非常　非法　非要　匪　费　废话　分别　分寸　分明
分配　分歧　分外　奋斗　丰富　风光　风趣　风雨　风筝
迷　逢　否认　否则　服　服气　符合　符合录取条件　福
音　负担　副作用

K — 开　开除　开导　开(了)眼　开绿灯　开明　开辟　开外　开玩笑　开心　开夜车　开张　开支　看　看遍了　看不惯　看得过去　看法　看(了)一眼　看上了　看样子　看中　看重　考察　考虑　靠　靠不住　靠拢　苛刻　嗑嗑碰碰　可　可观　可惜　可心　刻苦　客气什么　肯　空姐　空口说白话　空气　空想　恐怕　口　口角　口气　口重　苦头　哭笑不得　酷爱　夸口　快递　快事　宽阔　宽心丸儿　款待

L — 拉　拉近　落　来　来不及　来往　懒得　老　老伴　老北京　老的老，小的小　老地方　老对手　老家　老闺女　老练　老朋友　老手　老一套　老丈人　姥爷　乐得　乐观　类似　累死了　冷板凳　冷不到哪儿去　冷不防　冷静　冷落　冷门　离开了我们　理解　理想　厉害　立刻　连连　连忙　联系　脸皮这么厚　脸色　凉　两下子　亮相　聊　聊天儿　了不起　了如指掌　料　拎　临　临时　灵　聆听　领头儿　领域　令　留神　留心　露两手　陆续　乱　乱弹琴　略　落户

M — 麻烦　马马虎虎　马上　买不着　迈　瞒　满　满不在乎　忙坏了　忙活　忙着　盲目　毛病　茅台　冒牌　冒险　贸然　没吃什么东西　没底　没劲　没门儿　没趣儿　没什么　没什么比它再贵的　没什么问题　没事儿　没事儿人　没说的　没完没了的　没问题　没戏　没样儿　没怎么睡觉　没辙　没治(儿)　没准儿　每逢　美　美美　门　门道　蒙　蒙对　秘密　免得　勉强　免收　面试　面子　妙龄　敏捷　名目　名堂　明朗　明明　摸门儿　陌生　莫名其妙　木　木头人　目前

N — 拿　拿不出手　拿手菜　拿手戏　拿主意　哪儿买不是买　哪

CONTENTS

S

撒谎　三班倒　三天打鱼，两天晒网　三长两短　三番五次　三好学生　三思而后行　三天两头儿　三下五除二　嫂子　闪电式　善于　伤　伤(了)和气　伤脑筋　赏心悦目　上　上火　上了岁数　上马　上岁数的人　捎　少不了　少走了很多弯路　舍不得　设计　摄影　谁也不比谁差　谁也说服不了谁　谁知道　深　深浅　慎　慎重　神气　什么水平呀　生怕　胜负　省事　失调　失业　失足青年　十全十美　十数载　十之八九　时不时地　时机　时尚　时兴　识得　实际　实践　实力　实施　实事求是　实在　实在人　使　事　事后　事后诸葛亮　事实　事与愿违　释　释怀　收拾　手笔　手头不算宽裕　手足无措　守　受到　竖起大拇指　数　数得着　数一数二　甩帅　双职工　顺便　瞬时　说　说不定　说不过去　说不过他　说不上　说大话　说得有鼻子有眼　说话　说话间　说话算数　说急就急　说来说去　说起来　说三道四　说闲话　说嘴　私营　思索　死活　四处　"四二一"的家庭结构　似乎　送　搜查　算　算了　算是　随　琐事　索性

T

他得顾我们俩的嘴　他只是一个孩子，别跟他生气　踏实　太差了　太淡了　谈不上　谈得来　谈何容易　掏腰包　讨价还价　特别　特意　提倡　体会　体面　天地　天各一方　天经地义　天下第一关　天真　添　甜　甜头　听而不闻　听你的　挺　挺好　通常　通顺　通通　同行　统统　痛快　痛痛快快地　头儿　头脑　头痛　头头是道　头一天　突出　突击　图土　团团转　团圆饼　推销　退　拖泥带水　妥当

W

外人　外祖父　外祖母　丸　完全　晚点　万　万不得已　万万　万一　往返　往日　往事　忘乎所以　忘年之交　为　为难　为首的　为数　未必　未来　位于　味儿　文盲　文雅　闻　闻名　问不出来　问长问短　问题　我说什么来着

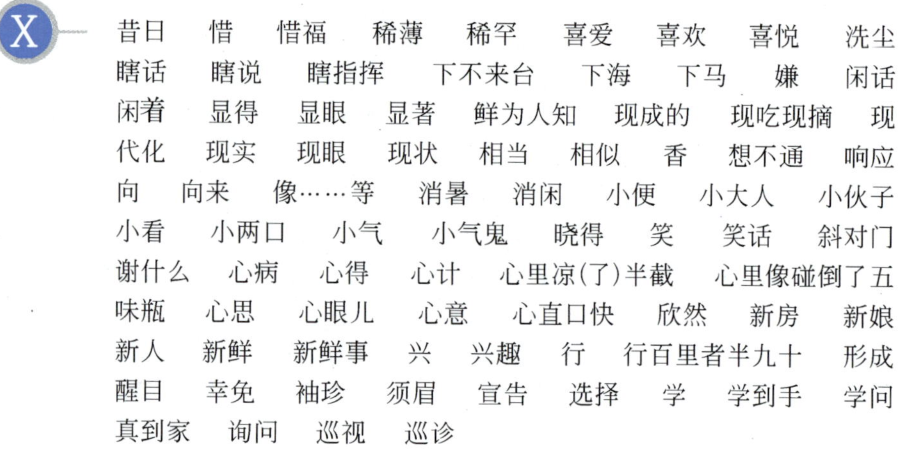

一趟　　一天到晚　　一味　　一问三不知　　一五一十地　　一系列
一下儿　　一下子　　一向　　一行　　一眨眼的工夫　　一抓一大把
依　　依稀　　仪表　　以　　以往　　以为　　义务　　异　　异常　　异样
意见　　意识　　意思　　意思意思　　意外　　意想不到　　意中人　　阴
一阵,晴一阵　　引人注目　　隐约　　应届　　应　　应付　　应选　　英
俊　　迎　　硬　　硬朗　　硬是　　硬着头皮　　用　　用不上　　用不着
用功　　尤其　　由　　由来　　犹豫　　友情　　有奔头　　有出息　　有
的是　　有经验　　有空儿　　有两下子　　有了明显的进步　　有数儿
有喜了　　有心人　　有眼光　　有益　　有意思　　有意者　　有朝一日
于　　与　　欲　　预期　　原来　　缘故　　愿意　　岳母

Z

杂志　　再三　　再说　　在乎　　赞助　　赞同　　暂时　　脏话　　赃物
糟　　糟蹋　　遭到　　遭遇　　早晚　　怎么　　怎么能看得懂　　乍
扎实　　展现　　占便宜　　战战兢兢　　掌握　　长进　　着凉　　找
找个台阶下　　照样　　真棒　　真的　　真格的　　镇定　　正常　　正当
正好　　正面　　正视　　正宗　　知音　　知足　　直　　直截了当　　值
得　　值得一游　　职业　　只好　　指　　制约　　质量太次　　中国通
终生　　终身大事　　重病人　　周到　　周围　　逐渐　　逐年　　主意
主宰　　主张　　注目　　注重　　抓　　拽　　转眼　　装扮　　装不下
追　　追究　　准　　准时　　琢磨　　滋润　　滋味(儿)　　自然　　自在
踪　　总　　总得　　总是　　走　　走到一块儿　　走红　　走后门(儿)
走极端　　走漏　　走俏　　走题　　足有半个小时　　遵照　　左膀右臂
左撇子　　左说右说　　左右　　左右不了　　作伴　　作品　　坐班　　做
不过来　　做了手脚　　做梦也没有想到　　做生意

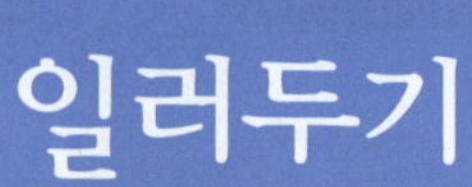 

일러두기

본 교재의 특성 및 교재를 이용함에 있어 아래의 내용을 참고하길 바란다.

● 听力理解(듣기이해) – 제1권

- 반드시 시험에 나오는 듣기 핵심표현 및 내용 화제를 일목요연하게 정리함.
  - 듣기의 대화문에 반드시 나오는 주요 의문사를 다양한 예문과 함께 정리하였다.
  - 듣기에서 자주 출제되는 내용을 화제 별로 분류하고 그 화제와 관련된 약 1200개 정도의 필수어휘를 정리하여 쉽게 듣기문제에 대처하도록 했다.
- 듣기 기출문제 필수 어휘 및 구어체 어휘 총망라함.
  - 중국인의 말을 빨리 쉽게 알아들으려면 중국인의 입에서 자주 사용되는 말, 즉 구어체의 어휘를 많이 알아야 한다. 그래서,본 교재의 듣기어휘는 이러한 언어에 초점을 맞춰 듣기문제에서 가장 많이 나오는 실용어휘와 HSK시험에서 다뤄졌던 기출어휘를 포함해 1,530개를 모아 정리하였다. 이 모든 어휘들은 최신 유행어를 비롯하여 약 30 권 정도의 HSK 듣기문제집에 나온 어휘들을 모아 정리하고 그 어휘마다 예문을 달아 이해하기 쉽도록 했다.
- 듣기 시험의 답을 고르는 형식의 하나로 기출어휘의 동의어를 최대한 수록함.

● 语法结构(어법구조) – 제2권

- 중국어의 어법구조를 구조식으로 이해하도록 정리함.
  - 본 교재는 전통적인 어법을 이해하는 방식을 지양하고 먼저 어휘의 의미를 알고 그 어휘가 어떤 형태로 어떻게 운용되는가를 도식적으로 이해하도록 하였다. 특히 어휘설명의 아래 부분에 《固定式》이라는 난을 설정하여 표제어휘가 어떤 구조에서 어떻게 적용되는지를 다양한 구조식으로 체계화하여 알기 쉽도록 정리했다.
  - HSK와 관련된 문제집 약 30 권에 수록된 어법구조편의 모든 어휘들을 어법시험에 효과적으로 대처할 수 있게 모든 문제유형을 총동원하여 실전문제에 맞춰 표제어휘 993개와 다양한 예문을 문제형식으로 정리해 놓았다.
- 문제형식의 예문이 많은 어휘는 그만큼 출제빈도가 높다.
- 어법의 어휘는 '종합 빈칸 채우기' 와 밀접한 연관이 있다.
  - 어법 어휘와 관련한 유사 어휘로 대략 700여 개 정도를 추가했는데, 이를 상호 연관시켜 익힌다 보면 '종합 빈칸 채우기' 에서 선택의 혼란을 효과적으로 대비할 수 있다.

阅读理解1(독해이해) – 제3권

- '阅读理解 · 第一部分'에 나오는 모든 기출문제의 어휘를 수록함.
  - 본 영역에서는 내용이해에 해당하는 '阅读理解 · 第二部分'은 다루지 않았다. '阅读理解 · 第一部分'에 나오는 한 문장에서 밑줄 친 부분이 나타내고자 하는 말의 같은 의미를 고르는 모든 문제의 어휘를 취급하였다.
  - 약 30 권 정도의 HSK 문제집의 '阅读理解 · 第一部分'에 나오는 모든 어휘를 분석하고, 표제어휘 1462 개를 문제형식에 맞춰 정리하였다. 그 밖에 표제어휘와 관련한 보충어 600여 개 정도를 추가하여 '综合填空'을 겸해서 대비할 수 있도록 했다.
- 사전에 없는 구어체 어휘를 다량으로 수록함.
  - 이곳에 정리된 어휘들 중 많은 구어체와 사전에 아직 올려지지 않은 많은 어휘들을 상세히 정리했으며, '阅读理解 · 第一部分'을 비롯하여 중구어이 듣기, 말하기도 완벽하게 대비하도록 했다.

综合填空(종합 빈칸 채우기) – 제4권

- 최단시간 내에 빈칸을 채울 수 있도록 최소의 예문으로 구성함.
  - 본 영역에서는 빈칸에 들어갈 적당한 말을 고르는 '综合填空 · 第一部分'은 다루지 않고, 빈칸에 한 글자를 써넣는 '综合填空 · 第二部分'만을 취급하였다.
  - 약 30 권 정도의 HSK 문제집에 나오는 '综合填空 · 第二部分'의 모든 어휘를 분석하고 표제어휘 1546 개를 선정하여 최소의 예문으로 짜임새 있게 풀어보기 쉽도록 정리해 놓았다. 이렇듯 기출문제 어휘를 중심으로 예문을 다루다 보면 어렵지 않게 빈칸을 채울 수 있게 될 것이다.

포인트

- '听力理解'와 '阅读理解 · 第一部分' 두 곳에서 취급되는 어휘는 일반적으로 구어체 대화표현 위주로 실제 언어에 적용되는 말들과 상호 연관시켜 학습하다 보면 말하기와 듣기에 절대적인 도움이 된다.
- '语法结构'과 '综合填空' 두 곳의 어휘가 상호 연관성을 유지하고 있어 어법 영역의 어휘를 잘 익히다 보면 자연 '综合填空' 부분도 어렵지 않게 해결될 수 있다.

HSK 원서교부·접수

▶ 원서교부처
① HSK 한국사무국
② 각 대학 중문과 사무실
③ 중국어 전문학원
④ 홈페이지에서 다운로드

▶ 원서접수처
• HSK원서접수처 : HSK한국사무국
• 단체접수를 받지 않음.
• 고등은 선착순 접수마감.(총 1000명까지)
• 원서접수 시간
  평일 – 오전 10:00~12:00
  　　　 오후 13:00~17:00
  토요일:10:00~12:00
  ※ 일요일, 공휴일은 접수를 받지 않음.
• 시험접수 후 반환 및 취소는 불가능함.
• 고시장은 학교사정과 정원에 따라 변경
  될 수 있음.

▶ 구비서류
• 방문접수
① 사진 3매(3×4㎝, 최근 6개월 이내 촬
  영한 칼라사진)
② 응시료
• 우편접수
① 응시원서(사진1장 부착)
② 사진 2매
  – 3×4㎝ 반명함판 사진
  – 최근 6개월이내 촬영한 칼라사진
  – 사진 뒷면에 한문 이름 기입
  – 측면사진, 배경이 있는 사진 또는
    컴퓨터로 출력한 사진 제출시 접
    수 불가

③ 응시료 입금 영수증
  – 무통장 입금증
  – ATM 기기 계좌이체 영수증 (입금
    인 이름 기재)
  – 인터넷 뱅킹 또는 텔레뱅킹 계좌이
    체 내역서
  ※ ① + ② + ③ 서류를 구비하여 등기우
    편으로 접수.

▶ 보낼 주소
(135-601)서울시 강남구 강남우체국 사서
함 115호 〈HSK한국사무국〉

▶ 은 행
외　환 : 057-13-41819-8
국　민 : 760-25-0004-966
농　협 : 096-01-273356
예금주 : (사법)한중문화협력연구원

▶ 응시료
(원서대,등록비 포함)
초중등HSK : 69,000원
고　등HSK : 99,000원
기　초HSK : 42,000원

시험에 꼭 나오는

HSK 단어 · 숙어 1400

독해편

若要人不知，除非己莫为

남이 모르게 하려면 스스로 일을 저지르지 마라

A

0001 >> * 爱面子　ài miànzi

체면을 중히 여기다. 체면을 차리다. ⇔ 不要脸

她是个很爱面子的女孩。 = 怕被人看不起
그녀는 체면을 매우 중시하는 여자이다.

0002 >> 爱去不去　ài qùbuqù

〈口〉 갈건지 안 갈건지 스스로 결정하다

我们明天去雪岳山游玩，你爱去不去。 = 去不去自己决定
우리는 내일 설악산에 놀러 가는데, 너는 갈건지 안갈건지 스스로 결정해라

0003 >> * 爱人　àiren

명 ① 남편. = 先生　② 아내. = 太太　③ 애인. = 情人

她是我的爱人。 = 妻子
그녀는 나의 부인이다.

0004 >> * 碍事　ài shì

(일에) 방해가 되다. (다른 사람에게) 지장을 주다. // 不碍事(괜찮다.)

(1) 你在这里什么都干不了，真碍事。 = 不方便=有妨碍
　　너는 이곳에서 아무것도 해내지를 못하니, 정말 방해만 돼.

(2) 他的病已经让医生看过了，不碍事。 = 重要=严重
　　그의 병은 이미 의사가 진단을 했는데, 별 문제 없데요.

0005 >> ☆ 按　àn

동 (손이나 손가락으로) 누르다. // 按门铃(벨을 누르다.)

我按了一下自行车的后轮。 = 压
나는 자전거의 뒷바퀴를 눌러 보았다.

0006 >> ☆ **按时**   ànshí

제시간에. 제때에. 정한 시간대로. // 按时到达(제시간에 도착하다.)

列车按时到站了。 = 按照规定的时间
열차는 제시간에 역에 도착했다.

0007 >> **熬夜**   áo yè

동 밤샘하다. 철야하다.

(1) 为了赶出这篇稿子，他只得熬夜了。 = 晚上睡得很晚
이 원고를 제때에 제출하기위해 그는 밤을 샐 수밖에 없었다.

(2) 他明天就要考试了，所以正在熬夜复习。 = 开夜车
그는 내일 시험을 볼 것이기에 지금 한창 밤새워 복습하고 있다.

시험에 꼭 나오는 HSK 단어 · 숙어

0008 >> **巴不得**   bābude

동 간절히 …하고 싶다.(바램이 실현가능한 경우에 쓰임) = 盼望 ≒ 恨不得(긍정문에서만 사용되며, 바람이 실현 불가능한 경우에 쓰임)

小明学习不好，一考试就巴不得得场病躲过去。 = 恨不能
小明은 공부를 잘 못해서, 시험만 치면 병이라도 걸려 피해갔으면 하는 마음 간절하다.

0009 >> **拔尖**   bá jiān

동 ① 출중하다. ② 뽐내다. 자기를 내세우다.

学生中，他最拔尖。 = 出尖
학생들 중에서 그가 가장 뛰어나다.

0010 >> * 把柄　băbǐng

명 ① 약점. 꼬투리.　② 손잡이. 자루.

人要宽容, 不能总抓住别人的把柄不放。 = 错误
사람이 관용을 베풀어야지, 항상 남의 꼬투리를 잡고 놓아주지 않으면 안된다.

0011 >> 把眉头皱了起来　bǎ méitóu zhòule qǐlái

〈口〉눈살을 찌푸렸다.

看着小丽那不争气的成绩单, 爸爸把眉头皱了起来。 = 表示生气, 不满
小丽의 그 좋지 않은 성적표를 보고, 아버지는 눈살을 찌푸렸다.

0012 >> ** 把握住　bǎwòzhù

동 ① (꽉 움켜) 쥐다. 잡다.　② 파악하다.

中国足球冲进了世界杯, 一定要把握住这次机会, 争取得到更大的提高。 = 抓住
중국축구가 월드컵에 진출했는데, 반드시 이번 기회를 잘 잡아서 더욱더 큰 발전을
쟁취해야 한다.

0013 >> * 白　bái

부 〈白 + 동사〉 ① 거저. 무료로. 공짜로.　② 헛되이. 쓸데없이. 공연히.
형 (자음이나 자형이) 틀린.

(1) 我不想白吃公家的饭, 不干活。 = 不花钱
　　나는 공짜로 나랏 밥 먹고 싶지 않고, 일도 않는다.

(2) 今天书店关门, 我白跑了一趟, 没买到书。 = 没有结果 = 徒劳
　　오늘 서점이 문을 닫아, 나는 헛걸음을 했고, 책도 사지 못했다.

(3) 这把锁已经锈掉了, 你想打开它是白费力气。 = 没有效果 = 徒劳
　　이 자물쇠는 이미 녹이 슬어 열려고 해봐야 헛고생이야.

(4) 张强的语文水平太差, 经常写白字。 = 错误的字
　　張强의 어문수준이 너무 떨어져, 종종 틀린 글을 쓴다.

0014 >> ** 白白地 báibáide

뮈 헛되이. 공연히. 쓸데없이.

你白白地耽误了我一上午的时间。 = 没效果
당신은 공연히 나의 오전 시간을 뺏었다.

0015 >> 白热化 báirèhuà

동 (사태나 감정 따위가) 절정에 달하다.

场上的足球比赛已到了白热化的程度。 = 最激烈
그라운드의 축구시합은 이미 최고조에 달했다.

0016 >> 百年 bǎinián

명 ① (사람의) 평생. ② 백 년.

春节时, 李丽和陈强结成了百年之好。 = 一辈子
설에 李丽와 陈强은 백년 가약을 맺었다.

0017 >> 百闻不如一见 bǎi wén bùrú yī jiàn

〈成〉 백 번 듣는 것이 한 번 보는 것만 못하다. 백문이 불여일견. = 还不如亲眼见一次

到了黄山, 才真正感受到了它的美, 真是百闻不如一见呀。 = 听很多次
黄山에 가야만, 참으로 黄山의 아름다움을 느낄 수 있다고 하더니, 정말 백문이 불여일견일세.

0018 >> * 摆 bǎi

동 ① 흔들다. 젓다. ② 말하다. ③ 진열하다.

(1) 上车后, 他朝我不住地摆手。 = 摇动
　　차에 탄 후, 그는 나에게 계속 손을 흔들었다.

(2) 看着爷爷生气的样子, 奶奶向我摆了摆了手, 我赶快走了出去。 = 摇动
　　할아버지가 화난 모습을 보고 할머니는 나에게 손을 내저었고, 나는 서둘러 나왔다.

(3) 校长和气地说 :"王老师, 您把不愿教高三的理由摆一下吧。" = 说 = 谈
　　교장은 부드럽게 말했다:"선생, 당신이 고3을 가르치려고 하지 않는 이유를 말해 보세요."

(4) 你先把所有的问题都摆出来, 我们再商量怎么解决。 = 提 = 拿
　　당신이 일단 모든 문제를 다 내 놓고서, 그런 다음 우리 어떻게 해결할지 상의하지요.

0019 >>

拜拜　bàibai

🔵동 〈口〉빠이빠이(bye-bye). 안녕. 잘 가.

(1) 放学了, 同学们互相喊着 拜拜分手了。 = 再见
학교를 파하고 학우들은 서로 빠이빠이를 외치며 헤어졌다.

(2) 小丽和她的男朋友一年前就已经说 拜拜了。 = 分手
小丽와 그의 남자친구는 일년 전에 벌써 빠이빠이 했다.

0020 >>

班房　bānfáng

🔵명 〈口〉감옥. 구류소.

他进班房可不是第一次了。 = 监狱
그가 감방에 간 것은 처음이 아니에요.

0021 >> ★

办　bàn

🔵명 (일 등을) 처리하다. // 抓紧时间办(시간을 최대한 활용하여 처리하다.)

你把这件事办一下。 = 处理
당신이 이 일을 처리 좀 하세요.

0022 >>

半瓶醋　bànpíngcù

🔵명 〈口〉(지식, 기술에 대해) 반거충이. = 半瓶子醋

你刚出校门, 是半瓶醋, 要谦虚些。 = 略懂一些
너는 이제 막 학교 문을 나선 반 푼수이니, 좀 겸허해야 해.

0023 >> ★

半天　bàntiān

🔵명 한참동안. = 老半天

(1) 我等你半天了, 你怎么还不来。 = 很长时间
내가 당신을 한참을 기다렸는데, 왜 아직 오지 않는 거야.

(2) 他想了半天, 才把这道题解出来。 = 好长时间
그는 한참을 생각하고서야 이 문제를 풀어냈다.

0024 >>

帮倒忙　bāng dào máng

(동) 돕는 것이 오히려 방해가 되다.

(1) 三岁的亮亮非要帮妈妈洗衣服, 爸爸说亮亮在帮倒忙。 = 帮不了忙, 反而[却]添麻烦
세 살 배기 亮亮은 엄마가 빨래하는걸 도와야겠다고 하는데, 아빠는 亮亮이 오히려 방해만 된다고 말한다.

(2) 我对这方面的事一点都不懂, 你要我帮忙的话, 只会帮倒忙。 = 越帮越忙
나는 이 방면의 일에 대해서는 하나도 모르는데, 저 보고 도와달라고 하신다면, 방해만 될 뿐 입니다.

0025 >>

** 棒　bàng

(형) ① (체력이) 강하다.　② (능력이) 뛰어나다. 훌륭하다.　③ (수준이) 높다.

(1) 白先生虽然年过半百了, 但身体仍然很棒。 = 健康
백 선생은 비록 50이 넘었지만, 몸은 여전히 정정하다.

(2) 她在处理公事方面, 一向很棒。 = 能力强
그는 공무를 처리하는 면에 있어서는 줄곧 매우 뛰어났다.

(3) 小明的字写得很棒。 = 水平高
小明은 글자를 아주 잘 쓴다.

0026 >>

* 包　bāo

(동) ① 보장하다. 책임지다.　② 전부 먹어치우다.　③ 싸다. 포장하다.

(1) 我的西红柿又红又大, 包您满意。 = 担保
저의 토마토는 빨갛고 커서 틀림없이 만족하실 겁니다.

(2) 哥哥象饿狼一样, 把桌上的饭菜都包了。 = 全部吃光
형은 마치 아귀처럼 탁자 위의 음식을 전부 먹어치웠다.

0027 >>

** 包袱　bāofu

(명) ① 부담. 무거운 짐.　② 보자기. 보따리. 꾸러미.

出门旅游要是带着 一个孩子, 那真是一个包袱。 = 负担
집 떠나 여행하는데 아이를 하나 데리고 가는 건 정말 짐이 된다.

0028 >> ★ 饱　bǎo

(동) ① 만족시키다.　② 질리다. 배부르다.　// 吃饱了(배부르게 먹었다.)

(1) 云南的美景令人大饱眼福。 = 满足
　　云南의 아름다운 경치는 사람들에게 큰 볼거리를 제공한다.

(2) 我不爱吃包子，一见包子就饱了。 = 腻烦
　　나는 만두 먹는 것을 좋아하지 않아서, 만두만 보면 질려 버린다.

(3) 我已经吃饱了，剩下的饭菜你帮我解决吧。 = 不能再吃了
　　나는 이미 배불리 먹었으니, 남은 음식은 당신이 좀 해결해 주시오.

0029 >> ☆ 保持　bǎochí

(동) (원래의 상태를) 지키다. 유지하다.

她一直保持着 苗条的体形。 = 维持原状
그녀는 줄곧 날씬한 몸매를 유지하고 있다.

0030 >> ★★ 保管　bǎoguǎn

(동) ① 보관하다.　② 틀림없이 …하다. 꼭 …하다.　(명) 관리자. 보관자.

这笔钱先放在你这儿，你千万要保管好。 = 保存 = 看管
이 돈을 일단 당신에게 둘 테니, 부디 잘 보관해야 하오.

0031 >> ★★ 保密　bǎo mì

(동) 비밀을 지키다. ⇔ 泄漏

银行为每一个储户保密。 = 保守秘密
은행은 모든 고객을 위해 비밀을 지킨다.

0032 >> ★★ 保守　bǎoshǒu

(동) 지키다. 고수하다.　(형) 보수적이다. ⇔ 激进

他很保守，从不做什么出格的事。 = 恪守传统和规矩
그는 보수적이라, 결코 상식에 벗어나는 일은 하지 않는다.

0033 >> ** 保险　bǎoxiǎn

동 보증하다. 안전하다. // 不太保险 (별로 안전하지 못하다.)　명 보험.

(1) 把钱存放在这个银行是很保险的。 = 可靠
　　돈을 이 은행에 맡기면 매우 안전하다.

(2) 我保险他能完成这个艰巨的任务。 = 担保
　　나는 그가 이 어려운 임무를 완수할 수 있음을 보증한다.

0034 >> * 保养　bǎoyǎng

동 ① 정비하다. 손질하다.　② 보양하다. 양생하다.

他对汽车经常保养。 = 整修养护
그는 차를 항상 손본다.

0035 >> ☆ 保证　bǎozhèng

동 ① (꼭…할 것을) 보증하다[책임지다].　② 맹세하다. 약속하다.

我保证今天把这篇文章写完。 = 一定
나는 책임지고 오늘 이 문장을 다 쓰겠다.

0036 >> ☆ 报到　bàodào

동 ① 입학 수속하다.　② (기관·조직에) 착임계를 쓰다. 도착을 신고하다.

九月一号新生到校报到。 = 办入学手续 = 注册
9월1일에 신입생이 학교에 와서 입학수속을 한다.

0037 >> ** 报复　bàofù

동 보복하다.

杀害人质作为报复。 = 复仇
인질을 살해하여 보복을 하다.

0038 >> * **报应**　bàoyìng

🅝 인과응보. 🅥 천벌을 내리다[받다]. ＝ 因作恶招致的惩罚

伤害别人的人, 总有一天会得到报应。 ＝ 不好的结果
남을 해하는 자는 언젠가는 응분의 대가를 받을 것이다.

0039 >> ☆ **抱歉**　bàoqiàn

🅥 죄송하게 생각하다. ＝ 不好意思

抱歉, 我可以借一下你的笔吗？ 我今天忘了带。 ＝ 对不起
죄송하지만, 당신의 펜을 좀 빌릴 수 있을까요? 제가 오늘 가져오는 걸 잊었네요.

0040 >> * **抱怨**　bàoyuàn

🅥 원망하다. 불평하다.

她总是抱怨老师讲课速度太快。 ＝ 心中不满意而埋怨别人
그녀는 항상 선생님의 강의 속도가 너무 빠르다고 불평이다.

0041 >> **爆冷门**　bào lěngmén

〈口〉 예상치 못했던 상황이 발생하다.

世界杯第一场球, 爆冷门, 塞内加尔赢了法国。 ＝ 突然出现了意料不到的事情
월드컵의 첫 경기는 예상을 깨고 세네갈이 프랑스를 이겼다.

0042 >> ** **悲哀**　bēi'āi

🅝 비애. 슬픔. 🅐 슬퍼하다. 애통해하다. ＝ 悲痛
人悲哀到了极点, 甚至流不出泪来。 ＝ 悲伤
사람이 슬픔이 극에 달하면, 심지어 눈물도 흐르지 않는다.

0043 >> ** **备**　bèi

🅑 〈备 + 동사〉 한껏. 실컷. 🅥 갖추다. 구비하다. 준비하다.
留学的人回到中国, 备受欢迎。 ＝ 很 ＝ 非常
유학한 사람이 중국에 돌아오면, 매우 환영받는다.

0044 >> 背黑锅 bèi hēiguō

〈口〉억울한 누명을 쓰다. // 背一辈子的黑锅 = 受一辈子的冤枉 (평생 억울한 누명을 쓰다.)

(1) 足球场上，由于裁判的错判，使没犯规的运动员背黑锅，受到了惩罚。 = 受冤枉
축구경기장에서 심판의 실수로 반칙을 하지 않은 선수가 억울하게 벌칙을 받았다.

(2) 我犯下的错，却要你来背黑锅，这是不公平的。 = 承担罪名
내가 저지른 잘못에 당신이 누명을 뒤집어쓰다니, 이건 불공평해요.

0045 >> ★★ 奔 bēn

동 분주히 뛰어다니다. (내)달리다. // 到处奔波 (이곳저곳 생활을 위해 바쁘게 뛰어다니다.)

为了生活，他到处奔走。 = 奔波
먹고살기 위해, 그는 곳곳으로 분주히 뛰어 다닌다.

0046 >> ☆ 本来 běnlái

부 본래. 원래. = 原本

你本来也不是读书的好材料。 = 原来
당신은 원래가 공부할 재목이 아니다.

0047 >> ☆ 本领 běnlǐng

명 재주. 솜씨. 기량. 능력.

他有自理生活的本领。 = 能力
그는 스스로 생활을 책임질 능력이 있다.

0048 >> ☆ 本事 běnshì

명 재주. 솜씨.

(1) 本事不大，脾气不小。 = 才能
재주는 별로인 게, 성깔은 대단하네.

(2) 一个人有本事，才能立足于社会。 = 才能
사람이 재주가 있어야 사회에 설 수 있다.

0049 >> *

本着　běnzhe

동 〈本着 + 명사〉…에 입각하다. …에 근거하다. = 根据

我们本着 "救死扶伤" 的原则, 给犯人治病。 = 按照
우리는 '죽어 가는 사람을 구하고 부상자를 돌본다' 는 원칙에 입각하여 범인을 치료해주었다.

0050 >>

比得了　bǐ de liǎo

동 비교할 수 있다. ⇔ 〈比不了 = 比不上〉

他的精力旺盛, 你比得了吗? = 比得上
그의 정력은 왕성한데 당신이 비교나 되겠어요?

0051 >>

比较高　bǐjiào gāo

비교적 높다.

孙文的生活水平比较高。 = 不错
孙文의 생활수준은 비교적 높은 편이다.

0052 >>

比起　bǐ qǐ

〈比起 + 명사〉…와 비교해서.

比起以前的生活, 我们知足了。 = 跟……比
예전의 생활에 비하자면, 우리는 만족합니다.

0053 >> ☆

比如　bǐrú

접 예를 들어. 예컨대. = 比方(说).

他有很多优点, 比如爱学习, 尊敬老师, 关心同学。 = 例如
그는 장점이 많다, 예를 들면 공부하기 좋아하고, 선생님을 존경하며, 학우들에게도 신경 쓴다.

0054 >> 比上不足，比下有余　　bǐ shàng bù zú, bǐ xià yǒu yú

〈成〉 높은데 비하면 모자라고, 낮은데 비하면 남는다. 우수하지도 않고 그렇다고 뒤떨어
지지도 않는다. 딱 중간 정도이다.

他家的生活水平比上不足，比下有余吧。 = 中等
그 집의 생활 수준은 딱 중간 정도이다.

0055 >> ** 彼此　　bǐcǐ

명 피차. 서로.

(1) 我们彼此需要更多的理解。 = 互相之间
　　우리는 상호간에 더 많은 이해를 필요로 해요.

(2) 你我都这么熟了，彼此还客气什么？ = 你我
　　당신과 나는 이렇게나 잘 아는 사이인데, 피차간에 무슨 격식을 차립니까?

(3) 我有信心赢得比赛，因为我你彼此的情况都很熟悉。 = 双方
　　나는 시합에 이길 자신이 있는데, 피차간의 상황을 다 잘 알기 때문이지요.

0056 >> 笔杆子　　bǐgānzi

명 글을 잘 쓰는 사람. 작가.

他是这家杂志社的有名的笔杆子。 = 文章写得很好的人
그는 이 잡지사의 유명한 작가이다.

0057 >> 笔者　　bǐzhě

명 필자.

笔者不愿透露自己的真实姓名，只是为了避免不必要的纷争罢了。 = 写文章的作者
本人
필자가 자신의 실명을 밝히려고 하지 않는 것은 단지 불필요한 분쟁을 피하기 위해서 일뿐이다.

0058 >> ** 毕竟　　bìjìng

부 마침내. 결국. 필경.

你毕竟在这里干了多年，我不会亏待你的。 = 到底
당신은 이곳에서 오랫동안 일한 것이 틀림이 없으니, 내가 섭섭지 않게 해 주겠오.

0059 >>

**** 闭幕**　bì mù

⑧ 폐막하다. = 闭会

奥运闭幕了。 = 结束
올림픽이 폐막했다.

0060 >>

闭着眼睛也能打出来　bìzhe yǎnjing yě néng dǎ chū lái

〈口〉눈을 감고도 쳐낼 수 있다.

他闭着眼睛也能打出来。 = 打字很熟练
그는 눈감고도 쳐낼 수 있다.

0061 >>

☆ **便**　biàn

⑲ 〈便+명사〉 편리하다. 간편하다.　⑼ 곧. 즉시. = 就

今天是我设便宴招待你们。 = 简便 = 非正式 = 家常
오늘은 제가 간단하게나마 자리를 만들어 당신들을 대접하지요.

0062 >>

便饭　biànfàn

⑲ 간단한 식사. 늘 먹는 식사. // 家常便饭 (① 집에서 늘 먹는 식사. 늘 있는 일　② 늘 있는 일. 다반사)

(1) 中午在食堂吃便饭。 = 随便的饭
정오에 식당에서 간단한 식사를 한다.

(2) 什么时候来我们家吃顿便饭，咱们好好聊聊。 = 简单的饭 = 家常的饭
언제 우리 집에 와서 간단히 식사나 하며, 우리 이야기나 합시다.

0063 >>

变卦　biànguà

⑧ 생각[마음]이 바뀌다.

你又变卦了，真拿你没办法。 = 改变主意
너는 또 마음이 변했니, 정말 너한테 두 손 다 들었다.

0064 >> 变天　biàn tiān

동 날씨가 변하다.

早晨还是艳阳高照，到中午就变天了。 ＝ 天气出现了变化
아침에만 해도 햇볕이 쨍쨍하더니, 정오가 되자 날씨가 변했다.

0065 >> 表白　biǎobái

동 ① (자신의 태도 · 생각 따위를) 표명하다. 변명하다. 해명하다.
　　② 책임의 소재를 분명히 하다.

(1) 你不用表白了。 ＝ 解释
　　당신은 변명할 필요 없어요.

(2) 他向我表白说，他根本就不想再回那个地方去。 ＝ 分辩
　　그는 나에게 표명하기를 그는 전혀 다시 그곳으로 돌아갈 마음이 없다고 한다.

(3) 经过这么多年，他终于向她表白了心意。 ＝ 说出来
　　이렇게 여러 해가 지나서 그는 결국 그녀에게 마음을 밝혔다.

0066 >> ☆ 表达　biǎodá

동 (생각. 감정을) 표현하다.

(1) 他诚恳地表达了自己的心愿。 ＝ 阐述
　　그는 진실되게 자신의 바램을 나타냈다.

(2) 这篇文章的表达很流畅。 ＝ 表述
　　이 문장의 표현이 매우 매끄럽다.

0067 >> ★ 表示　biǎoshì

명 성의. 표시. 동 (생각 · 감정 · 태도 따위가) 나타나다. 말하다.

(1) 去给高明过生日，应该有点表示。 ＝ 心意 ＝ 送礼物
　　高明에게 생일 축하해 주러 가는데, 성의 표시가 좀 있어야지.

(2) 这件礼物算不了什么，只表示一下我们的心意而已。 ＝ 表达 ＝ 显示
　　이 선물은 뭐 별 것은 아니고, 단지 우리 성의를 표시하는 것일 뿐이다.

(3) 他帮了我们一个大忙，我们应该有点表示。 ＝ 送礼物 ＝ 小意思
　　그가 우리의 큰일을 도와주었으니, 우리는 성의를 좀 표해야 한다.

0068 >> ★ 表现　biǎoxiàn

동 ① 일부러 자신을 과시하다.　② 드러내다. 나타내다. = 展现 = 展示

명 품행. 태도. 언동. 표현.

(1) 他的缺点是爱处处表现自己。 = 故意显示
그의 결점은 곳곳에 자신을 과시하기 좋아하는 것이다.

(2) 初到一个班级，要表现自己。 = 显示长处
처음 학급에 오면, 자신을 드러내야 한다.

0069 >> ★ 别　bié

동 이별하다. 헤어지다.　형 다른. // 别人(다른 사람.) // 别的(다른 것.)
무 〈别 + 동사〉 …하지 마라. // 别动!(움직이지 마라.)

(1) 我与故乡一别就是四十年。 = 离开
내가 고향을 떠난 지 40년이다.

(2) 他对主人的态度非常不满意，最后竟然不辞而别。 = 离别
그의 주인에 대한 태도는 매우 불만스러워 결국 인사도 없이 떠났다.

0070 >> ★ 别的　biéde

형 다른.　명 다른 것.

我的话没有别的意思。 = 另外
나의 말은 다른 뜻이 있는 게 아니다.

0071 >> ☆ 别看　biékàn

…하다고 생각하지 마라. …라고 보지 마라. [* 看 = 想]

别看他年纪小，他能办大事。 = 不要认为
그를 어리다고 보지 마라, 그는 큰 일을 해낼 수 있어.

0072 >> ☆ 别提了　bié tí le

말도 꺼내지 마라. [* 提 = 说]

别提了，我已经把这件事忘记了。 = 不必说了
말도 꺼내지 마라, 난 이미 이 일을 잊었으니.

HSK ★(甲) **(丙)
☆(乙) *(丁)

0073 >>

别致　biézhì

영 색다르다. = 特别 ⇔ 一般

今天她带了一个别致的胸针。 = 新奇
오늘 그녀는 색다른 브로치를 했다.

0074 >>

别扭　bièniu

영 ① 괴팍하다. 변덕스럽다.　② 사이가 좋지 않다. 의견이 맞지 않는다. // 闹别扭(항상 다툰다.)　③ 불편하다. 불쾌하다. 습관이 안되다.　④ (말·문장이) 유창하지 않다. 매끄럽지 않다.

(1) 这件衣服穿着别扭。 = 不舒服
　　이 옷은 입으니 불편하다.

(2) 初到韩国, 生活上别扭。 = 不习惯[环境方面]
　　처음 한국에 와서 생활상에서 잘 맞지 않다.

(3) 因为一点小事, 她俩就闹起别扭来。 = 矛盾 = 意见不相同
　　사소한 일로 그녀 두 사람은 다투기 시작했다.

(4) 他这人特别别扭, 叫他往东他偏偏往西。 = 难对付
　　그는 특이나 괴팍하여, 동으로 가자면 죽어라 서로 간다니까.

(5) 听了他的话, 我心里那个别扭就别扭了。 = 难受 = 不高兴 = 不舒服
　　그의 말을 듣고서, 나는 마음 속으로 영 불쾌했다.

0075 >>

秉性　bǐngxìng

명 천성. 기질.

丈夫的秉性老实、厚道。 = 性格
남편의 천성이 성실하고 후덕하다.

0076 >>

不安地　bù'ānde

부 불안하게. = 不踏实 ⇔ 安心地

她不安地在窗前走来走去。 = 不放心
그녀는 불안하게 창문 앞에서 왔다갔다한다.

0077 >>

不必　búbì

무 〈不必+동사〉…할 필요가 없다. = 不要 ⇔ 必须

这个问题已有结论了，大家不必再争论了。 = 没必要
이 문제는 이미 결론이 났으니, 모두들 더 이상 쟁론할 필요가 없다.

0078 >>

★ # 不错　búcuò

형 ① 괜찮다. 훌륭하다.　② 맞다. 틀림없다.

(1) 你们念得不错。 = 很好
　　너희들은 잘 읽는구나.
(2) 这幅画画得不错。 = 挺好
　　이 그림은 잘 그렸다.

0079 >>

不得不　bùdébù

〈不得不+동사〉…하지 않으면 안 된다. 하는 수 없이 …해야 한다. =〈非……不可〉

(1) 为了赶时间，他不得不坐出租车去。 = 只好
　　시간에 맞추려고 그는 택시를 타고 가지 않을 수 없었다.
(2) 情况很危机，他不得不向她求救。 = 只能
　　상황이 위급하여, 그는 그녀에게 도움을 청할 수밖에 없었다.

0080 >>

☆ # 不得了　bùdéliǎo

형 ① 큰일났다. 야단났다.　② 대단하다.　③ (정도가) 매우 심하다.

不得了了，爷爷病得很重。 = 情况严重
큰일났다, 할아버지가 병이 심하게 드셨어.

0081 >> 不得已　bùdéyǐ

부득이 하게. 마지못해. 하는 수 없이. = 迫于无奈

(1) 为了学业有成, 她不得已离家去美国留学。= 没办法
  학업을 이루기 위해 그녀는 하는 수 없이 집을 떠나 미국으로 유학을 갔다.

(2) 她学习很紧张, 不得已放弃了很多业余爱好。= 不能不这样
  그녀는 공부하느라 바빠서 하는 수 없이 많은 여가취미 활동을 포기했다.

(3) 不到不得已, 你不要说出我的名字。= 万不得已
  부득이한 경우가 아니고서는 너는 나의 이름을 부르지 마라.

0082 >> 不得　bùděi

① 〈不得 + 동사〉 …해서는 안 된다. = 禁止 ② 〈不得 + 명사[시간]〉 …이 걸리지 않는다.
// 不得两个小时(2시간이 걸리지 않는다.)

工作时间, 不得打私人电话。= 不允许
업무시간에는 개인전화를 해서는 안 된다.

0083 >> 不动声色　bú dòng shēng sè

〈成〉 내색하지 않다. 달다 쓰다 말이 없다. = 沉默无言

(1) 他们不动声色地望着山和天。= 不说话
  그들은 아무런 내색 않고 산과 하늘을 바라보고 있다.

(2) 他不动声色地听着下属的报告, 脸上看不出半点喜怒哀乐。= 没表情
  그는 무표정하게 부하의 보고를 듣고 있는데, 얼굴에서 희로애락의 표정을 조금도 찾아볼 수
  없었다.

0084 >> 不对劲儿　bú duìjìnr

① 비정상적이다. (몸이) 불편하다. = 不对劲 = 不 = 对头 ② 마음에 들지 않다.

(1) 他觉得身体有点儿不对劲儿, 就上床睡觉了。= 不舒服 = 不正常
  그는 몸이 좀 이상한 것 같아서 침대로 가서 잠을 잤다.

(2) 小明今天在班上的表现很不对劲儿是不是出什么事了? = 奇怪
  小明이 오늘 반에서 하는 게 영 이상하던데 무슨 일이라도 난 것 아닐까?

0085 >> 不妨   bùfáng

부 …해도 무방하다. …해도 괜찮다.

写好了一篇文章, 不妨多改一改。 = 可以这样做
문장을 다 쓰고 나서 많이 수정해도 무방하다.

0086 >> 不放在眼里   bú fàng zài yǎn lǐ

마음에 안 들다. 눈에 차지 않다. = 漠然无视 = 不怎么喜欢

她只敬佩你, 根本不把我放在眼里。 = 看不上
그녀는 단지 당신에게 탄복할 뿐, 나는 아예 안중에도 두지 않는다.

0087 >> 不管三七二十一   bùguǎn sān qī èrshí yī

〈成〉 앞뒤를 가리지 않고 무턱대고. 물불 안 가리고. 어찌되었든 관계없이. 어쨌든지.

他们不管三七二十一地闯了进去。 = 不顾一切
그들은 앞 뒤 가리지 않고 쳐들어갔다.

0088 >> ☆ 不过   búguò

섭 ① 그러나. 다만. ② 〈주어 + 不过 + 술어〉…에 불과하다.

(1) 他不过二十岁上下。 = 只有
　　그는 스무 살 정도에 불과하다.

(2) 这件衣服样式老了点儿, 不过价钱还算便宜。 = 但是 = 可是
　　이 옷은 스타일이 좀 낡았지만, 그러나 가격은 그런 대로 싼 편이다.

0089 >> 不含糊   bù hánhu

형 ① 훌륭하다. 대단하다. 떳떳하다. 두려워하지 않는다. ② 분명하다. ③ 능력있다.

(1) 今天的表演可真不含糊。 = 不一般 = 较真
　　오늘 공연은 정말 훌륭했다.

(2) 别看他平时大大咧咧, 关键时刻可不含糊。 = 很清楚
　　그가 평상시에 대강대강 한다고는 여기지 마세요, 중요한 때에는 정말 일처리가 분명합니다.

(3) 他办起事来, 有板有眼, 一点儿也不含糊。 = 很好
　　그는 일을 하면 빈틈없이 조금도 잘 못됨이 없다.

(4) 小明办事可真不含糊, 一会儿就把事情都处理完了。 = 有能耐
小明은 정말 일을 잘 처리한다. 잠깐 사이에 일을 전부 다 처리했다.

(5) 你能解出这道题, 可真不含糊, 连老师都不会做呢。 = 了不起
당신이 이 문제를 풀 수 있다니, 정말 대단해요, 선생님조차도 풀 줄 모르는데.

0090 >> 不好　bùhǎo

① 나쁘다. 좋지 않다.　② 〈不好 + 동사〉…하기 쉽지 않다. …하기 난처하다. // 不好说(말하기 곤란하다.)

(1) 这件事, 我一个人真不好办。 = 很难
이 일은 나 혼자서는 정말 하기 어렵다.

(2) 美国人说, 学汉字真不好学。 = 不容易
미국인은 한자가 정말 배우기 어렵다고 말한다.

0091 >> 不好看　bù hǎokàn

① 예쁘지 않다. = 难看　② 안색이 좋지 않다. 체면이 서지 않다.

(1) 考不好, 脸上不好看。 = 丢脸
시험을 잘못 쳐서, 얼굴이 좋지 않다.

(2) 家里出了这么大的丑闻, 他的脸上真不好看。 = 失去体面
집안에 이렇게 큰 스캔들을 일으켜, 그의 얼굴은 영 말이 아니다.

0092 >> ☆ 不好意思　bù hǎoyìsi

〈口〉① 부끄럽습니다. 송구스럽습니다. ② 미안합니다. 죄송합니다. = 对不起

(1) 让你久等了, 真不好意思。 = 抱歉
오래 기다리시게 해서 정말 죄송합니다.

(2) 妈妈在这么人面前说她的婚事, 让她很不好意思。 = 害羞
어머니가 이렇게 사람들 앞에서 그녀의 혼사를 이야기하여 그녀를 매우 부끄럽게 했다.

0093 >> 不及　bùjí

동 …만 못하다, …에 못미치다 = 不如

难道今天的青年就落后了? 反而不及50几年前的年轻人了。 = 比不上
설마하니 오늘날의 청년이 낙후되었단 말인가? 오히려 50여 년 전의 젊은이만도 못하다니.

0094 >>

不简单 bù jiǎndān

<형> 굉장하다. 대단하다.

这次考试的题目很难，他能考这么好真不简单。 = 了不起
이번 시험의 문제가 어려웠는데, 그는 이렇게 잘 칠 수 있었다니 정말 대단해.

0095 >> **

不见得 bú jiàndé

<동> 반드시…라고 생각되지 않는다. 꼭 …라고 할 수 없다.

他不见得明白这个道理。 = 不一定
그가 꼭 이러한 이치를 안다고 생각되지는 않는다.

0096 >>

不见好 bú jiànhǎo

<동> 좋아 보이지 않는다.

虽然吃过药了，但她的脸色还不见好。 = 看不出变好的迹象
비록 약을 먹었지만, 그녀의 안색은 여전히 좋아 보이지 않는다.

0097 >> *

不解 bùjiě

<동> 이해하지 못하다.

这道题你讲解之后，我更为不解了。 = 不明白
이 문제를 당신이 설명한 후에 나는 더더욱 이해가 안 간다.

0098 >>

不紧不慢 bùjǐn búmàn

<成> 급하지도 느리지도 않다. 조급해 하지 않다.

他做事总是不紧不慢的。 = 不着急
그는 일을 하는데 항상 조급해 하지 않는다.

0099 >> **

不禁 bújìn

<동> ① 자기도 모르게. ② 참지 못하다.

看到这么动人的场面，他不禁流下了热泪。 = 抑制不住
이렇게 감동적인 장면을 보고, 그는 참지 못하고 뜨거운 눈물을 흘렸다.

0100 >> 不可否认　bùkě fǒurèn

부인[부정]할 수 없다.

这几年中国的发展很快，这一点不可否认。 = 应该承认
요 몇 년 사이 중국의 발전은 매우 빨랐다는 이 점은 부인할 수 없다.

0101 >> ** 不料　búliào

동 뜻밖에. 의외에.

我本来计划今天出去玩，不料下起了大雨。 = 没想到
나는 원래 오늘 나가 놀 계획이었는데, 뜻밖에 큰비가 내렸다.

0102 >> ** 不满　bùmǎn

형 불만스럽다. = 不满意

他对这样的处理意见很不满。 = 不服气
그는 이러한 처리의견에 매우 불만이다.

0103 >> ** 不免　bùmiǎn

동 면할 수 없다. 피할 수 없다. …하기 마련이다. = 难免

他最近失业了，情绪不免低落。 = 免不了
그는 최근에 일자리를 잃어, 기분이 가라앉을 수밖에 없다.

0104 >> 不轻易　bù qīngyì

부 쉽사리[좀체] …않다. = 难得

自从怀孕后，她不轻易上街买菜。 = 很少
임신한 후에 그녀는 좀체 장보러 나가지 않는다.

0105 >> ☆ 不然　bùrán

접 그렇지 않으면. = 否则

你快点回家吧，不然就赶不上车了。 = 如果不这样
당신은 빨리 귀가하세요, 그렇지 않으면 차를 놓칠 거예요.

0106 >> 不容　bùróng

동 용납[허용]하지 않는다. …해서는 안 된다. = 不能

环境污染的问题不容忽视。 = 不可以
환경오염 문제는 소홀시해서는 안 된다.

0107 >> * 不如　bùrú

〈A + 不如 + B + 형용사〉 ① A는 B만 …못하다.　② A하느니 B를 하겠다.

他的汉语水平不如我高。 = 没有 = 比不上
그의 중국어 수준은 나만큼 높지 못하다.

0108 >> 不三不四　bù sān bú sì

〈成〉 (인품이)하찮다. 볼품 없다. 형편이 없다.

不是我苛刻, 你瞧他那不三不四的样子, 实在让人看不惯。 = 不像样子的
내가 너무 가혹한 게 아니라, 저 사람 저 몰골을 봐요, 정말 눈꼴사납다니 까요.

0109 >> * 不时　bùshí

동 ① 때때로. 종종. 가끔.　② 의외의. 불시에.

(1) 听课的时候, 她不时地点头。 = 不断
　　강의를 들을 때, 그녀는 이따금 고개를 끄덕인다.

(2) 遇到困难时, 我不时会想到他。 = 经常 = 时常 = 总
　　어려움을 만날 때면 나는 항상 그가 생각난다.

(3) 几年前她还不时到我家来个几次。 = 偶尔
　　몇 년 전에 그녀는 가끔 우리 집에도 몇 번 왔었지.

(4) 他不时地看看手表, 估算着火车到站的时间。 = 断断续续 = 时时 = 不断
　　그는 계속 손목시계를 보며, 기차가 역에 들어오는 시간을 추산하고 있다.

0110 >> 不是味儿　búshì wèir

〈口〉① 마음이 편치 않다. 기분이 영 아니다. = 不是滋味儿　② 맛이 없다.

(1) 你这样委屈我, 我心里很不是味儿。= 不舒服
　　당신이 이렇게 나를 억울하게 하니 내 마음이 영 편치 않다.

(2) 爸爸总是在我面前说别人的孩子怎么好, 我心里真不是味儿。= 心里不好受
　　아버지는 항상 나의 면전에서 다른 사람의 아이는 어떻게 좋다고 말씀하시는데, 내 마음은
　　영 좋지 않다.

0111 >> 不是我说你　búshì wǒ shuō nǐ

〈口〉내가 너를 꾸짖는 것이 아니다. (그러나 실제는 꾸짖고 있다는 의미.)

不是我说你, 是你的确做错了。= 不是我想批评你, 是你实在应该批评
내가 당신을 꾸짖는 것이 아니라, 당신이 확실히 잘못한 거예요.

0112 >> 不适　búshì

영 (몸이) 불편하다. ⇔ 健康 // 胃部不适(위가 거북하다.)

这两天太累了, 我感到身体不适! = 不舒服
요 며칠 너무 피곤해서 나는 몸이 불편한 것 같아!

0113 >> 不顺手　bú shùnshǒu

순조롭지 못하다. = 很费劲

没有人帮助他, 他工作起来很不顺手。= 很不顺利
아무도 그를 돕지 않으니 그가 일만하면 순조롭지가 않다.

0114 >> 不算数　bú suàn shù

유효하지 못하다. 책임지지 못하다. = 没有用

(1) 他不是正式学生, 考试成绩不算数。= 不作数
　　그는 정식 학생이 아니라서 시험성적이 유효하지 않다.

(2) 昨天刚商量好的, 今天又变卦, 你这个人说话不算数。= 不守信用
　　어제 막 상의된 일에 오늘 또 변덕을 부리다니 너같은 사람은 말에 신용이 없어.

0115 >> 不为过   bù wéiguò

지나친 것이 아니다. = 事情没有做到坏的极端

你犯这么大的错误, 怎么惩罚你都不为过。 = 不算过分
너는 이렇게 큰 잘못을 저질렀으니 어떻게 처벌해도 지나친 게 아니다.

0116 >> * 不相上下   bù xiāng shàng xià

〈成〉막상막하이다. = 不分伯仲

他们俩的英语水平不相上下。 = 分不出高低来
그들 두 사람의 영어수준은 막상막하이다.

0117 >> ** 不像话   bù xiànghuà

영 ① 말도 안된다. // 太不像话了(너무 말도 안된다.)
② 꼴불견이다. // 不像样子(너무나 엉망이다.)

(1) 你今天办的事, 太不像话了。 = 做得不合适
당신이 오늘 한일은 너무 말도 안 되요.

(2) 他对老师这么没礼貌, 太不像话了。 = 不像样子
그가 선생님에게 이렇게 버릇없이 굴다니 말도 안돼.

0118 >> ☆ 不要紧   bú yàojǐn

영 괜찮다. 문제없다.

(1) 他的病不要紧, 过两天就会好的。 = 不严重
그의 병은 괜찮아 며칠 지나면 나을 거야.

(2) 时间来得及, 慢一点不要紧。 = 没关系
시간은 충분하니 좀 천천히 해도 괜찮아.

(3) 出了小故障, 不要紧的。 = 没有妨碍
사소한 고장이 난 것이니 별 문제없어.

0119 >> ☆ 不一定　bùyídìng

확실하지 않다. 반드시[꼭] …하는 것은 아니다. = 未必

比赛的输赢还不一定呢。 = 不确定
시합의 승패는 아직 모른다.

0120 >> 不予　bùyú

…주지 않다. [予 = 给] // 不予审批(허가해 주지 않다.)

(1) 他的要求太过分了，我们不予批准。 = 不给
　　그의 요구가 지나쳐서 우리는 허가해주지 못한다.

(2) 他身份不明，我们决定不予通行。 = 不允许
　　그의 신분이 불명확하여 우리는 통행을 허락지 않기로 결정했다.

0121 >> ** 不在乎　búzàihu

동 대수롭지 않게 여기다, 신경을 쓰지 않다. = 不在意

他对工作不在乎，所以受到了批评。 = 很随便
그는 업무를 대수롭지 않게 여겨서 야단을 들었다.

0122 >> ** 不怎么样　bù zěnmeyàng

별로[그리/그다지] 좋지 않다. 그저 그렇다. = 不怎么好

(1) 这台电器的质量不怎么样。 = 不太好 = 不好
　　이 전자제품의 질은 그저 그렇구먼.

(2) 这孩子长得不怎么样。 = 平平常常
　　이 아이는 그저 그렇게 생겼는데.

(3) 他的学习成绩一向不怎么样。 = 没有出色之处
　　그의 학습 성적은 줄곧 그저 그렇다.

0123 >> 不长进　bù zhǎngjìn

① (학문·품행이)진보가 없다. 발전성이 없다.　② 패기가 없다.

这孩子一点不长进，伤透了妈妈的心。 = 没出息, 不求上进
이 아이는 조금도 발전이 없어서 어머니의 속을 상하게 했다.

0124 >>

不知不觉　bù zhī bù jué

〈成〉 자기도 모르는 사이에. 부지불식간에.

他学习很认真[专注], 不知不觉就过了四五个小时。 = 无意识
그는 매우 진지하게 공부하여 어느덧 네다섯 시간이 지나갔다.

0125 >>

不住地　búzhùde

🖳 쉬지 않고.

他同意这个看法, 不住地点头。 = 不停地
그는 이 견해에 동의하여 계속 고개를 끄덕였다.

0126 >>

** # 不足　bùzú

🖳 부족하다. = 不充足 // 不足之处(부족한 점)

这里的电力供应不足。 = 不够
이곳의 전력공급이 부족하다.

0127 >>

不足为奇　bù zú wéi qí

〈成〉 신기해 할 만한 것이 못된다.

一天赚五百块, 不足为奇嘛! 隔壁邻居一天赚三千。 = 不值得奇怪
하루 오백원 벌이는 신기할 것도 없어! 이웃집은 하루에 3000원을 벌어.

0128 >>

☆ # 布置　bùzhì

🖳 ① 배치하다. 꾸미다. 장식하다.　② (숙제를) 내주다. // 布置作业(숙제를 내주다.)

她要去布置新房子。 = 安排
그녀는 새집을 꾸미러 가려한다.

시험에 꼭 나오는 HSK 단어 · 숙어

0129 >> * 才 cái

（부） ① 겨우. ② 방금. 이제 막. ③ 비로소…하다. ④ …에야 비로소…하다.

他今年才14岁，就成了世界冠军。 = 只有
그는 올해 겨우 14살에 세계 챔피언이 되었다.

0130 >> * 采纳 cǎinà

（동） (의견 · 제안 · 요구 등을) 받아들이다. 수용하다.

你的建议很好，我决定采纳。 = 采用
당신의 제안이 좋아서 나는 수용하기로 결정했나.

0131 >> ☆ 采用 cǎiyòng

（동） (방침 · 정책 · 조치 · 수단 · 형식 · 태도 등을) 채택하다. 취하다.

(1) 凡是达不到出版水平的稿件一律不准采用。 = 使用
무릇 출판 수준에 이르지 못하는 원고는 일률적으로 채택할 수 없다.

(2) 新技术的采用，节约了大量人力、物资和财力。 = 应用
신기술의 채용으로 대량의 인력, 물자와 재력을 절약했다.

0132 >> ** 参谋 cānmóu

（동） 조언하다. 권고하다. （명） 참모. 상담역. 카운슬러.

我想开个小公司，哪天你帮我参谋参谋。 = 出主意 = 谋划谋划
저는 작은 회사를 차리려고 합니다. 언제 당신이 나를 위해 조언을 좀 해주십시오.

0133 >> ** 参赛   cān sài

(동) 경기에 참가하다.

没有通过体检的队员，不允许参赛。= 参加比赛
체력검사를 통과하지 않은 선수는 시합에 참가할 수 없다.

0134 >> * 藏书   cáng shū

(명) 장한 책. 장서. (동) 서적을 소장하다.

很好爱阅读，家中的藏书丰富。= 收藏书籍
책읽기를 무척 좋아해 집안에 장서가 풍부하다.

0135 >> 操碎了心   cāosuì le xīn

(동) 신경을 많이 썼다. 마음 고생을 많이 했다.

父母为孩子们的前途操碎了心。= 费尽了心思
부모는 아이들의 앞날을 위해 마음고생을 많이 했다.

0136 >> ** 操心   cāo xīn

(동) 마음을 쓰다. 신경을 쓰다.

老师总是为学生们的事操心。= 费心
선생님은 항상 학생들을 위해 신경 쓰신다.

0137 >> ☆ 曾   céng

(부) 일찍이[이전에]…(한 적이 있다). = 〈曾……过〉

(1) 我和他有似曾相识的感觉。= 以前
　　나와 그는 이전부터 알고 지낸 듯 하다.

(2) 四年前, 我曾和他见过一次面。= 曾经
　　4년 전에 나는 그와 한번 만난 적이 있다.

0138 >> ☆ **差** chà

영 ① 나쁘다. ② 차이가 나다. 틀리다. 부족하다.

他这次考得很差。 = 不好 = 糟糕
그는 이번에 시험을 잘 못 쳤다.

0139 >> ☆ **差不多** chàbuduō

부 거의(…되었다). 대강. 대체로. 영 비슷하다

我离开家乡差不多已经十年了。 = 几乎
나는 고향을 떠난 지 대략 10년이 되었다.

0140 >> **差劲** chàjìn

동 (품성·능력 등이) 형편없다. 좋지 않다. 뒤떨어지다. = 很不好
// 可真差劲(정말이지 형편없다.)

(1) 他这个人不守信用, 真差劲。 = 没有信用
그는 신용을 지키지 않아, 정말이지 형편없어.

(2) 他发了财就不认得老朋友了, 可真差劲! = 人品差, 品德上有缺陷
그는 떼돈 벌고 나서는 옛친구도 모른척한다. 정말이지 형편없어.

0141 >> **差事** chāishì

명 공무. 파견되어 수행하는 일. ▶ 出差(출장. 출장 가다.)

最近经济不景气, 他丢了那份差事。 = 工作
최근에 경기가 좋지 않아 그는 그 파견하는 일을 포기했다.

0142 >> * **长处** chángchu

명 장점.

他是个优秀的学生, 有很多长处。 = 优点
그는 우수한 학생으로 장점이 많다.

0143 >> * 长寿　chángshòu

명 장수하다. 오래 살다. = 长命 ⇔ 短命

中国长寿的老人越来越多。 = 寿命长
중국은 장수하는 노인이 갈수록 많다.

0144 >> * 常　cháng

부 자주.

他常回学校看望老师。 = 经常
그는 자주 학교로 가서 선생님을 뵙는다.

0145 >> * 常年　chángnián

명 오랜 기간. 장기간.

他的工作很特殊，常年不能回家。 = 长期
그의 직업이 특수하여 오랜 기간 집에 돌아갈 수 없었다.

0146 >> 场场客满　chǎngchǎng kèmǎn

자리가 전부 가득 차다. 객석이 만원이다.

她很走红，演唱会场场客满了。 = 座位全都坐了
그녀는 정말 인기가 있어 콘서트는 매회마다 만원이다.

0147 >> * 朝　cháo

전 …으로 향하여. = 冲 = 对.

今天早晨，一见面她就朝我挥手。 = 向
오늘 아침에 그녀를 만나자마자 나에게 손을 흔들었다.

0148 >> ☆ 吵起来　chǎoqǐlái

동 말다툼하기 시작하다.

她和弟弟常为一点小事吵起来。 = 吵架
그녀와 동생은 종종 사소한일로 싸운다.

HSK ★(甲) ★★(丙) ☆(乙) ＊(丁)

0149 >> ** 炒　　chǎo

(동) 되넘겨 팔아 이득을 남기다. 매점매석하다.

(1) 情人节的时候, 一朵玫瑰花炒到20元。 = 倒买倒卖
　　발렌타인데이에 장미꽃 한 송이가 20원까지 간다.

(2) 他的书能卖掉, 全靠商业炒作。 = 不正当的手段, 方法不好
　　그의 책을 깡그리 팔 수 있는 건 순전히 상업적으로 매점매석해서 이다.

0150 >> ** 炒鱿鱼　　chǎo yóuyú

(동) 사직하다. 해고되다. [*원래의 의미는 '오징어를 볶다' 이다.]

他工作不努力被老板炒了鱿鱼。 = 解雇 = 开除
그는 일을 노력해서 하지 않아 사장에게 해고당했다.

0151 >> 车到山前必有路　　chē dào shān qián bì yǒu lù

[惯] 막다른 길에 이르면 반드시 빠져나갈 길이 있다. 하늘이 무너져도 솟아날 구멍이 있
　　다.[*원래의 의미는 '수레가 산 앞에 이르면 반드시 길이 있는 법이다' 이다.]

(1) 别再为这件事着急了, 车到山前必有路。 = 最后一定会有办法的
　　더 이상은 이일로 조급해하지마. 막다른길에도 길은 있어.

(2) 他这人从不担心, 总是说 "车到山前必有路"。 = 事到临头, 最后一定会有解决的
　　办法
　　그는 결코 걱정을 하지 않고, 항상 '하늘이 무너져도 솟아날 구멍이 있다' 라고 말한다.

0152 >> ☆ 车间　　chējiān

(명) (회사·공장 등의) 작업장. 생산 현장.

(1) 钢铁厂的车间很大。 = 生产现场
　　강철공장의 작업장은 매우 크다.

(2) 你们不要在车间抽烟。 = 生产现场
　　너희들은 작업장에서 담배피지 마라.

0153 >> ** 扯　chě

동 ① 쓸데없는 소리를 하다. 한담을 나누다.　② 끌다. 잡아당기다.

(1) 老奶奶们在一起扯起了家常。 = 闲谈 = 聊 = 侃
　　나이든 할머니들이 함께 집안 일들을 가지고 한담한다.

(2) 他说话向来没重点, 说着 说着 就扯远了。 = 拉 = 跑题
　　그는 말하는데 항상 포인트가 없고 말을 하다보면 옆으로 샌다.

0154 >> ☆ 沉默　chénmò

명 동 침묵(하다).

沉默是金。 = 无言
침묵은 금이다.

0155 >> 沉思　chénsī

동 깊이 생각하다.

看到战友的照片, 他不禁沉思起来, 仿佛又回到了军营。 = 深深的思考
전우의 사진을 보고 그는 깊은 생각에 잠겼는데 마침 다시 병영으로 돌아간 것 같다.

0156 >> 成　chéng

형 능력이 있다. 훌륭하다. 대단하다.　수 〈수사 + 成〉10분의 1. 할.　☞ 五成(50%)

(1) 韩国足球队可真成, 赢了波兰队。 = 有能力
　　한국 축구팀은 정말 대단해. 폴란드 팀을 이기다니.

(2) 去年中国的汽车生产比前年增长了二成。 = 20%
　　작년 중국의 자동차 생산은 재작년에 비해 2할 증가했다.

(3) 这事要是成了, 少不了你的好处。 = 成功
　　이일이 만약 성공하면 당신 몫도 좀 있을 거다.

0157 >> 成不了什么气候　chéngbuliǎo shénme qìhòu

〈口〉 어떤 성공도 할 수 없다. 큰 일을 할 수 없다. = 没有大前途

爸爸重男轻女, 总说女儿成不了什么气候。 = 干不成大事
아버지는 남성우월주의자라서 항상 딸은 큰일을 할 수 없다고 말씀하신다.

0158 >> 成家 chéng jiā

동 장가들다. 가정을 이루다. ▶ 娶(장가들다. 아내를 얻다.) ▶ 嫁(시집가다. 출가하다.)

成家立业是人生的大事。 = 结婚
가정을 꾸미고 사업을 이루는 것은 인생지대사이다.

0159 >> 成见 chéngjiàn

동 (부정적인) 선입관. 선입견. = 偏见

老王对我有成见，总与我合不来。 = 固定的不变的看法
老王은 나에게 선입관이 있어 항상 나와는 맞지가 않다.

0160 >> ** 成千上万 chéng qiān shàng wàn

〈成〉 수천 수만. 대단히 많음을 형용함. = 人山人海

成千上万的人来韩国看世界杯了。 = 形容人很多
수천 수만의 사람이 한국에 와서 월드컵을 봤다.

0161 >> * 成心 chéngxīn

동 고의로. 일부러. = 有意 = 存心

你这是成心捣乱。 = 故意
당신 이건 순전히 고의로 소란 피우는 거지.

0162 >> * 呈 chéng

동 나타나다. (빛깔을) 띠다.

改革开放后，中国的国民总产值一直呈上升趋势。 = 表现出
개혁개방 후에 중국의 국민 총생산은 줄곧 상등 추세를 띄었다.

0163 >> ☆ 承认 chéngrèn

동 승인하다. 동의하다.

他的能力最终得到了大家的承认。 = 认可
그의 능력은 결국 모든 사람에게 인정을 받았다.

0164 >> ☆ 程度　chéngdù

몡 정도. 수준. = 高度

他的病没有重到无法医治的程度。= 地步
그의 병은 치료될 수 없을 정도까지로 심하게 되지는 않았다.

0165 >> ★ 吃　chī

동 ① 터득하다. 알다. 이해하다.　② 감당하다. ▶ 吃不消↓　③ 먹다. 식사하다.
// 吃不起(비싸서 먹을 수 없다) // 吃不上(가난해서 먹을 수 없다) // 吃不得(부패해서 먹을 수 없다) = 不能吃 // 吃不成(상황이 안돼서 식사에 참여할 수 없다) // 吃不下(입맛이 없어서, 몸이 안 좋아서 또는 배가 불러 더 먹을 수 없다.) // 吃不了(양이 많아서 다 먹을 수 없다.)↓ // 吃不饱(배부르게 먹지 못하다) = 没有吃饱 // 吃闲饭(빈둥빈둥 몰고 먹다.)

(1) 我吃不准他的意思。= 确定 = 拿捏
그의 뜻을 정확히 파악 할 수 없다.

(2) 他吃透了我的意思。= 体会 = 了解 = 领会
그는 나의 뜻을 확실히 이해했다.

0166 >> 吃不开　chībukāi

동 환영을 받지 못하다. 상대해 주지 않다.

(1) 你这一套虚伪在哪儿也吃不开。= 行不通
당신의 이 허위는 그 어디서도 통하지 않는다.

(2) 你这老一套现在可吃不开了。= 不受欢迎
너의 이 뻔한 수작은 지금은 환영받지 못한다.

0167 >> 吃不了　chībuliǎo

동 (양이 많아서) 다 먹을 수 없다. = 吃不完

(1) 早饭吃多了, 午饭吃不了了。= 吃不下
아침을 많이 먹어서 점심을 먹을 수 없다.

(2) 这货咱们吃不了, 别再打注意了。= 不能吃
이 물건은 우리가 꿀꺽할 수 없으니 신경 꺼.

0168 >> 吃不消　chībuxiāo

(동) 견딜 수 없다. 버틸 수 없다. = 支持不住 ⇔ 吃得消 ▶ 吃不住(지탱할 수 없다.)

(1) 一天上六节课, 真吃不消。 = 没有能力承受 = 不能支持
하루에 여섯시간 수업을 하려니 정말 견딜 수 없다.

(2) 爸爸的教训真让我吃不消。 = 受不了
아버지의 훈계는 정말 견딜 수 없다.

0169 >> 吃得消　chīdexiāo

(동) 견딜 수 있다. 버틸 수 있다. = 挺得住 ⇔ 吃不消

再干一个夜班, 我也完全吃得消。 = 支持得住
야근을 한 번 더해도 나는 끄떡없이 버틸 수 있다.

0170 >> 吃得上　chīdeshàng

(동) (맛이 있어서) 먹을 수 있다. 먹을 만하다.

十二点半以后午饭还能吃得上。 = 吃得
12시 반 이후에도 점심은 먹을 수 있다.

0171 >> **吃苦　chī kǔ

(동) 고생하다. 고생을 견디어 내다.

(1) 她从小就能吃苦。 = 不怕艰苦
그녀는 어려서부터 고생을 잘 견뎠다.

(2) 他跟我这么多年, 没少吃苦受累。 = 遭受痛苦、苦难
그는 이렇게 오랫동안 나를 따르며 고생을 많이 했다.

0172 >> **吃亏　chī kuī

(동) 손해를 보다. 밑지다. 손실을 입다. = 不划算

她刚买这件衣服, 就后悔了, 觉得吃亏了。 = 受损失
그녀는 막 이 옷을 사고서는 손해 본 것 같아 후회했다.

0173 >>

** 吃力　　chīlì

영 힘들다. 힘겹다. 고생하다.

(1) 他觉得学习上越来越吃力。 = 费力
　　그는 공부가 갈수록 힘들다고 느낀다.
(2) 奶奶的岁数大了，上楼时很吃力。 = 费力气
　　할머니는 연세가 많으셔서 층계 오르는데 힘이 든다.
(3) 这工作对他来说太吃力。 = 困难
　　이 일이 그 사람에게는 너무 힘들어요.

0174 >>

吃香　　chīxiāng

〈口〉영 환영받다. 인기가 좋다.

(1) 她嘴甜，所认到哪儿都吃香。 = 受欢迎
　　그녀는 말주변이 좋아서 어디를 가나 인기가 있다.
(2) 他如今在领导那儿很吃香。 = 受重视
　　그는 지금 상사한테서 매우 환영받고 있다.

0175 >>

* 迟到　　chídào

동 지각하다. ▶ 早到(일찍 도착했다. 일찍 왔다.) ▶ 早一点来!(좀 일찍 와라.) ▶ 晚一点来!(좀 늦게 와라.)

每逢开会，他都迟到。 = 来晚了
매번 회의할 때마다 그는 지각한다.

0176 >>

** 尺寸　　chǐcun

명 (옷 따위의) 치수. = 尺码

买衣服要尺寸合适。 = 大小
옷을 살 때는 치수가 맞아야 한다.

0177 >>

充实　　chōngshí

동 풍족하다, 충분하다 = 充足　영 충실하다

(1) 她的生活很充实。 = 丰富
　　그녀의 생활은 매우 풍족하다.

(2) 文章的内容更要充实。 = 丰富 = 详实
　　문장의 내용이 더 충실해야 한다.

0178 >> ☆ **重** chóng

동 중복하다. 겹치다. 부 재차. 다시.

她和丈夫都买回了空调，买重了。 = 买了相同的东西
그녀와 남편은 둘 다 에어컨을 사오는 통에 겹치기 구매를 했다.

0179 >> ☆ **重新** chóngxīn

동 재차. 처음부터 다시. 새롭게. // 咱们再重新来。 (우리 처음부터 다시 시작하다.)

他们夫妇离开故乡，到海外重新开始生活。 = 从头开始
그들 부부는 고향을 떠나 해외로 가서 새로이 생활을 시작했다.

0180 >> ★ **抽** chōu

동 ① 빨디. (담배를) 피우다.　② 뽑다. (책이나 시간을) 빼다.

许多爱抽烟的人晚年都得了肺病。 = 吸
많은 애연가들이 말년에 모두 폐병에 걸렸다.

0181 >> ★ **抽空儿** chōu kòngr

동 시간을 내다. = 抽工夫 = 抽空

(1) 儿女应该在百忙中抽空儿回家看看年迈的父母。 = 挤出时间
　　자녀는 바쁜 중에도 시간을 내어 집으로 연로한 부모를 뵈러 가야한다.
(2) 我改天再抽空联系你吧。 = 找时间
　　내가 다음에 또 시간 내어 당신에게 연락하지요.

0182 >> **惆怅** chóuchàng

형 낙담하다. 슬퍼하다. = 忧闷

女朋友离开他了，他十分惆怅。 = 忧愁
여자친구가 그를 떠나자 그는 매우 낙담했다.

0183 >> * 出差　chū chāi

동 (공무로) 출장 가다. = 为了工作去较远的地方

爸爸出差去上海了。 = 外出办公事
아버지는 상해로 출장 가셨다.

0184 >> * 出国　chū guó

동 출국하다. 외국에 나가다.

他出国留学去了。 = 离开
그는 외국으로 유학을 갔다.

0185 >> 出乎大家的意料　chūhū dàjiā de yìliào

〈成〉 모두의 예상을 벗어나다[빗나가다]. 뜻밖이다.

他和女朋友这么快决定结婚，出乎大家的意料。 = 大家都没想到
그와 여자친구가 이렇게 빨리 결혼을 결정한 것은 모두의 예상 밖이다.

0186 >> 出家　chū jiā

동 (불교에서) 출가하다. = 削发 = 弃绝俗世

著名女歌手李娜出家当尼姑了。 = 到庙里去当和尚或尼姑
유명여가수인 李娜는 출가하여 비구니가 되었다.

0187 >> ** 出路　chūlù

명 ① (상품의) 판로. = 销售去处　② 활로. 살길. 출구.

(1) 这种产品不要生产了。因为它在市场上没有出路。 = 销路
　　이런 상품은 생산하지 마세요. 이런 건 시장에서 판로가 없기 때문이에요.

(2) 你找个正事吧，再这样混下去是没有出路的。 = 前途 = 希望
　　넌 제대로 된 일을 좀 찾아봐. 계속 이렇게 지내서는 길이 없어.

0188 >> 出门　chū mén

동 ① 외출하다. 결혼하다.　② 멀리 여행을 떠나다.

一个人出门在外，要注意身体。 = 离家远行
혼자서 멀리 떠나있으면 건강에 신경 써야 한다.

0189 >> 出门子　chū ménzi

동 출가하다. 결혼하다. = 结婚　☞ 出门：成家↑

隔壁王大妈家的两个女儿都出门子了。 = 嫁人
옆집 王씨 아줌마 집의 두 딸이 다 시집갔다.

0190 >> * 出名　chū míng

동 유명해지다. 이름이 나다. = 闻名

在这个班中, 李小强出名地淘气。 = 有名声
이 반에서 李小强은 장난꾸러기로 유명하다.

0191 >> 出气　chū qì

동 화풀이를 하다. ⇔ 出气筒(화풀이 상대)

你不要拿孩子出气。 = 发泄怨愤
당신은 애한테 화풀이 하지 마세요.

0192 >> * 出色　chū sè

형 맛있다. 훌륭하다. ⇔ 逊色

(1) "全聚德" 的烤鸭最出色。 = 好吃
　　'全聚德' 의 오리구이는 가장 맛있다.

(2) 这个进修班中, 她的汉语学习得最出色。 = 格外好
　　이 연수반에서 그녀는 중국어 공부를 가장 뛰어나게 한다.

(3) 他是个出色的翻译。 = 优秀
　　그는 뛰어난 통역관이다.

0193 >> * 出身于　chūshēnyú

…출신이다.

他出身于京剧世家。 = 出生并成长在
그는 경극의 명문가 출신이다.

0194 >> * 出事   chū shì

동 사고가 나다.

他这么晚还不回来, 肯定出事了。 = 发生意外
그가 이렇게 늦었는데도 아직 돌아오지 않으니, 틀림없이 사고가 난 게야.

0195 >> 出头的日子   chūtóu de rìzi

명 ① 곤경에서 벗어나는 날. ② 출세하는 날. ☞ 三十出头(31살~35살)

文化大革命结束了, 人们终于有了出头的日子。 = 从困苦中解脱出来
문화대혁명이 끝나고 사람들은 드디어 얼굴 펼 날이 왔다.

0196 >> 出我们的洋相   chū wǒmen de yángxiàng

〈口〉 우리들이 웃음거리가 되다. 우리들이 망신을 당하다. = 让我们出丑

明明知道我的五音不全, 偏让我唱歌, 这不是出我们的洋相吗? = 让我们丢面子
내가 음치인걸 뻔히 알면서 한사코 날더러 노래를 하라니. 이건 우릴 망신시키려는 게 아니고 뭐야?

0197 >> ** 出息   chūxi

명 장래성. 전도. 발전성.

(1) 吴小丽考上了清华大学, 真有出息。 = 前途
吴小丽는 清华대학교에 합격했어. 정말 장래가 있다니깐.

(2) 谁也没想到他如今这么有出息。 = 成就
그 누구도 그가 지금과 같이 이러한 성취를 이룰 줄은 생각도 못했다.

(3) 他将来会很有出息的。 = 发展
그는 장래에 크게 발전할 거예요.

0198 >> ** 出洋相   chū yángxiàng

〈慣〉 추태를 부리다. 망신을 당하다. 우스운 꼴을 보이다.

(1) 要想学好汉语, 就得多说多练, 不能怕出洋相。 = 闹笑话
중국어를 잘 배우려면 그저 많이 말하고 많이 연습해야 해요. 창피 당하는걸 겁내선 안 돼.

(2) 他是故意出洋相, 逗我们玩呢! = 引人发笑
그는 고의로 바보짓을 하여 우리를 웃겼다.

(3) 看我当众出洋相, 你很开心是不是? = 出丑
내가 대중들 앞에서 망신당하는 걸 보니 넌 즐겁다 이거지?

0199 >> 出于　chūyú

…에서 나오다[기인하다].

这件事完全出于偶然。 = 因为
이 일은 순전히 우연에서 기인한 것이다.

0200 >> ☆ 出院　chū yuàn

동 퇴원하다. ⇔ 住院

王老师病好了, 今天要出院了。 = 离开医院
王선생님의 병이 다 나아서 오늘 퇴원하실 거다.

0201 >> ☆ 初　chū

형 처음의. 최초의.　부 막. 방금.

(1) 这是他的初恋。 = 第一次
　　이것은 그의 첫사랑이다

(2) 初到北京, 我感到一切都很陌生。 = 刚
　　처음 북경에 와서 나는 모든 게 낯설게 느껴졌다.

0202 >> ** 除非　chúfēi

섭 …이 아니고서는. …이 아니고서야. …하지 않고서는. = 如果不是 = 要不是
　　▶〈除非~, 否则~〉(…하지 않고서야 그렇지 않으면…한다.)

除非得了重病, 否则我不会不上学的。 = 只有
중병에 걸리지 않고서야 나는 학교에 안 가지는 않을 거야.

0203 >> ☆ 处　chǔ

동 ① 사귀다. 교제하다.　② 살다. 거주하다. 함께 생활하다.
　　// 他们相处得很好。 (그들은 함께 아주 잘 지낸다.)

(1) 这个人性格特别, 与人很难相处。 = 交往
　　이 사람은 성격이 별나서 사람들과 사귀기 어렵다.

(2) 让他俩处一块吧。 = 在一起
　　그들 둘을 함께 있게 해.

0204 >> ☆

处分　chǔfèn

동 ① (범죄인 등을) 처벌하다. 처분하다. = 按规章处理　② 처리하다.

学校处分了几个吸烟的学生。 = 惩罚
학교는 몇 명의 흡연한 학생을 처벌했다.

0205 >> ☆

处理　chǔlǐ

동 ① (문제를) 해결하다.　② (일을) 처리하다.

他处理问题果断。 = 解决
그는 문제를 처리하는데 과감하다.

0206 >> ★

穿　chuān

보어 〈동사 + 穿 + 了〉 완전히. 철저히. // 看穿(간파하다.) // 说穿(까놓고 말하다. 폭로하다.)
동 ① 꿰뚫다. 폭로하다.　② 입다. 착용하다. 신다.　③ (공간을) 통과하다.

说穿了吧? 你一点不怕我。 = 透 = 明白
내 말이 맞지? 넌 하나도 내가 안 무서워.

0207 >>

穿小鞋　chuān xiǎoxié

〈慣〉 (상급자가 하급자를) 괴롭히다. 냉대하다. 난처하게 하다. = 暗算

你竟说领导的不是, 就不怕人家给你穿小鞋? = 为难我
당신은 그저 상사의 잘못만 이야기하는데 사람들이 괴롭힐까 두렵지 않나요?

0208 >>

传　chuán

동 ① (병균이) 전염되다.　② 전하다. 전파하다. = 传播

红眼病会传人的。 = 传染
결막염은 전염된다.

0209 >>

串门　chuàn mén

동 이웃집에 놀러가다. 이 집 저 집 돌아다니다. = 串门子 = 串门儿

邻居经常互相串门。 = 到别人家去坐坐
이웃 간에 자주 서로 놀러 간다.

0210 >> ☆ 创作　chuàngzuò

동 (문예작품을) 창작하다.

老舍创作了不少京味小说。 = 写作
老舍는 많은 북경 풍의 소설을 창작했다.

0211 >> ★ 吹　chuī

동 ① 헤어지다. 실패하다.　② 허풍을 떨다. 큰소리 치다. = 吹牛　③ (바람이) 불다.

(1) 我的女朋友和我吹了。 = 分手
여자친구와 난 헤어졌어.

(2) 他这个人很虚荣, 就会吹。 = 夸耀
그는 허영이 심하고 그저 허풍만 잘 떤다.

0212 >> 吹冷风　chuī lěngfēng

〈惯〉 비꼬아 말하다. 찬물을 끼얹다. ▶ 扫兴(흥이 깨지다. 기분이 잡치다.) = 泼冷水(찬물을 끼얹디. 흥을 깨다.)

对人有意见应当面说, 不应该在下面吹冷风。 = 散布冷言冷语(没有感情)
누군가에게 불만이 있으면 앞에서 말해야지 뒤에서 비꼬기만 하면 안됩니다.

0213 >> 淳朴　chúnpǔ

형 성실하고 소박하다. = 纯朴 // 这里民风淳朴。 (이곳 민간풍습은 소박하다.)

淳朴的金门人在信仰中也表现出了他们可爱的一面。 = 质朴
순박한 金门사람은 신앙에서도 그들의 귀여운 일면을 나타낸다.

0214 >> ★ 次　cì

형 ① (품질이) 떨어지다. 좋지 않다.　② 제2의. 다음의.　양 번.

(1) 那种产品是有点儿次。 = 差
그런 상품은 좀 떨어집니다.

(2) 产品质量次, 肯定没人买。 = 差
상품의 질이 떨어지니 틀림없이 아무도 안 살 거예요.

0215 >>

次要　cìyào

형 이차적인. 부차적인.

小错误在全局中处于次要地位。= 不太重要
작은 실수는 전체 국면에서는 부차적 지위에 속한다.

0216 >>

* ## 从头到尾　cóng tóu dào wěi

부 처음부터 끝까지. = 从头至尾

你们把这篇课文从头到尾读一遍。= 从头部到尾部 = 从开始到结束
너희들은 이 본문을 처음부터 끝까지 한번 읽어봐.

0217 >>

* ## 从未　cóngwèi

부 지금까지 …하지 않았다. …한 적이 없다. = 从不

她从未来过我家。= 从来没有
그녀는 여태껏 우리 집에 온 적이 없다.

0218 >>

** ## 凑　còu

동 ① 모이다. 모으다.　② 접근하다. 다가서다.

(1) 下班后，几个人凑到一块儿去喝酒。= 聚集
　　퇴근 후 몇 명이 함께 모여 술 마시러 간다.

(2) 我们大家每人凑些钱，帮助那个贫困的孩子吧。= 聚集
　　우리 다들 각자 조금씩 돈을 모아서 그 가난한 아이를 돕도록 하자.

0219 >>

** ## 粗心　cūxīn

형 부주의하다. 세심하지 못하다. = 大意

人一粗心，就会犯低级的错误。= 不仔细
사람이 부주의하면 저급한 잘못을 범하기 마련이다.

HSK ★(甲) ★★(丙) ☆(乙) ☀(丁)

0220 >> * 脆　cuì

형 ① (목소리가) 맑다. 낭랑하다.　② 바삭바삭하다.　③ 부서지기 쉽다. 약하다.

(1) 她的歌声清脆、悦耳。 = 清楚悦耳
그녀의 노랫소리는 맑고 듣기 좋다.

(2) 蛋卷很脆，刚出炉的，尝尝吧。 = 易碎
계란빵이 바삭바삭한 게 막 구워낸 거야. 맛 좀 봐.

0221 >> ☆ 措施　cuòshī

명 조치.

赶快采取措施，防止洪水泛滥。 = 办法
어서 조치를 취해서 홍수 범람을 막으세요.

0222 >> * 错过了　cuòguòle

동 (시기·기회를) 놓쳤다. (여러 가지 원인으로 말미암아 좋은 기회를 얻지 못함을 나타냄) ⇔ 抓紧

(1) 他和她肯定是错过了。 = 没遇到
그와 그녀는 틀림없이 놓치고 못 만난 거야.

(2) 因为生病，她错过了出国的好机会。 = 失去时机
병이 나서 그녀는 출국할 좋은 기회를 놓쳤다.

■ 아래의 각 단문 중 빈 칸에 들어갈 적합한 한자를 보기에서 골라 써 넣어보세요.

보기

□ 别提了	□ 不一定	□ 炒了鱿鱼	□ 吃亏	□ 吃不开	□ 不对劲儿 □ 吃香
□ 不好意思	□ 爱去不去	□ 别扭	□ 巴不得	□ 半瓶醋	□ 吃不了
□ 毕竟	□ 不见得	□ 差不多	□ 不免	□ 不得已	□ 不然
□ 不算数	□ 不禁	□ 不要紧	□ 碍事	□ 不在乎	□ 不知不觉 □ 出色
□ 不像话	□ 差劲	□ 不三不四	□ 包袱	□ 车到山前必有路	
□ 不管三七二十一		□ 吃得上	□ 吃苦	□ 白	□ 本事 □ 曾
□ 吹	□ 除非	□ 出洋相			

1　我们明天去雪岳山游玩，你爱去不去　　　　　。

2　他的病已经让医生看过了，不　　　　　。

3　小明学习不好，一考试就　　　　　得场病躲过去。

4　这把锁已经锈掉了，你想打开它是　　　　　力气。

5　你刚出校门，是　　　　　，要谦虚些。

6　出门旅游要是带着一个孩子，那真是一个　　　　　。

7　一个人有　　　　　，才能立足于社会。

8　你　　　　　在这里干了多年，我不会亏待你的。

9　　　　　　，我已经把这件事忘记了。

10　他这人特别　　　　　，叫他往东他偏偏往西。

11　她学习很紧张，　　　　　放弃了很多业余爱好。

12　小明今天在班上的表现很　　　　　是不是出什么事了？

13　他们　　　　　地闯了进去。

14　妈妈在这么人面前说她的婚事，让她很　　　　　。

15　他　　　　　明白这个道理。

16　看到这么动人的场面，他　　　　　流下了热泪。

17　他最近失业了，情绪　　　　　低落。

18　你快点回家吧，　　　　　就赶不上车了。

19　不是我苛刻，你瞧他那　　　　　的样子，实在让人看不惯。

20　昨天刚商量好的，今天又变卦，你这个人说话　　　　　。

21　他对老师这么没礼貌，太　　　　　了。

22　他的病　　　　，过两天就会好的。

23　比赛的输赢还　　　　　呢。

24　他对工作　　　　，所以受到了批评。

25　他学习很认真[专注]，　　　　　就过了四五个小时。

26　四年前，我　　和他见过一次面。

27　我离开家乡　　　　　已经十年了。

28　他发了财就不认得老朋友了，可　　　　　劲!

29　他工作不努力被老板　　　　　。

30　他这人从不担心，总是说"　　　　　"。

31　你这一套虚伪在哪儿也　　　　　。

32　这货咱们　　　　，别再打注意了。

33　十二点半以后午饭还能　　　　　。

34　他跟我这么多年，没少　　　　　受累。

35　她刚买这件衣服，就后悔了，觉得　　　　　了。

36　她嘴甜，所认到哪儿都　　　　　。

37　这个进修班中，她的汉语学习得最　　　　　。

38　要想学好汉语，就得多说多练，不能怕　　　　　。

39　　　　　　得了重病，否则我不会不上学的。

40　他这个人很虚　　，就会吹。

0223 >> ** 达 dá

(동) 도달하다. 이르다. // 直达(…에 직행이다.)

中国的人口已达十三亿了。 = 到了
중국의 인구는 이미 13억에 달했다.

0224 >> ☆ 答应 dāying

(동) ① 허락하다. 동의하다. …하기로 약속하다. ② 대답하다.
▶ 回答([소리내어] 대답하다.)

(1) 我答应了的事，就一定会尽力做好。 = 同意
내가 약속한 일은 반드시 최대한 다 해낼 거야.

(2) 爸爸答应我领养一只小狗了。 = 允许
아버지는 내가 강아지를 키우는 걸 허락하셨어.

0225 >> ** 答复 dáfù

(명) ① (다른 사람이 제기한 문제나 요구에 대한) 해답. 답변. // 满意的答复(만족할 만한
답변) ② …한다는 답을 주다. 회답하다. // 马上答复(즉각 답을 주겠다.) // 电话答
复(전화로 답을 주겠다.)

大使馆对我的签证有了答复。 = 回答
대사관은 나의 비자에 대해 답변을 주었다.

0226 >> ★ 打 dǎ

(동) ① (밥 · 간장 등을)사다. ② (가구를)만들다. ③ (옷을) 짜다. ④ 〈打 + 장소〉…에서.
⑤ (집 등을)정리하다. 묶다. 싸다. ⑥ 계획하다. 궁리하다. = 打主意 // 打我的主意
(나에게 수작을 부리다.) ⑦ (운동을) 하다. 치다. 때리다.

(1) 中午到食堂去打饭。 = 买
정오에는 식당에 가서 밥을 산다.

(2) 姐姐打的毛衣很漂亮。 = 织
누나가 짠 스웨터는 아주 예쁘다.

(3) 我打心眼里感谢您多年对我的帮助。 = 从
저는 속으로 당신이 여러 해 동안 저에게 도움을 주신데 대해 감사하고 있어요.

(4) 你快打点行李吧，明天都要出国了。 = 整理 = 捆
당신은 어서 짐을 꾸려요. 내일이면 출국을 할텐데.

(5) 你别打我的主意，我决不会嫁给你的。 = 算计
당신 나한테 신경 꺼요. 난 절대로 당신에게 시집가지 않을 테니.

(6) 他的手很巧，家中不少家具是他自己打的。 = 制造
그의 손재주가 뛰어나 집안의 적지 않은 가구는 그 사람이 직접 만든 것이다.

0227 >> ☆ 打扮　dǎban

동 치장하다. 화장하다.

她打扮得入时、漂亮。 = 装饰、化妆
그녀는 유행에 맞게 예쁘게 치장했다.

0228 >> ☆ 打道回府　dǎdàohuífǔ

동 귀가하다.

任务完成了，该打道回府了。 = 回家
임무를 완수했으니 이제 돌아가야지.

0229 >> 打动　dǎdòng

동 감동시키다.

他的一番话，打动了她的心。 = 感动
그의 말은 그녀의 마음을 감동시켰다.

0230 >> ** 打个招呼　dǎ ge zhāohu

동 사전에 미리 알리다. ② (말이나 동작으로 가볍게) 인사하다. // 点头打招呼(머리를 끄덕이며 인사하다.)

(1) 我跟他打个招呼你再去找他。 = 事先通知 = 事先提醒 = 事先说一下
내가 그에게 연락해둘 테니 당신이 다시 그를 찾아가세요.

(2) 每天早晨，见到每个人都要打个招呼。= 表示问候
　　매일 아침 만나는 사람마다 인사를 해야 한다.

(3) 你给下属打个招呼，给我批个证明吧。= 给个指标
　　당신이 아랫사람에게 당부해서 저에게 증명서를 발급해 주세요.

0231 >>　打工　　dǎ gōng

동 임시직 일을 하다. 아르바이트를 하다.

来北京打工的外地人很多。= 为人做工
북경에 와서 일하는 외지인은 많다.

0232 >>　** 打架　　dǎ jià

동 ① 눈을 뜰 수 없다.　② 싸움하다. 다투다. // 吵架(말다툼하다.)

下午上课真困，两只眼睛直打架。= 睁不开
오후에 수업하는 건 정말 힘들다. 두 눈이 자꾸 감기려고 한다.

0233 >>　** 打交道　　dǎ jiāodao

동 교제하다.

(1) 他特别善于与女同志打交道。= 交往
　　그는 특히 여자와 교제를 잘 한다.

(2) 他这个人很内向，不善于和人打交道。= 来往
　　그는 내성적이어서 사람과 교제를 잘 하지 못한다.

(3) 你先去跟他打打交道，谋个底细。= 接触
　　너는 일단 가서 그와 접촉해서 내막을 캐내어라.

0234 >>　** 打量　　dǎliang

동 (사람의 외모를) 관찰하다. 훑어보다.

(1) 面试的考官先上下打量了他一番。= 观察
　　면접관은 일단 위아래로 그를 한번 훑어보았다.

(2) 他一进门，奶奶就细细打量了他一番。= 上下看
　　그가 문에 들어서자마자, 할머니는 자세히 그를 한번 훑어보았다.

0235 >> ** **打破**　dǎpò

동 쳐부수다. 타파하다. = 超越

他打破了世界纪录。 = 突破
그는 세계기록을 깼다.

0236 >> **打起(了)退堂鼓**　dǎ qǐ(le) tuìtánggǔ

〈口〉 뒤로 물러서다. 뒷걸음질치다. 위축되다.

(1) 有多大困难, 也不能打退堂鼓, 要坚持住。 = 退缩
　　어떠한 어려움이 있어도 뒤로 물러서서는 안되고, 끝까지 버텨야 한다.

(2) 昨晚还说得好好的, 今天早上怎么就打起退堂鼓了? = 改变了主意
　　어젯밤에만 해도 좋다고 하더니, 오늘 아침에는 왜 뒷북을 치는 거야?

0237 >> ☆ **打扰**　dǎrǎo

동 방해하다. 폐를 끼치다. = 打搅

(1) 已是深夜, 你们还在大声唱歌, 已经打扰了别人的休息。 = 影响
　　이미 깊은 밤인데, 너희들은 아직도 큰소리로 노래를 불러대서, 다른 사람의 휴식을 방해했다.

(2) 不要一放学就去别人家, 会打扰别人的。 = 妨碍别人
　　학교 마치자마자 남의 집에 가지 마라, 다른 사람에게 폐가 된다.

0238 >> * **打算**　dǎsuan

소동 〈打算 + 동사〉…할 작정이다. …할 계획이다. 　명 타산. 계획.

(1) 我打算暑假去西安。 = 准备
　　나는 여름방학에 西安에 갈 예정이다.

(2) 新年有什么新打算吗? = 计划
　　새해에는 어떤 새로운 계획이 있니?

0239 >>

打下手　　dǎ xiàshǒu

⑧ 조수 노릇을 하다. = 担任助手

(1) 每逢过节，妈妈做饭，我打下手。 = 当助手
　　매번 명절을 지낼 때마다, 어머니가 음식하면 나는 일을 거든다.

(2) 你给我打下手吧，我怕一个人来不及。 = 帮助
　　당신이 날 좀 거들어 줘요, 나 혼자서는 제시간에 안될 것 같아요.

0240 >>

大播特播　　dà bō tè bō

〈成〉 대대적으로 방송하다. ▶ 大写特写(대서특필하다.)

电视台大播特播历史体裁的电视剧。 = 播得很多 = 一窝蜂的播
텔레비전 방송국은 역사물 드라마를 대대적으로 방송한다.

0241 >> ★

大不了　　dàbuliǎo

⑱ ① 대단하다. 중대하다. 심각하다.　② 고작. 기껏해야.

(1) 没什么大不了的事，你就安心睡觉吧。 = 严重
　　별 심각할 것도 없다, 너는 안심하고 자라.

(2) 这病没什么可怕的，大不了住院动手术呗。 = 至多是
　　이 병은 아무것도 걱정할 것 없이 기껏해야 병원에 입원해서 수술 받으면 되는데 뭐.

(3) 天黑，路看不清了，大不了在旅馆住一夜吧。 = 至多也不过
　　날은 저물고, 길도 잘 보이지 않으니, 까짓 것 여관에서 하루 밤 머물면 되지.

0242 >>

大吃一惊　　dà chī yī jīng

〈口〉 깜짝 놀라다. // 吃惊(놀라다.)

奶奶居然也去学习老年迪斯克，真叫人大吃一惊。 = 十分惊讶
할머니가 뜻밖에 노인 디스코를 배우러 가서, 정말 사람들을 깜짝 놀라게 했다.

0243 >>

大大方方　　dàdafāngfāng

⑱-중첩 (‘大方’↓)고상하다. 점잖다. 야하지 않다. ⇔ 俗气

大大方方的女孩子招人喜欢。 = 自然 = 不拘束
고상한 여자아이는 사람의 호감을 산다.

0244 >> 大跌　dà diē

명 동 폭락(하다). ▶ 涨跌 = 涨落(①[물가나 시세의] 등락. 오르고 내림. ②밀물과 썰물.)

最近美元的汇率大跌。 = 下降
최근 달러 환율이 폭락했다.

0245 >> ** 大方　dàfāng

형 고상하다. 점잖다. 야하지 않다. // 简洁大方(깔끔하고 고상하다.)

(1) 教室要布置得朴素、大方。 = 不俗
　　교실은 소박하고 점잖게 배치해야 한다.

(2) 她只穿一条白裙，很是大方。 = 不华丽
　　그녀는 단지 흰 치마를 한 벌 입었을 뿐이지만, 매우 고상하다.

(3) 她表现得落落大方。 = 自然
　　그녀는 솔직 담백하게 표현한다.

0246 >> * 大概　dàgài

부 〈大概 + 동사〉아마. (짐작이나 추측을 나타냄)
형 대략적인. 대강의. // 大概情况(대략적인 상황)

(1) 她大概五十多岁了。 = 大约
　　그녀는 대략 오십 여세 일거다.

(2) 她一晚都不在，大概公司加班吧。 = 可能
　　그녀는 밤새 없었는데, 아마 회사에서 잔업을 했을거예요.

0247 >> ** 大红脸　dà hóngliǎn

명 빨갛게 달아오른 얼굴. // 闹大红脸(얼굴을 붉히다.)

他的一番话，使她闹个大红脸。 = 不好意思 = 难为情
그의 이 말은 그녀로 하여금 얼굴을 붉히게 했다.

0248 >> ☆ 大家　dàjiā

대 ① 모두. 여러분. = 各位 = 诸位　② 대가. 전문가.

(1) 大家应该遵守纪律。 = 所有的人
　　여러분은 마땅히 규율을 준수해야 합니다.

(2) 他是研究中国文化的大家。= 专家 = 权威
　　그는 중국문화연구의 대가이다.

0249 >>　大名鼎鼎　　dàmíng dǐngdǐng

〈成〉명성이 높다. = 鼎鼎大名

张艺谋是中国大名鼎鼎的电影导演。= 有名气 = 十分著名
장예모는 중국의 명성 높은 영화감독이다.

0250 >>　★ 大手大脚　　dà shǒu dà jiǎo

〈成〉돈을 물 쓰듯 쓰다. ⇔ 小手小脚

(1) 她花钱大手大脚的，不会节俭过日子。= 乱花钱 = 随便花钱
　　그녀는 돈 쓰기를 물 쓰듯 하지, 절약하며 생활할 줄 모른다.
(2) 她工作不干，花钱却大手大脚的。= 浪费
　　그녀는 일은 않고, 돈 쓰기는 오히려 물 쓰듯 한다.

0251 >>　☆ 大小　　dàxiǎo

접 아뭏든. 어쨌든 간에. 명 크기. 어른과 아이.

(1) 不管怎样，你大小是个官儿，应该为百姓办点事儿。= 大小也是管
　　하여간에 당신은 어쨌든 관리이니, 마땅히 백성을 위해서 일을 처리해야 한다.
(2) 你大小也是个局长，搞辆车送孩子上学都办不到吗？= 不管怎么样
　　당신은 어쨌든 간에 국장인데, 차로 아이들 학교에 보내는 조차도 할 수 없어요?

0252 >>　☆ 呆　　dāi

영 멍하다. 동 머무르다.

(1) 他被这可怕的景象吓呆了。= 发愣
　　그는 이 무서운 광경에 놀라 멍해졌다.
(2) 你在我家多呆些日子吧。= 停留
　　당신은 나의 집에서 며칠 더 머물도록 하세요.

0253 >> ☆ 代　dài

（동）직무를 대신 맡다. 대신하다.

(1) 李老师给这所学校代了几个月的课。 = 代理
李선생님은 이 학교를 위해 몇 달간의 수업을 대신 맡아 주었다.

(2) 你先代他做两天吧, 他病了。 = 临时顶替
그가 병이 났으니, 당신이 일단 그를 대신해서 며칠 일하세요.

0254 >> ** 代价　dàijià

（명）대가. ② 대금. 물건값. = 钱

人的成长是要付出代价的。 = 相应的付出 = 损失
사람의 성장도 대가를 지불해야만 하는 것이다.

0255 >> ★ 带　dài

（동）① 띠다. 들어있다.　② (제자를) 키우다. 양성하다.　③ 지니다. 휴대하다.
④ 인솔하다. …를 데리고 …하다. // 带你去(너를 데리고 간다.) = 陪你去

(1) 周老师脸上带着微笑走进了教室。 = 露出
周선생님은 얼굴에 미소를 띠며 교실에 들어갔다.

(2) 马教授带了四个研究生。 = 培养
마교수는 네 명의 대학원생을 키운다.

0256 >> 带病　dài bìng

（부）〈带病 + 동사〉병을 무릅쓰고. 병중임에도 불구하고. = 抱病

与其让同志替自己承担任务, 他宁愿带病坚持工作。 = 带着毛病
동지로 하여금 자신을 대신해서 임무를 맡게 하느니, 그는 병을 무릅쓰고도 일을 계속하려고 한다.

0257 >> 戴高帽子　dài gāo màozi

（동）〈惯〉추켜세우다. 비행기를 태우다. ⇒ 拍马屁(아첨하다, 알랑거리다.)

(1) 这个人很会给别人戴高帽子。 = 赞扬
이 사람은 다른 사람 추켜세우기를 잘한다.

(2) 快别给我戴高帽子了, 我都不好意思了。 = 奉承
나를 치켜세우려 하지 마라, 내가 다 무안해진다.

0258 >> ☆ **单调** dāndiào

동 단조롭다. ⇔ 多变

(1) 一个人的生活是很单调的。 = 无变化
혼자 사는 생활은 너무나 단조롭다.

(2) 这幅画色彩很单调，除了灰的就只剩下白的。 = 没有变化
이 그림은 색채가 너무 단순해서, 회색을 제외하면 단지 흰색만 남는다.

0259 >> ☆ **担任** dānrèn

동 (직무나 일을) 맡다. 담당하다.

她担任校长的职务已经五年了。 = 当
그녀가 교장의 직무를 맡은 지 벌써 5년째가 되었다.

0260 >> ☆ **担心** dān xīn

동 염려하다. 걱정하다. = 挂心

我担心的事情终于发生了。 = 不放心 = 惟恐发生
내가 염려하던 일이 결국 발생했다.

0261 >> ☆ **淡** dàn

형 ① 맛이 싱겁다. ② (색이) 연하다. 엷다.

(1) 今天的菜味道不错，就是有点儿淡了。 = 不够咸
오늘의 음식 맛은 괜찮지만, 단지 조금 싱겁다.

(2) 分别几年，我们之间逐渐淡了。 = 疏远
몇 년을 헤어져 있어, 우리의 사이는 점차 소원해졌다.

0262 >> ★ **当** dāng

동 (직무를)담당하다. …이 되다.
爸爸当上了经理。 = 担任
아버지는 사장이 되었다.

0263 >> ☆ 当　dàng

동 …라고 생각하다.

看你的背影，我当是马亮呢。 = 以为
너의 뒷모습을 보고, 나는 마량인줄 알았다.

0264 >> ** 当家　dāngjiā

동 집안 일을 꾸려나가다[맡아하다].

不当家不知柴米贵。 = 主持家务
집안 일을 하지 않으면 생필품이 비싼지를 모른다.

0265 >> ** 当真　dàngzhēn

부 과연. 정말로. = 真实　동 진실로 받아들이다. = 当成真的

这只是件传闻，你还当真了。 = 信以为真
이 것은 단지 소문일 뿐인데, 당신은 사실로 여겼다니.

0266 >> ☆ 挡　dǎng

동 가로막다. 저지하다. ▶ 拦挡(가로막다. 저지하다.)

爸爸对我下了命令，凡是找我玩游戏机的一律挡在门外。 = 拦
아버지는 나에게 명령을 내리시기를, 무릇 오락하러 나를 찾아오는 사람은 모두 집안에 발도 들이지 못하게 하셨다.

0267 >> 档　dàng

명 ① (상품·제품의) 등급.　② 문서. 서류. = 档案

满屋子的高档家具都是进口的。 = 等级
온 방안의 고급가구는 모두 수입품이다.

0268 >> ** 导致　dǎozhì

동 야기하다. 초래하다.

爷爷的血压高导致了心脏病。 = 引起
할아버지의 고혈압은 심장병을 야기했다.

0269 >> ☆ 倒 dǎo

동 ① 바꾸다. 이동하다. 옮기다.   ② 넘어지다. 자빠지다.

去三十二中上课，中间要倒一次车。 = 换
32중학교에 수업하러 가는데는, 중간에 차를 한번 갈아 타야한다.

0270 >> ** 倒霉 dǎo méi

동 재수가 없다. 운이 좋지 않다.

今早一出门就撞车，又把钱包丢了，真是够倒霉的! = 运气不好
오늘 아침 외출하자마자 차에 부딪히고, 지갑을 잃어버리고, 정말 재수 없었다.

0271 >> 倒休 dǎoxiū

동 휴일을 바꾸어 쉬다.

为了给我开家长会，爸爸倒休了。 = 调换休息日
아버지는 나를 위해 학부모회의에 참석하기 위해 휴일을 바꾸어 쉬었다.

0272 >> ☆ 倒 dào

부 오히려. 도리어. 반대로. = 却

今天没太阳，倒不冷。 = 反而
오늘은 해가 나오지 않았는데도, 춥지는 않다.

0273 >> ☆ 到底 dàodǐ

부 도대체. 마침내. 결국.

你到底多大岁数了？ = 究竟
당신은 도대체 몇 살이나 되었습니까?

0274 >> 到家 dào jiā

〈口〉 전문가가 되다. // 学到家了(배워서 전문가 수준에 도달하다.)

(1) 他的厨师手艺练到家了。 = 水平很高
　　그의 주방장 요리 솜씨는 전문가 수준이 되었다.

(2) 要做得像他那样，功夫才算到家了。 = 达到标准
　　그 사람처럼 그렇게 해야만 실력이 전문가 수준에 도달할 수 있게 된다.

0275 >> 道听途说   dào tīng tú shuō

〈成〉 길에서 주워들은 풍문. 근거 없는 소문.

他最爱传播道听途说的消息。 = 听别人说一些没有根据的话
그는 길에서 주워들은 소식 퍼트리는 것을 좋아한다.

0276 >> ★ 得   dé

⑧ ① 얻다. 획득하다. // 得罪(실례하다, 남의 기분을 상하게 하다) = 使人不高兴
     ② 됐다. 좋았어. = 得了

他们组织了效率极高的奥运会申办委员会，对这届奥运会的申办权志在必得。 = 得到
그들은 실익이 높은 올림픽 유치위원회를 조직하여, 이번 올림픽의 유치권을 반드시 획득하고자
한다.

0277 >> ** 得了   déle

〈口〉 좋다. 됐다. 그만두자. = 罢了 = 好了 = 算了

这就得了，你不用着急了。 = 表示情况不严重
이거면 됐으니, 너는 조급해할 필요 없다.

0278 >> ★ 得   děi

조동 ① 반드시 …해야 한다. ② 반드시 …일 것이다. 동 (시간 등이)걸리다.

(1) 今天我得去姑妈家。 = 要
     오늘 나는 고모 집에 가야 한다.

(2) 快睡觉吧，明天我得早起呢。 = 应该
     빨리 자라, 내일 나는 일찍 일어나야 해.

(3) 领导得经常到群众中去了解情况。 = 必须
     지도자는 늘 군중 속으로 들어가 상황을 이해해야만 한다.

(4) 坐车大概得十多个小时。 = 花
     차를 타면 대략 10여 시간이 걸린다.

0279 >> ☆ 的确   díquè

⑨ 확실히. 분명히. 실로. = 实在

她的确是个好妈妈。 = 确实
그녀는 확실히 좋은 엄마이다.

0280 >> * **抵制** dǐzhì

图 제지하다. 제압하다. = 禁绝

要坚决抵制黄色书刊的出版。 = 阻止 = 反对
음란 간행물의 출판을 단호하게 제지해야 한다.

0281 >> ** **地步** dìbù

명 도달한 정도. 형편. 지경.

事情已经发展到了不可挽回的地步。 = 程度
일이 이미 돌이킬 수 없는 지경에까지 발전했다.

0282 >> ** **地道** dìdào

형 ① 진짜의. 본고장의. 순수한. ② 단단하다. 질이 좋다. ③ 성실하다. 알차다.

(1) 他说的是一口地道的北京话。 = 标准 = 够标准
그가 하는 말은 정통 북경어이다.

(2) 这个饭店做的是地道的川菜。 = 真正
이 호텔에서 만든 것은 본고장 사천요리이다.

(3) 他这个感觉很地道。 = 纯正
그의 이러한 느낌은 참 순수하다.

(4) 他这人不虚浮，很地道。 = 诚恳 = 纯朴
그는 비현실적이지 않고 성실하다.

0283 >> **第一把手** dì yī bǎ shǒu

명 제1인자. 직장의 최고 책임자. 직위가 제일 높은 사람. = 一把手

王校长是学校中的第一把手。 = 职位最高的人
王교장은 학교 안의 최고 책임자이다.

0284 >> **掂量** diānliáng

图 고려하다. 헤아리다.

这件事你掂量着办吧。 = 考虑
이 일은 당신이 잘 고려해서 처리하세요.

0285 >>

典礼　diǎnlǐ

명 식. 의식. // 毕业典礼(졸업식)

经过一个月的准备，他们成功地举行了盛大的开业典礼。 = 仪式
한 달의 준비를 거쳐, 그들은 성대한 개업식을 성공적으로 거행했다.

0286 >>

典型　diǎnxíng

명 형 전형(적이다).

这个人物具有典型性。 = 代表
이 인물은 전형성을 가지고 있다.

0287 >> ☆

点心　diǎnxin

명 간식. 가벼운 식사. = 糕点

"稻香村"的点心是很出名的。 = 一种食品
'稻香村' 의 간식거리는 매우 유명하다.

0288 >> *

点子　diǎnzi

명 ① 요점. 포인트. 관건.　② 생각. 방법.

(1) 大家不得不佩服，还是他的点子多。 = 办法 = 主意
　　다들 탄복할 수밖에 없음은, 역시나 그의 아이디어가 많아서이다.
(2) 法官的话一下子就说到了点子上。 = 关键
　　법관의 말은 한번에 핵심을 찔렀다.

0289 >> *

叼　diāo

동 (입에) 물다. ▶ 刁(교활하다. 간사하다.) ↓

小狗叼着骨头不松口。 = 用嘴夹住
강아지가 뼈다귀를 물고는 놓지 않는다.

0290 >>

刁　diāo

영 교활하다. 간사하다. = 刁钻古怪

这人很刁，你可小心。 = 难对付
이 사람은 교활해서, 당신은 정말 조심하시오.

0291 >>

掉价儿　diào jiàr

동 신분·체면 등이 떨어지다. = 丢脸　② 값이 떨어지다.

你穿这么土的衣服去赴宴，真掉价儿。 = 丢面子
당신이 이런 촌스러운 옷을 입고 연회에 참석하러 가다니, 정말 체면이 떨어진다.

0292 >>

掉头　diào tóu

동 (차를)U턴하다. 반대방향으로 가다. = 调头

两人没说几句话，徐帆掉头就走了。 = 转成相反的方向
두 사람은 몇 마디 말도 않했는데, 시범은 고개를 돌리고는 가 버렸다.

0293 >>　** 盯　dīng

동 (시선을 한곳에) 주시하다. 응시하다. // 盯人(바짝 따라붙다. 밀착 마크하다.)

长时间地盯着电脑屏幕，会引起眼睛不适并导致视力下降。 = 注视
컴퓨터 스크린을 장시간 응시하면, 눈에 좋지 않으며 시력저하를 야기할 수 있다.

0294 >>　☆ 定　dìng

동 확정하다. 결정하다. 보어 〈동사 + 定〉꼭…하기로 결정하다.
// 说定(그렇게 하기로 결정하다.)

(1) 我们定在七月三十号结婚。 =决定
　　우리들은 7월30일에 결혼하기로 결정했다.
(2) 凭咱们的交情，上刀山下火海我也帮定你了。 = 一定
　　우리사이의 친분을 봐서, 제아무리 힘들고 어려울지라도 나는 반드시 도와줄 것이다.

0295 >> 丢开　diūkāi

동 떨쳐버리다. 손을 떼다. // 走开！(비켜!) // 打开一下！(좀 열어봐!)

考试时要丢开一切杂念，全神贯注。 = 放在一边 = 排除
시험 시에는 모든 잡념을 떨쳐 버리고 온 정신을 집중해야 한다.

0296 >> * 丢失　diūshī

동 잃어버리다. 분실하다.

我不小心丢失了一个皮包。 = 遗失
나는 실수로 가방을 하나 잃어 버렸다.

0297 >> 丢在脑后　diū zài nǎo hòu

〈口〉잊어버리다.

别指望他了，我说的话早被他丢在脑后了。 = 忘了
그에게 기대하지마, 내가 한 말을 그는 벌써 잊어 버렸다.

0298 >> 东拉西扯　dōng lā xī chě

〈成〉① 되는 대로 지껄이다. 조리 없이 이것저것 말하다.　② 여기저기서 잡아당기다.

老人们在一块儿聊天就是东拉西扯。 = 一会儿讲这个，一会儿讲那个
노인들은 함께 잡담하면 이것저것 되는 데로 말한다.

0299 >> ** 懂事　dǒngshì

동 세상물정을 알다. 사리를 분별하다. 철들다.

何义是个懂事的孩子。 = 明白事理
何义는 사리를 분별할 줄 아는 아이이다.

0300 >> * 动　dòng

동 ① 행동하다. 움직이다.　② 사용하다. 쓰다. // 动脑筋(머리를 쓰다.)

(1) 大家都要动起来，打扫大院的卫生。 = 行动
다들 움직여서 안 마당을 대청소 해야한다.

(2) 他动了考大学的心思。 = 起 = 萌发
그는 대학시험을 치를 마음이 생겼다.

0301 >> ** 动不动就　dòng bu dòng jiù

[부] 걸핏하면. 툭하면.

他动不动就发脾气。 = 容易
그는 걸핏하면 화를 낸다.

0302 >> ** 动静　dòngjing

[명] ① 동정. 동태. ② 소리.

(1) 教室里一点动静也没有。 = 声音
교실 안에는 조금의 소리도 없었다.

(2) 去看看敌人那的动静。 = 情况
가서 적들의 동태를 살펴봐라.

0303 >> ** 动脑筋　dòngnǎojīn

[동] 머리를 쓰다. 방법을 생각하다.

(1) 要善于开动脑筋。 = 想办法
머리 쓰기를 잘 해야 한다.

(2) 不动脑筋就做不出来。 = 思考
머리를 쓰지 않으면 해낼 수 없다.

(3) 开动你的脑筋。 = 使用
너의 머리를 써 봐라.

0304 >> ☆ 动人　dòngrén

[형] 감동적이다.

她长得美丽动人。 = 让人动心
그녀는 사람들의 마음을 움직일 정도로 아름답다.

0305 >> ☆ 动身　dòngshēn

[동] 출발하다. 여행을 떠나다. = 起程 = 起身

(1) 八点我们准时动身前往长城。 = 出发
우리들도 8시에 시간 맞춰 长城을 향하여 출발한다.

(2) 他们今天一早就动身了。 = 启程
그들은 오늘 아침 일찍 출발했다.

0306 >> ☆ 动手　　dòng shǒu

동 ① 시작하다. 착수하다. 손을 대다. // 动手能力(손을 사용하는 능력.)
② 사람을 때리다.

(1) 自己动手, 丰衣足食。= 干活
스스로 일을 해서, 살림이 넉넉하다.

(2) 教师要培养学生的动手能力。= 实践
교사는 학생들의 실천력을 배양해야 한다.

(3) 动手动得晚了, 别的单位抢了先。= 开始做
착수를 늦게 하여 다른 부서가 선수를 쳤다.

(4) 他很讲道理, 动口不动手。= 动手打人
그는 사리가 분명하여, 말로하지 주먹을 쓰지 않는다.

0307 >> ★ 都　　dōu

무 ① (심지어) …까지도. …조차도. 완전히. 거의.　② 〈都 + 시간 + 了〉벌써 …했다.

(1) 我都认不出你来了。− 简直 = 几乎
나조차도 당신을 알아보지 못하였다.

(2) 你怎么连我都忘了？= 也
당신은 어쩜 나까지도 잊어버릴 수 있나요?

(3) 一切准备工作都好了。= 全部
모든 준비작업이 다 됐다.

(4) 你快起来, 都十点了。= 已经
어서 일어나, 벌써 10시가 됐어.

(5) 孩子长得真快, 我都认不出来了。= 甚至
아이들은 정말 빨리 커서 나조차도 얼굴을 알아볼 수 없다.

0308 >> 都是你　　dōu shì nǐ

〈口〉모두가 다 너 때문이다. 다 당신 탓이다. = [表示责备]

(1) 一切责任都是你的。= 责任都归你
모든 책임은 모두 다 당신에게 있다.

(2) 都是你　不然我怎么会丢了那个工作。= 怪你
모두 너 때문이야, 그렇지 않으면 내가 어떻게 그 일을 놓칠 수 있겠니.

0309 >>

独到　　dúdào

명 독창. 독특.

科学家有自己独到的见解。= 与众不同
과학자는 스스로의 독창적인 견해가 있다.

0310 >>

独身　　dúshēn

명 독신. 단신. = 单身 ⇔ 已婚 ▶ 光棍儿(홀아비)

现代青年有不少独身主义者。= 未婚
현대의 젊은이중에는 독신주의자가 적지 않다.

0311 >> ☆

度过童年时期　　dùguò tóngnián shíqī

어린 시절을 보내다.

在苏州的乡下，我度过了童年时期。= 成长 = 儿童时代
苏州의 시골에서 나는 어린 시절을 보냈다.

0312 >>

端详　　duānxiáng

동 자세히 보다. ⇔ 浏览

这位外国人拿着这块玉，端详了半天，决定买下了。= 仔细看
이 외국인은 이 옥을 한참 자세히 보고는 구입하기로 결정했다.

0313 >> ★

对　　duì

동 서로 맞서다. 대응하다.　형 맞다. 옳다.　전 〈对 + 명사 + 동사〉…에 대하여. …에게.
양 〈수사 + 对 + 명사〉짝. 쌍.

今天的球赛是中国对巴西。= 对抗
오늘의 경기는 중국 대 브라질이다.

0314 >> ☆ 对待 duìdài

동 대응하다. 대처하다. (상)대하다.

(1) 王老师对待学生就像自己的孩子。= 看待
  王선생님은 학생을 자신의 아이처럼 대한다.

(2) 学生应该严肃对待每一次考试。= 应付
  학생들은 매번 치루는 시험에 진지하게 대해야 한다.

0315 >> 对号入座 duì hào rù zuò

번호대로 앉다. 지정좌석에 앉다.

看歌剧时，要拿着票对号入座。= 票和座位的号码一样
오페라를 볼 때, 표를 들고 지정좌석에 앉아야 한다.

0316 >> * 对抗 duìkàng

동 서로 맞서다. 대응하다. 대항하다

中日的战争对抗了八年，中国终于胜利了。= 相持
중일전쟁은 8년 동안 서로 맞서다가 중국이 결국 승리했다.

0317 >> * 对象 duìxiàng

명 ① 애인. 연인. = 情人 ② 결혼상대. 배우자.

(1) 小李的对象是个空中小姐。= 女朋友
  小李의 애인은 스튜어디스이다.

(2) 他的对象是个司机。= 男朋友
  그의 애인은 택시기사이다.

(3) 你有对象了吗？= 恋人
  너는 연인이 있니?

(4) 女孩子找个好对象是十分重要的。= 恋爱一方
  여자가 좋은 배우자를 찾는 것은 매우 중요하다.

0318 >> ** 顿时　dùnshí

（부） 갑자기. 일시에.

(1) 老师一进教室，教室里顿时安静下来。 = 立刻
선생님이 교실에 들어서자, 교실 안이 일시에 조용해졌다.

(2) 见了老鼠，她顿时发出一声尖叫。 = 一下子
쥐를 보자 그녀는 순간 날카롭게 소리질렀다.

0319 >> ** 多半　duōbàn

（명） 대다수. 대부분. （부） 대개. 아마.

(1) 下这么大雨，他多半不会来了。 = 大概
이렇게 큰비가 내리니, 그는 아마 오지 않을 것이다.

(2) 选举的结果，小陈的得票超过了多半。 = 半数
선거 결과, 小陈의 득표가 과반수를 넘었다.

(3) 这些东西多半是他的，他也不好好儿收拾一下儿。 = 全部
이 물건들은 대부분이 그의 것인데, 그는 정리도 잘 하지 않는다.

0320 >> ** 多亏　duōkuī

（부） 덕분에. 다행히.

多亏今天我带伞了，否则我会被雨淋湿了。 = 幸亏
다행히 오늘 나는 우산을 가져 왔는데, 그렇지 않았으면 비에 흠뻑 젖었을 것이다.

0321 >> ☆ 夺　duó

（동） 강제로 빼앗다. 쟁취하다. 획득하다. = 取得 = 赢

韩国队在18日那一天便夺得了十枚金牌。 = 赢
한국팀은 18일 하루에 10개의 금메달을 획득했다.

E

0322 >> ☆ 恶劣　èliè

영 아주 나쁘다. 열악하다. 악질적이다. = 很坏

在这种恶劣的天气里出门，实在不是一件愉快的事情。 = 糟糕
이러한 나쁜 날씨에 외출하는 것은 사실 유쾌한 일이 아니다.

0323 >> ＊＊ 恶心　ěxin

명 동 구역질(이 나다). 동 역겹다.

今天我吃得不合适，恶心，想吐、 = 要呕吐的感觉
오늘 나는 음식을 잘 못 먹어서, 구역질이 나고 토하고 싶다.

0324 >> 噩梦　èmèng

명 무서운 악몽. = 恶梦 ⇔ 美梦 ▶ 梦想成真(꿈은 이루어진다.)

(1) 小红做了一个噩梦，半夜吓醒了。 = 可怕的梦
　　小红은 무서운 악몽을 꿔서, 한 밤중에 놀라 깨어났다.

(2) 多年前的那场车祸对她来说是个噩梦。 = 可怕的恐怖的经历
　　여러 해 전의 그 교통사고는 그녀에게 있어서는 악몽이었다.

0325 >> ☆ 而　ér

접 ① 그러나. …지만. = 然而　② …하고. …하면서. = 和 // 大而黑(크고 어둡다.)

(1) 你不学习，而天天玩游戏机。 = 可是
　　너는 공부는 하지 않고, 날마다 오락만 하다니.

(2) 他不上学，而去看电影。 = 却 = 倒
　　그는 학교에 가지 않고, 영화 보러 갔다.

0326 >>

二把刀　èr bǎ dāo

동 수박 겉 핥기로 알다. 대강 알다.　명 풋내기. 얼치기.

在做饭方面，他是个二把刀。= 不精通
요리를 하는 방면에서, 그는 풋내기이다.

0327 >>

二话没说　èrhuà méi shuō

군말없이. 두말할 것 없이.

(1) 王大明真爽快，二话没说，就给了我500元。= 非常痛快地
　　王大明은 정말 성격이 시원스러워서, 군말 없이 나에게 500元을 주었다.

(2) 一找他帮忙，他二话没说，抬起脚就跟我走。= 爽快地
　　도와달라고 그를 찾자마자, 그는 두말 없이 발을 움직여 나를 따라 갔다.

(3) 体育老师二话没说，就给了我及格。= 毫不犹豫地
　　체육선생님은 두말 없이 나에게 합격점을 주었다.

0328 >>

二心　èrxīn

명 딴 마음. = 二意

你要有二心，我就和你离婚。= 爱上了别的男[女]人
당신이 만약 딴마음을 품으면, 나는 너와 이혼이다.

시험에 꼭 나오는 HSK 단어 · 숙어

0329 >>　＊

发　fā

동 돈을 많이 벌다. = 发财

他做买卖发了。= 赚了很多钱
그는 장사를 해서 돈을 많이 벌었다.

0330 >> ☆ **发表**　fābiǎo

동 발표하다.

(1) 我的文章终于在报纸上发表了。= 刊登
　　나의 문장이 마침내 신문지상에 게재 되었다.

(2) 他的毕业论文已经在国内外发表。= 在杂志上刊登
　　그의 졸업논문은 이미 국내외에 발표됐다.

(3) 他至今已发表了不下二十篇论文了。= 在杂志上刊登
　　그는 오늘에 이르기까지 이미 20여 편 이상의 논문을 발표하였다.

0331 >> **发福**　fā fú

동 신수가 훤해지셨습니다. 몸이 좋아지셨습니다.

人一过四十, 就容易发福。= 发胖(对年纪大的人说)
사람이 사십이 지나면, 쉽게 인격이 나온다.

0332 >> * **发火**　fā huǒ

동 빌끈 화를 내다.

(1) 学生考试成绩差, 老师对他们发火了。= 生气
　　학생들의 시험 성적이 좋지않아, 선생님은 그들에게 화를 내셨다.

(2) 小明逃学的事惹得爸爸发火了。= 发脾气
　　小明이 학교를 무단결석한 일이 아버지를 화내게 했다.

0333 >> **发苦**　fā kǔ

동 입맛이 쓰다.

这中药发苦。= 感到苦
이 한약은 쓰다.

0334 >> **发牢骚**　fā láosao

동 불평하다. 투덜거리다. ▶ 唠叨 = 啰嗦(수다떨다. 수다스럽다.)

(1) 小刘就爱在底下发牢骚。= 说抱怨的话
　　小刘는 곧잘 뒤에서 불평을 터뜨린다.

(2) 年轻人应该少发牢骚多做事。= 说抱怨的话
　　젊은 사람들은 불평은 작작하고 일을 많이 해야한다.

0335 >> ☆ 发明　fāmíng

명 동 발명(하다).

中国人发明了火药。 = 创造
중국인은 화약을 발명했다.

0336 >> 发那么大脾气　fā nàme dà píqi

크게 화를 내다. // 发脾气(화를 내다. 성깔을 부리다.)

为这么点小事，他怎么发那么大脾气? = 生那么大的气
겨우 이런 작은 일 때문에, 그는 어떻게 그렇게 크게 화를 내지?

0337 >> 发胖　fāpàng

동 살찌다. 뚱뚱해지다. // 胖(뚱뚱하다. 살찌다.)

她的身体发胖了，动作不灵便了。 = 身体变胖
그녀의 몸은 살이 쪄서, 동작이 둔해졌다.

0338 >> ★ 发生　fāshēng

동 발생하다. 일어나다.

学生对韩语发生了兴趣。 = 产生
학생들은 한국어에 대해 흥미가 생겼다.

0339 >> ★ 发展　fāzhǎn

명 동 발전(하다). 확대(하다).

近二十年来，世界科学技术发展得多快啊! = 进步
근 이십년간, 세계 과학기술은 얼마나 빠르게 발전했는가!

0340 >> ★ 翻　fān

동 ① (물건을 찾기 위해) 뒤지다. 헤집다. (책을) 펴다.　② (담장을) 넘다.

(1) 我终于从书架上翻出了这本书。 = 寻找
　　나는 마침내 책장에서 이 책을 찾아 냈다.

(2) 地质队员翻山越岭去寻找矿藏。 = 爬过
　　지질대원은 산을 넘고 고개를 넘어서 지하자원을 찾는다.

(3) 几十年后，他终于翻案了。 = 反过来 = 倒过来
　　몇십년 후, 그는 결국 판결을 뒤집었다.

0341 >> 翻了一番　fānle yī fān

한번 뒤집었다. 두 배가 되었다.

经过全体职员的努力，今年公司的纯利润比去年翻了一番。 = 增加了一倍
전체 직원의 노력을 통하여, 금년 회사의 순이익은 작년에 비해 배가 뛰었다.

0342 >> 凡事　fánshì

몡 만사(万事). 모든 일.

凡事都要细心。 = 所有的事
무릇 만사에 세심해야 한다.

0343 >> ** 凡是　fánshì

뷰 모두. 무릇. (한 범위 내의 모든 것을 가리킴)

凡是他家的人，都喜欢这只狗。 = 只要是
무릇 그 집안 사람이라면, 모두 이 개를 좋아한다.

0344 >> ** 繁荣　fánróng

옝 번창하다. = 兴盛

最近市场经济很繁荣。 = 兴旺
최근 시장경제가 번창한다.

0345 >> ** ☆ 反复　fǎnfù

뷰 거듭. 반복하여. = 一次又一次　됭 반복하다.

学汉语，要反复念，才能学好。 = 再次发生 = 多次
중국어를 배우는데는 반복하여 읽어야만 잘 배울수 있다.

0346 >>

反响 　fǎnxiǎng

명 동 반응(이 일어나다).

李超的建议，在班上引起了很大的反响。= 反应
李超의 건의는 반에서 큰 반응을 불러 일으켰다.

0347 >>

反省 　fǎnxǐng

동 반성하다.

你要好好反省自己的错误。= 检查自己的思想、行为
당신은 스스로의 잘못을 잘 반성하여야 한다.

0348 >> ☆

反正 　fǎnzhèng

부 어차피. 결국. 어쨌든. (어떤 상황에서든 결과는 변하지 않음을 나타냄)

(1) 反正他今天不来，我就不走。= 不管怎么样
　　 어쨌든 그가 오늘 오지 않으면, 나는 가지 않는다.

(2) 反正就是他，我不会看错的。= 肯定是
　　 어쨌든 바로 그 사람이야, 내가 잘못 보았을 리가 없다.

(3) 反正上课也迟到了，不如干脆去打篮球吧。= 既然如此
　　 어차피 수업에도 지각할건데, 차라리 농구하러 가는게 낫겠다.

0349 >> ☆

犯 　fàn

형 (잘못되거나 좋지 않은 일 등을) 범하다. 저지르다. 위반하다.
　　// 犯烟瘾(담배에 중독되다.)

不听劝告，就难免要犯错误。= 发作 = 发生
충고를 듣지 않으면, 잘못을 저지르게 되는 것을 면하기 어렵다.

0350 >>

犯不上 　fànbushàng

동 …할 가치가 없다. …할 필요가 없다. = 犯不着

一个孩子，你犯不上和他生气。= 不值得
아이인데, 당신은 그에게 화낼 필요가 없다.

0351 >> **犯难** fàn nán

동 (입장이) 난처하다. 난감하다. 형 (fànnàn) (처리하기가) 어렵다.

关于财产分配的事，爷爷犯难了。 = 遇到了难题
재산을 분배하는 일에 관해서, 할아버지는 난감해졌다.

0352 >> ★ **方便** fāngbiàn

형 편리하다. 동 (대소)변을 보다.

(1) 汉城的交通很方便。 = 便利
　　서울의 교통은 편리하다.
(2) 对不起，我去方便一下儿。 = 上厕所
　　죄송합니다, 화장실 좀 다녀오겠습니다.
(3) 商店里有各种方便面。 = 束食
　　상점에는 각종 라면이 있다.

0353 >> ☆ **方针** fāngzhēn

동 방침. // 基本方针(기본 방침)

我们的教育方针是培养全面发展的人才。 = 政策
우리들의 교육방침은 전면적으로 발전하는 인재를 배양하는 것이다.

0354 >> ☆ **仿佛** fǎngfú

부 마치 …인 듯하다. 비슷하다.

我仿佛在哪儿见过你。 = 好像
나는 마치 어디에선가 당신을 만난적이 있는 것 같다.

0355 >> ☆ **放大** fàngdà

동 확대하다. 크게 하다.

我要放大十寸的照片。 = 扩展
나는 10촌의 사진을 확대하고 싶다.

0356 >>

放冷枪　　fàng lěngqiāng

〈惯〉배후에서 중상 모략을 하다. = 放冷箭

(1) 即使不帮助我们，也不能在背后放冷枪啊！ = 乘人不备，暗中发射的
　　설령 우리들을 도와주지 않는다해도, 뒤에서 중상모략해서는 안된다.

(2) 听说他这次落选，是有人在背后放冷枪的缘故。 = 在别人背后偷偷做不利于别人的坏事
　　들자하니 그가 이번에 낙선한 것은 누군가가 배후에서 중상모략한 까닭이라는군.

0357 >>　★

放下包袱　　fàngxià bāofu

동 부담을 털어버리다.

你要放下包袱，积极工作。 = 解除思想负担
당신은 부담을 털어버리고, 적극적으로 일해야 한다.

0358 >>　☆

放心　　fàng xīn

동 안심하다. ⇔ 担心

你一个人单独出门，真让人不放心。 = 不担心
너 혼자서 외출하는 것은 정말 마음을 놓을 수 없다.

0359 >>

放心不下　　fàngxīnbuxià

동 안심할 수 없다.

小明一人在家，妈妈放心不下。 = 担心
小明이 혼자 집에 있어서, 엄마는 마음을 놓을 수 없다.

0360 >>

放在心上　　fàng zài xīn shàng

마음에 두다. ▶ 往心里去([상대방의 비난이나 안 좋은 말 등을] 마음에 두다.)
▶ 放在眼里(안 중에 두다, 중시하다) = 对人尊重 = 重视

不要把他的话放在心上。 = 重视
그의 말을 마음에 두지마라.

0361 >> ** 非　fēi

동 …이 아니다. 부 꼭. 반드시. // 〈非……不可〉(…하지 않으면 안된다.
꼭…해야 한다.) // 〈非……才……〉(꼭 …해야만이 …한다.)

(1) 人非圣贤，孰能无过呢？ = 不是
　　사람은 성현이 아닌데, 누군들 잘못이 없을 수 있겠는가?
(2) 这件事你非要听我的不可。 = 一定
　　이 일은 당신이 내 말을 듣지 않으면 안된다.
(3) 没有人让他来，是他自己非来不可。 = 一定
　　아무도 그를 오게하지 않는데, 자기 스스로가 오지 않으면 안된다는 것이다.

0362 >> * 非常　fēicháng

형 비상한. 특별한. 부 몹시. 매우.

现在是非常时期，大家都要节约用水。 = 特殊的
지금은 비상 시기라서, 모두들 물을 아껴 써야한다.

0363 >> 非法　fēifǎ

형 불법적인. = 不法 = 违法

我公安部严密配合，发动了打击非法造假的 "夏季攻势" 并收到了良好的效果。 = 不
遵守法律
우리 공안부는 치밀한 작전으로 불법조직을 소탕하는 '여름철 대작전' 을 전개하여 좋은 성과를 거
두었다.

0364 >> * 非要　fēiyào

부 …하지 않으면 안 된다. = 非得

天太晚了，他非要开车送我回家。 = 一定要
너무 늦어서, 그가 차를 몰아 나를 집에 바래다 주지 않으면 안되었다.

0365 >> * 匪　fěi

부 …이 아니다. // 得益匪浅(얻은 바가 적지 않다.) 명 강도. 도적.

老老师的课，讲得很深刻，使我受益匪浅。 = 不
老선생님의 수업은 깊이 있는 강의여서, 내가 얻은 바가 적지 않다.

0366 >> ☆ 费 fèi

동 쓰다. 소비하다. // 费心(신경을 쓰다, 마음을 쓰다) // 费力(애쓰다, 힘들다)

这样乘车不费钱, 还省点儿。 = 花费
이렇게 차를 타면 돈도 들지 않고, 절약된다.

0367 >> ** 废话 fèihuà

명 쓸데없는 말.

说了半天, 都是些废话, 真耽误时间。 = 没用的话
한참동안 늘어놓은 말은 모두 쓸데 없는 말로 시간만 지체했다.

0368 >> ☆ 分别 fēnbié

부 따로따로. 각자. 동 헤어지다. 구별하다.

在这次亚运会上, 男女运动员分别作出了优异的表现。 = 各自
이번 아시아게임에서 남녀 선수는 각각 우수한 기량을 뽐냈다.

0369 >> * 分寸 fēncùn

명 ① 분별. 분수. ② 조금. 약간.

和陌生人讲话, 要注意分寸。 = 限度 = 尺度
낯선 사람과 이야기 할 때는 신경을 좀 써야 한다.

0370 >> ** 分明 fēnmíng

부 분명히. 확실히. 형 뚜렷하다. 분명하다. 확실하다. = 明显

(1) 他没把这件事告诉我, 分明是不相信我。 = 显然
   그가 이 일을 나에게 알리지 않은 것은 분명히 나를 믿지 않는 것이다.
(2) 他的眼睛黑白分明。 = 清楚
   그가 보는 눈은 옳고 그름이 확실하다.

0371 >> ☆ 分配 fēnpèi

동 할당하다. 분배하다. 배급하다. 명 동 배치(하다). 배속(하다).

他匆忙地给各个岗位分配了一下人手, 就转身出门了。 = 分派
그는 서둘러 각 부서에 일손을 할당 배치하고는 몸을 돌려 나갔다.

0372 >> * 分歧　fēnqí

명 (사상·의견 따위의) 차이. 불일치. 상이. // 严重分歧(심각한 차이)

我俩就什么时候去中国的问题产生了分歧。= 不同意见
우리 둘은 언제 중국에 갈 것인가 하는 문제로 이견이 생겼다.

0373 >> * 分外　fènwài

부 유달리. 각별히.

今天的天气分外好，我们应该出去郊游。= 格外
오늘 날씨가 유달리 좋으니, 우리는 교외로 소풍 가야 한다.

0374 >> ☆ 奋斗　fèndòu

동 분투하다. = 努力

如果你想实现自己的愿望，就必须不断地奋斗。= 拼搏
만약에 당신이 자신의 희망을 실현히고자 한다면, 반드시 끊임없이 분투해야 한다.

0375 >> * 丰富　fēngfù

형 풍부하다. 많다. 동 풍부해지다.

(1) 课外活动的内容很丰富，大家可以自由选择。= 很多
　　과외활동의 내용이 풍부하여, 모두 자유롭게 선택할 수 있다.

(2) 他藏书种类很丰富，可以开书店了。= 广泛
　　그가 소장한 책 종류는 다양해서, 서점을 열어도 된다.

0376 >> * 风光　fēngguang

명 체면이 서다. 영광스럽다. ▶ *风光 fēngguāng (풍경.경치.)

(1) 他家的儿子考上了清华大学，可真够风光的。= 光荣
　　그 집 아들이 청화대학에 합격하여, 매우 영광스럽겠습다.

(2) 他们家早些年发了一笔财，在这一带可风光了。= 名气很大
　　그들 집은 일찍이 크게 많은 돈을 벌어서, 이 일대에서 이름을 날렸다.

0377 >> * 风趣　fēngqù

🅑 (말이나 문장 등의) 재미. 유머. 해학. = 诙谐

他这个人说话很风趣。 = 幽默
그가 하는 말은 재미있다.

0378 >> 风雨　fēngyǔ

🅑 혹독한 시련. 바람과 비. // 经不起风雨(시련을 견딜 수 없다.)

(1) "不经历风雨，怎能见彩虹"，年轻人不能惧怕困难。 = 艰苦
　　비바람을 겪지 않고 어떻게 무지개를 볼 수 있겠는가?", 젊은이는 고난을 두려워해서는 안
　　된다.

(2) 这么多年经历了无数风风雨雨，总算盼出头了。 = 困难
　　이렇게 여러 해 동안 수많은 시련을 겪고 나서야, 간신히 희망을 가지게 되었다.

(3) 只要有你在身边，再大的风雨也不能把我击垮。 = 挫折
　　당신이 곁에 있기만 한다면, 더 큰 시련도 나를 좌절시킬 수 없다.

0379 >> 风筝迷　fēngzheng mí

🅓 연날리기를 무척 좋아하는 사람. // 影迷(영화팬)

他是个风筝迷，每到周末就去天安门放风筝。 = 非常喜欢风筝的人
그는 연날리기를 무척 좋아해서, 매번 주말이 되면 천안문에 연을 날리러 간다.

0380 >> ☆ 逢　féng

🅓 만나다. 마주치다. // 每逢春节(구정 때마다.)

每逢她的生日，我都要请她吃饭。 = 遇到
매번 그녀의 생일이 되면, 나는 항상 그녀를 초대해 식사대접 하려한다.

0381 >> * 否认　fǒurèn

🅓 부인하다. 부정하다.

他一口否认自己昨天去过那里。 = 不承认
그는 자신이 어제 그 곳에 간 것을 일언지하에 부인했다.

0382 >> ☆ 否则　fǒuzé

[접] 그렇지 않으면.

无论什么时候都要保持镇定, 否则就不能冷静的处理问题。= 要不然
언제든지 침착을 유지해야 한다, 그렇지 않으면 문제를 냉정하게 처리할 수 없다.

0383 >> ** 服　fú

[동] ① 익숙해지다. 적응하다.　② 따르다. 승복하다. = 信服　③ (약을) 먹다.

(1) 你有点伤风, 赶快服感冒药吧。= 吃
　　너는 감기기운이 좀 있으니, 빨리 감기약을 먹어라.

(2) 别看奶奶八十岁了, 可一点也不服老。= 承认
　　할머니를 80세로 보지 마라, 늙었다고 조금도 인정하지 않는다.

(3) 刚到这里时, 他有点水土不服, 现在已经适应了。= 适应
　　막 이곳에 왔을 때, 기후와 풍토에 좀 적응하지 못했는데, 지금은 이미 적응이 되었다.

0384 >> * 服气　fúqì

[동] 진심으로 승복하다.

他靠作弊取得好成绩, 我们大家都不服气。= 由衷地信服
그는 부정행위로 좋은 성적을 얻어서, 우리 모두는 불만이다.

0385 >> ☆ 符合　fúhé

[동] 부합하다. 일치하다.

这家饭馆的菜太咸了, 不符合我的口味。= 适合
이 식당의 음식은 너무 짜서, 나의 입맛에 맞지 않다.

0386 >> 符合录取条件　fúhé lùqǔ tiáojiàn

합격[채용]조건에 부합하다. // 符合标准(표준에 부합하다.) // 符合条件(조건에 부합하다.)

我的分数很高, 符合录取条件。= 适合 = 达到
나의 점수는 높아서, 합격조건에 부합된다.

0387 >>
福音 　fúyīn

명 기쁜 소식. 복된 소식.

爸爸找到工作了，对我们家无疑是一大福音。 = 好消息
아버지가 일자리를 구한 것이 우리 집에는 커다란 기쁜 소식임에 틀림없다.

0388 >>
**负担 　fùdān

명 부담. 스트레스.

期末考试会给学生带来很大的负担。 = 压力
기말고사는 학생들에게 큰 부담을 줄 것이다.

0389 >>
副作用 　fùzuòyòng

명 부작용. = 反面作用

这种药副作用大得很，吃多了会伤身的，你还是尽量少吃吧！ = 不好的作用
이런 약은 부작용이 커서, 많이 먹으면 몸에 해로우니, 당신은 가능한 적게 먹도록 하세요.

시험에 꼭 나오는 HSK 단어 · 숙어

0390 >>
* 该 　gāi

대 〈该 + 명사〉이. 그. 저. // 该学生(이 학생) **동** ① …의 차례이다. ② 빚지다. // 我该你一百块钱. (너한테 백 원 빚졌다.) **조동** 마땅하다. …할 만하다. = 应该给

(1) 该文章客观地评论了这一事件。 = 这个
　　이 문장은 이 사건을 객관적으로 평론했다.

(2) 你该我两百块钱都快一年了，到现在还没还。 = 欠 = 应该还
　　너는 나한데 200원 빚진 지가 1년이 다돼 가는데 여태껏 아직 갚질 않았어.

(3) 该是你的，总归是你的。 = 应该
　　당연히 너의 것이니, 어쨌든 네가 가져야지.

0391 >> ☆ 改善　gǎishàn

명 개선.

工人们提意见后，这个工厂的工作条件有了改善。= 提高
노동자들이 의견을 제시한 후, 이 공장의 작업 조건이 개선되었다.

0392 >> 概　gài

부 일체. 일률적으로. 모두.　형 부 대체적(으로). 대략적(으로).

本商店一经售出，概不退换。= 一律
본 상점에서 판매한 것은 일체 반품이 안됩니다.

0393 >> ☆ 干　gān

부 공연히. 헛되이.　동 (잔을) 비우다. ◀ 干 동 (gàn) (일을) 하다.

(1) 帮不上他什么忙，我们干着急。= 白
　　그에게 아무런 도움도 못주고, 우리는 괜스레 호들갑만 떨었네.

(2) 这杯酒代表我们的友谊，大家干杯吧！= 喝光
　　이 잔은 우리의 우정을 대표합니다, 모두 건배합시다.

(3) 他做事很干练。= 麻利 = 利索
　　그는 일을 노련하게 한다.

0394 >> ☆ 干脆　gāncuì

형 명쾌하다. 시원스럽다.　부 깨끗이. 차라리.

(1) 他这个人性格懦弱，办事不干脆。= 爽快
　　그는 성격이 나약하여, 일 처리가 시원스럽지 못하다.

(2) 她是个急性子，说话办事都很干脆。= 痛快
　　그녀는 성격이 급해서인지, 말하는 것이나 일을 처리하는 것이나 모두 시원스럽다.

(3) 奶奶决断向来很干脆，从不拖泥带水。= 果断
　　할머니의 결단은 줄곧 명쾌하여 결코 머뭇거리거나 주저하지 않는다.

0395 >> ☆ 赶　*gǎn*

동 ① 가다. // 赶夜市(야시장에 가다.)　② 뒤쫓다. 따라가다. 따라잡다.　③ (열차겐버스 등의 시간에) 대다. (시간에 대기 위해) 서둘다.　④ (가축을) 몰다. 부리다.

农村人在农闲时也喜欢去赶集。= 逛
농촌사람은 농한기에는 장터에 가는 것도 좋아한다.

0396 >> ☆ 赶紧　*gǎnjǐn*

부 서둘러. 급히. 재빨리. = 赶快 : 连忙

离火车开车只有一个小时了, 小明才赶紧开始收拾行李。= 赶忙
기차가 출발하기까지는 1시간 밖에 없는데, 小明은 그제서야 서둘러 짐을 챙기기 시작했다.

0397 >> ** 赶上　*gǎnshàng*

동 ① 만나다. 부딪히다.　② (차시간에) 대다.　③ 따라잡다. 뒤쫓다. // 赶不上(시간에 댈 수 없다. 따라 잡을 수 없다.)

(1) 快走吧, 否则就赶不上车了。= 来不及
　　빨리 가자, 차시간에 맞출 수 없어.
(2) 咱们快点回去吧, 晚了就赶上雨了。= 遇到
　　우리 빨리 돌아가자, 늦으면 비를 만나게 될 거야.

0398 >> 感兴趣　*gǎn xìngqù*

동 재미[흥미]를 느끼다.

最近我突然对法律感兴趣了, 买了不少这方面的书。=觉得有意思
최근에 나는 갑자기 법률에 흥미가 생겨서, 이 방면에 많은 책들을 샀다.

0399 >> ★ 刚　*gāng*

부 ① 겨우. 간신히. 가까스로.　② 막. 금방. = 刚刚 = 刚才

我的位置也在后面, 也就是刚能看到黑板。= 才 = 恰恰
내 자리가 뒤쪽이라서, 칠판도 겨우 볼 수 있다.

0400 >> * 高明　gāomíng

형 (학문·견해·기술 등이) 뛰어나다. 훌륭하다. 빼어나다. 고명하다.

他的决定总是很高明，大家推举他当领导。 = 高超 = 英明
그의 결정은 항상 뛰어나서, 모두 그를 지도자로 추천했다.

0401 >> 高朋满座　gāopéngmǎnzuò

〈成〉고명하신 분들이 자리를 가득메우다.

今天是爷爷八十岁的寿辰，家里高朋满座。 = 在坐的有很多尊贵的客人
오늘은 할아버지 80세 생신이라, 집안의 고명하신 분들이 자리를 가득 메우셨다.

0402 >> ** 高速　gāosù

형 고속의. // 高速公路(고속도로)

汽车高速地行驶在公路上，路边的数木一排排地从眼前掠过。 = 飞快 = 以很高的速度
자동차가 고속으로 도로를 운행하니, 길가의 수목이 줄줄이 눈앞을 스쳐지나간다.

0403 >> 高抬贵手　gāo tái guì shǒu

〈口〉관용을 베풀다. 너그럽게 봐주다. = 抬抬手

他高抬贵手，不和我们计较这件事情了。 = 原谅宽容 = 饶恕、原谅
그는 관용을 베풀어, 우리와 이 일을 두고 다투지 않기로 했다.

0404 >> 高下　gāoxià

명 우열. 위아래. 상하. // 分高下(우열을 가리다.)

(1) 这次比赛，我俩一定要分出个高下来。 = 高低 = 优劣
이번 시합에서 우리 두 사람은 반드시 우열을 가려야 한다.

(2) 今天我们一决高下。 = 胜负
오늘 우리는 승부를 낸다.

0405 >> ★ 搞　gǎo

동 하다. 종사하다. = 做 = 干 = 弄

(1) 我的父亲是搞服装生意的。= 从事
　　나의 아버지는 의류장사를 하시는 분이다.

(2) 搞这么一次演唱会, 前后要准备两个月的时间。= 举办
　　이런 콘서트를 여는데는 2개월의 준비기간이 필요하다.

(3) 你是怎么搞的, 家里一团糟。= 弄
　　너는 어떻게 했기에, 집안이 엉망이니.

0406 >> 搞砸　gǎo zá

동 (일 · 계획 등이) 깨지다.

他提前泄密, 把我们的计划都搞砸了。= 做事不成功
그가 사전에 비밀을 누설하여, 우리 계획을 망쳐 놓았다.

0407 >> ★★ 告辞　gào cí

동 작별을 고하다.

今晚他俩要去看电影, 所以提前告辞了。= 辞别
오늘 저녁 그들 두 사람은 영화 보러 가려했기에, 앞당겨 작별을 고했다.

0408 >> ☆ 搁　gē

동 ① 놓다. 두다.　② 내버려두다. 방치하다.

(1) 这次炒菜, 盐搁多了, 非常咸。= 放
　　이번에 요리는, 소금을 많이 넣어서 매우 짜다.

(2) 你把我搁在这儿不管了？= 晾 = 丢下不管
　　당신은 나를 여기 내버려두고 모른 체 하기예요?

0409 >> 隔代家庭　gé dài jiātíng

명 격세 가정. (친정이나 시댁의 부모에게 자녀를 맡기는 가정)

他的父母早逝, 所以生长的环境是隔代家庭。= 祖父母或外祖父母照管孩子
그의 부모는 일찍 돌아가셔서, 그는 격세 가정의 환경에서 자랐다.

0410 >> ☆ 个别　gèbié

명 ① 극소수의.　② 개개의. 개별적인. // 个别现象(개별적인 현상)

持反对意见的毕竟是个别人，大多数人还是赞同的。= 少数
의견에 반대하는 사람은 틀림없이 소수이며, 대다수의 사람은 찬성한다.

0411 >> 个个　gègè

개개. 각개. …마다. = 个个儿

(1) 这个班的学生个个都那么聪明。= 每个人
　　이 반의 학생은 하나같이 모두가 그렇게나 똑똑하다.
(2) 别瞧不起从农村来的这些孩子，他们个个儿都表现得十分出色。= 每个人
　　농촌에서 온 아이들이라고 얕보지 마세요, 그들은 하나같이 모두 품행이 매우 훌륭합니다.

0412 >> ☆ 个子　gèzi

명 (사람의) 키. 신장. = 身长 ▶ 身材(체격. 몸집) ▶ 体格(체형)

他的个子不太高，只有一米七零。= 身高
그의 키는 그다지 크지 않아, 겨우 1m70이다.

0413 >> ★ 给　gěi

선 ① ⟨주어 + 给 + 목적어 + 동사 + 기타성분⟩…에 의해…당하다. = ⟨주어 + 被[叫/
让] + 목적어 + (给) + 동사 + 기타성분⟩　② ⟨给 + 대명사(사람) + 동사⟩…에게.
ㅎ …에게 주다.　보어 …주다. // 送给(보내주다. 주다.) // 让给(양보해 주다.)

你来的太晚了，生日蛋糕都给我们吃光了。= 被
네가 너무 늦게 와서, 생일 케이크는 우리가 다 먹었다.

0414 >> ☆ 工夫　gōngfu

명 시간. 틈. 여가.

(1) 我最近要参加考试，没有工夫陪你玩。= 时间
　　나는 최근에 시험을 봐야해서, 너와 놀 시간이 없다.
(2) 只要工夫深，铁杵磨成针。= 花费的时间和精力
　　끊임없이 노력하기만 하면, 쇠방망이라도 갈아서 바늘로 만들 수 있다.

0415 >>　** **工序**　gōngxù

명 제조 공정.

这项技术革新已经快要成功了，只是在最后一道工序上出了点儿小问题。= 程序
이 기술혁신은 이미 곧 성공을 바라보는데, 단지 마지막 공정 상에 사소한 문제가 있을 뿐이다.

0416 >>　* **公道**　gōngdào

명 공평하다. 공정하다. // 价钱公道(가격이 공정하다.) // 说公道话(공정한 말을 하다.)
　　= 说公正合理的话

(1) 这个市场的价格公道，所以来买菜的人很多。= 公平
　　이 시장의 가격은 공정해서, 찬거리를 사러 오는 사람이 많다.

(2) 作为中间人，你说话办事都应该公道。= 公平合理
　　중재인으로서, 당신은 말하는 것이나 일 처리가 모두 공정해야 한다.

(3) 大人，你可要为我们老百姓主持公道啊。= 正义
　　나으리, 당신이 우리 백성을 위하여 정의를 지켜 주옵소서.

0417 >>　☆ **公开**　gōngkāi

동 공개하다. ⇔ 秘密

这项计划已经公开了，不再是什么秘密了。= 不再秘密
이 계획은 이미 공개되어, 더 이상 무슨 비밀도 아니다.

0418 >>　**公子**　gōngzǐ

명 관료의 자제. 아들. ▶ 老子(아버지)

刘局长的公子在税务局工作。= 儿子
刘국장의 자제 분은 세무국에서 일한다.

0419 >>　☆ **功夫**　gōngfu

명 ① 노력. 최선. = 工夫　② 재능. 기량.

(1) 只有下功夫，才能取得好成绩。= 用功
　　오직 노력해야만, 좋은 성적을 거둘 수 있다.

(2) 想要把汉语学好，就得下功夫。= 尽力
　　중국어를 잘 배우고 싶다면, 최선을 다해야만 한다.

0420 >> ** 攻克　　gōngkè

동 점령하다. 정복하다. 함락시키다.

我团终于攻克了敌军的营地。 = 占领
우리 연대는 결국 적군의 진영을 점령했다.

0421 >> 够意思　　gòu yìsi

〈口〉① 의리가 있다.　② 훌륭하다. = 突出，有水平

哥哥真够意思，我生日送了我一只随身听，这可是我想要了好久的东西。 = 够情意
형은 정말 의리가 있다. 내 생일에 나에게 워크맨을 선물했는데, 이것이야말로 내가 오랫동안 갖고 싶어했던 것이다.

0422 >> ☆ 估计　　gūjì

동 예측하다, 추정하다. 평가하다. = 预测

据专家估计，今年夏天要比往年热。 = 推测
전문가의 예측에 의하면 올 여름은 예년보다 덥다고 한다.

0423 >> ☆ 姑姑　　gūgu

명 고모. = 姑母 ▶ 姑娘(처녀, 아가씨)

他从小在姑姑家长大，所以和姑姑感情很深。 = 爸爸的妹妹
그는 어렸을 때부터 고모 집에서 자랐다, 그래서 고모와는 정이 깊다.

0424 >> 姑妈　　gūmā

〈口〉명 (기혼의) 고모.

你姑妈来看你了。 = 父亲的姐妹
네 고모가 너를 보러 왔다.

0425 >> ** 辜负　　gūfù

동 (호의·기대·도움 등을)저버리다. 헛되게 하다.

我辜负了爸爸妈妈的期望，没有考上理想的大学。 = 对不住
나는 아빠엄마의 기대를 저버리고, 꿈꾸던 대학교에 합격하지 못했다.

0426 >> ** 鼓动　gǔdòng

동 선동하다. 부추기다. = 怂恿

在朋友的鼓动下，他终于向她发出了邀请。 = 劝说
친구가 부추겨서, 그는 결국 그녀에게 초청장을 보냈다.

0427 >> ☆ 鼓舞　gǔwǔ

동 ① 진작시키다. 흥분시키다.　② 격려하다.

(1) 领导的亲自接见使工人们大受鼓舞。 = 振奋
　　지도자가 몸소 접견한 사실은 노동자들을 크게 고무시켰다.
(2) 北京申办2008年奥运会成功，全国上下都很鼓舞。 = 振奋
　　北京의 2008년 올림픽 유치 성공에 전국 고하가 모두 고무되었다.

0428 >> * 故　gù

명 원인. 사고. // 因故改期(사정으로 인해 날짜를 바꾸다.) ▶ 事故(사고)

(1) 他总是无故旷课，所以被学校开除了。 = 原因
　　그는 늘 이유없이 수업을 빼먹어, 학교에서 제적당했다.
(2) 本来今天我们计划去看球，但球赛因故取消了。 = 缘故
　　원래 오늘 우리는 구기시합을 보러갈 계획이었는데, 시합이 사정으로 인해 취소되었다.
(3) 他俩一见如故。 = 故人 = 老朋友
　　그들 두 사람은 만나자마자 오랜 친구처럼 느꼈다.

0429 >> ☆ 故意　gùyì

부 고의로. 일부러. = 存心

跑步的时候，他故意把我绊倒了。 = 有意
달리기할 때, 그는 고의로 나를 넘어뜨렸다.

0430 >> ☆ **顾** gù

(동) 주의하다. 돌보다. 배려하다.

(1) 年轻人只顾玩乐讲究吃穿，很容易迷失人生的方向。 = 重视
젊은 사람이 단지 놀고 먹고 치장하는 데만 신경 쓰면, 인생의 방향을 잃게 되기 쉽다.

(2) 他做事总是顾前不顾后的。 = 注意
그는 일을 함에 있어서 항상 앞만 보고 뒤는 신경 쓰지 않는다.

(3) 他一点不顾家。 = 关心 = 照顾 = 体恤
그는 조금도 집안을 돌보지 않는다.

0431 >> **顾不上** gùbushàng

(동) 돌봐줄 틈이 없다. 신경 쓸 겨를이 없다. ⇔ 顾得上

(1) 最近太忙了，顾不上给你打电话。 = 照顾不上
최근에 너무 바빠서, 너에게 전화해 줄 틈이 없다.

(2) 我自己忙着呢，早顾不上他了。 = 没有时间理睬
나 자신도 바쁜데, 그 사람에게는 벌써 신경 끊었다.

0432 >> * **挂** guà

(동) ① 마음에 걸리다. ② 전화를 걸다. ③ (표정을)~띠다 ④ 걸다. 등록하다. 접수시키다.

(1) 黄先生远远地坐在大树下，脸上挂着意味深长的笑容。 = 带
黄씨이 저 멀리 큰 나무 아래에 앉아 있는데, 얼굴에는 의미 심장한 웃음을 띠고 있다.

(2) 虽然他取得了很大的成就，但仍然记挂着家乡的父老乡亲。 = 惦记
그는 비록 큰 성취를 거두었으나, 여전히 고향의 부친과 친지들을 걱정하고 있다.

(3) 别忘了给家里挂个电话。 = 打
집에 전화하는 것을 잊지 마라.

0433 >> ** **乖** guāi

(형) 얌전하다. 착하다.

(1) 他原本很倔强，吃过几次亏后学乖了。 = 听话
그는 원래 고집이 세서 몇 번이나 손해를 보고 나서야 철이 들었다.

(2) 他家养的小狗很乖。 = 顺从
그의 집에서 기르는 강아지는 착하다.

0434 >> ☆ 怪　guài

(부) 〈口〉 꽤. 아주.　(형) (성질이) 이상하다. 괴상하다.　(동) 탓하다. 원망하다.

(1) 他突然大发脾气，让我们怪吃惊的。 = 很
그가 갑자기 화를 내서, 우리를 매우 놀라게 했다.
(2) 自从父亲去世后，他的脾气变得很怪。 = 反常 = 奇怪
부친이 돌아가신 후 그의 성격이 매우 이상하게 변했다.
(3) 都怪我没提前通知你，让你白跑了一趟。 = 怨
모든 것이 내가 사전에 알리지 않은 탓이에요, 헛걸음을 하게 하다니.

0435 >> ** 怪不得　guàibude

(부) 과연. 어쩐지.

(1) 怪不得总是占线，原来是电话没挂好。 = 不奇怪
어쩐지 항상 통화중이더니, 알고 보니 전화기를 잘못 놓아두었군.
(2) 怪不得他不和我们一起去，原来是和女朋友有约会。 = 原来如此
어쩐지 그가 우리와 함께 안 간다했더니, 알고 보니 여자친구와 약속이 있었구나.

0436 >> ☆ 关于　guānyú

(전) …에 관하여. …에 관한.

关于这项决议，大会还要继续审议。 = 对于
이 결의에 관하여, 대회는 계속 심의를 해야한다.

0437 >> 关注　guānzhù

(동) 관심을 기울이다. 중시하다. // 众人关注(많은 사람들이 주목하고 있다.)

世界杯期间，全世界都关注着 足球。 = 关心重视
월드컵기간에는 전 세계가 다 축구에 관심을 기울였다.

0438 >> ☆ 观点　guāndiǎn

(명) 관점. = 想法

他很有学识，看问题有自己的观点。 = 看法
그는 학식이 뛰어나서, 문제를 보는 데에 있어서 자신의 관점이 있다.

0439 >>　☆　**管**　guǎn

동 ① 관여하다. 관리하다. 지도하다. 가르치다.　② 책임지고 제공하다. 보증하다.

(1) 招待会上，我管发送礼品。= 负责
　　환영회에서, 나는 선물 발송을 맡는다.

(2) 婚姻大事，做父母的不能不管。= 负责 = 过问 = 插手
　　혼인이란 대사에 부모 된 자로서 관여하지 않을 수 없다.

(3) 我的水果保熟保甜，不甜管换。= 保证
　　나의 과일은 잘 익어 단것을 보장하는데, 달지 않으면 책임지고 교환해 드립니다.

(4) 我自己决定的事情，不用别人管！= 过问
　　내 자신이 결정한 일에 다른 사람의 참견은 필요 없다.

(5) 你少管闲事。= 过问 = 插手
　　당신은 남의 일에 참견 좀 작작해라.

0440 >>　**　**惯**　guàn

형 ① 상습적인. // 惯骗(상습적인 사기꾼.)　② 익숙하다. 습관이 되다.
동 응석을 받아주다. 제멋대로 이다.

(1) 经常进来的肯定是一个惯偷，你看屋里都没有留下任何痕迹。= 经常
　　항상 들어오는데 틀림없이 상습범이야, 봐요 집안에 어떤 흔적도 남기지 않았잖아요.

(2) 奶奶，别把小孩子给惯坏了。= 宠溺
　　할머니, 아이를 나쁜 버릇 들게 하지 마세요.

0441 >>　☆　**贯彻**　guànchè

동 (방침·정책 등을) 관철하다. 철저히 실행하다.

中国的人口太多了，所以要贯彻计划生育政策。= 执行
중국의 인구는 너무 많아서, 계획출산정책을 철저히 실행해야 한다.

0442 >> ☆ 光　guāng

명 빛. 광선. // 无光(빛이 안 난다. 광택이 없다.)　**보어** 〈동사 + 光 + 了〉몽땅. 깡그리. 모조리. 다. // 吃光了(밥을 다 먹었다.)　**부** 다만. 오직. // 光嘴上(다만 입으로만.)

(1) 他每次谈到他母亲的时候，眼睛都会发光。= 光彩
그는 매번 그의 어머니 이야기만 나오면, 눈에서 빛이 난다.

(2) 这种款式的鞋很受欢迎，一上市就全卖光了。= 完
이런 스타일의 신발은 매우 인기가 있어, 시장에 나오자마자 모두 다 팔렸다.

(3) 这次经济危机，光我们一家公司就有上亿的损失。= 只
이번 경제위기에, 오직 우리 회사만 억대의 손실을 입었다.

(4) 你是这种光嘴上说不做的人，我们要看你的实际行动。= 仅仅
당신은 입으로만 말할 뿐 실천은 하지 않는 사람이니, 우리는 당신의 실제 행동을 봐야겠어요.

0443 >> 光顾　guānggù

동 ① (단골이 되어)애용하다　② (손님이)왕림해 주시다.

这家服装店的信誉很好，常有老顾客光顾。= 光临
이 의상실의 신용이 좋아, 항상 단골들이 애용한다.

0444 >> ** 光临　guānglín

동 (손님이) 왕림해 주시다.

(1) 欢迎再次光临!　= 来到
재차 왕림을 환영합니다.

(2) 你能在百忙之中光临我们商店，就是给我们最好的礼物。= 光顾
당신이 바쁜 와중에 저희 가게에 왕림해 주신 것은 저희에게 최고의 선물입니다.

0445 >> 光阴　guāngyīn

명 시간.

(1) 一寸光阴一寸金。= 时间
시간은 금이다.

(2) 年轻人正是有精力的时候，不能虚度光阴。= 时间
젊은 사람은 기운이 있을 때, 시간을 헛되이 보내서는 안 된다.

0446 >>

**** 广**　guǎng

형 ① 넓다. 넓히다. 확대하다.　② 많다.　③ 널리 전하다.

(1) 这首歌深受年轻人喜欢，流传得很广。= 广阔
　　이 노래는 젊은이들의 사랑을 듬뿍 받아, 매우 널리 퍼졌다.

(2) 这种药应用范围很广。= 普遍
　　이런 약은 응용 범위가 매우 넓다.

0447 >>

*** 归**　guī

동 ① 〈동사1 + 归 + 동사1〉 …한 것은 …한 것으로 치다.(반복되는 동작이 서로 관련되지 않거나 행위에 대한 결과가 발생하지 않음을 나타냄.)　② …의 책임이다.　③ …에 귀속되다. …에 속하다. = 属于　④ 돌아오다[가다].

(1) 运输问题归老金他们负责。= 由
　　운수문제는 金씨네 측이 책임진다.

(2) 他们夫妻俩吵归吵，感情仍然很好。= 虽然
　　그들 부부는 다투기는 하나 감정은 여전히 좋다.

(3) 他俩就离婚后孩子归谁的问题，发生了争执。= 属于
　　그들 둘은 이혼 후에 아이는 누구에게 귀속되는가 하는 문제로 분쟁을 일으켰다.

0448 >>

☆ 果然　guǒrán

부 과연. 생각한 대로.　아니나 다를까.

他早就说过要出事，果然被他说中了！= 真的
그는 일찍이 사고가 발생할 것이라고 말한 적이 있었는데, 과연 그의 말이 맞았다.

0449 >>

*** 过**　guò

동 회상하다. 지나가다.　조 ① 〈동사 + 过 + 了〉 …했다.(동작의 완료를 나타냄)　② 〈동사 + 过〉 …한 적이 있다.(동작의 경험을 나타냄) ⇔ 〈没有 + 동사 + 过〉

(1) 每天学过的知识应该在脑子里过一遍。= 回忆 = 回顾
　　매일 배운 지식은 머리 속에서 한번 돌이켜 보아야 한다.

(2) 去年他回老家过了个愉快的中秋节。= 过度
　　작년에 그는 고향에 가서 즐거운 추석을 지냈다.

(3) 他们都吃过了。= 表示已经经历的
　　그들은 모두 식사를 했다.

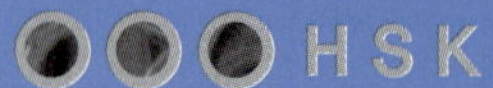

■ 아래의 각 단문 중 빈 칸에 들어갈 적합한 한자를 보기에서 골라 써 넣어보세요.

보기						
□ 二话没说	□ 惯	□ 鼓舞	□ 非法	□ 赶紧	□ 顾	□ 高速
□ 光临	□ 个个	□ 打扮	□ 归	□ 挂	□ 否则	□ 分别
□ 挡	□ 够意思	□ 打架	□ 贯彻	□ 典礼	□ 大小	□ 大概
□ 奋斗	□ 分配	□ 打算	□ 答复	□ 倒霉	□ 辜负	□ 恶劣
□ 盯	□ 翻了一番	□ 大吃一惊	□ 反正	□ 风光	□ 风雨	
□ 怪不得	□ 得	□ 放冷枪	□ 光	□ 带病	□ 副作用	

1　　大使馆对我的签证有了　　　　　。

2　　她　　　　　得入时，漂亮。

3　　下午上课真困，两只眼睛直　　　　　。

4　　新年有什么新　　　　　吗？

5　　奶奶居然也去学习老年迪斯克，真叫人　　　　　。

6　　她一晚都不在，　　　　　公司加班吧。

7　　不管怎样，你　　　　　是个官儿，应该为百姓办点事儿。

8　　与其让同志替自己承担任务，他宁愿　　　　　坚持工作。

9　　爸爸对我下了命令，凡是找我玩游戏机的一律　　在门外。

10　　他们组织了效率极高的奥运会申办委员会，对这届奥运会的申办权志在必　　。

11　　今早一出门就撞车，又把钱包丢了，真是够　　　　　的！

12　　经过一个月的准备，他们成功地举行了盛大的开业　　　　　。

13　　长时间地　　着电脑屏幕，会引起眼睛不适并导致视力下降。

14　　在这种　　　　　的天气里出门，实在不是一件愉快的事情。

15　　一找他帮忙，他　　　　　，抬起脚就跟我走。

16　　经过全体职员的努力，今年公司的纯利润比去年　　　　　。

17　　　　　　　上课也迟到了，不如干脆去打篮球吧。

18　听说他这次落选，是有人在背后　　　　　的缘故。

19　我公安部严密配合，发动了打击　　　　　造假的"夏季攻势"并收到了良好的效果。

20　在这次亚运会上，男女运动员　　　　　作出了优异的表现。

21　他匆忙地给各个岗位　　　　　了一下人手，就转身出门了。

22　如果你想实现自己的愿望，就必须不断地　　　　　。

23　他家的儿子考上了清华大学，可真够　　　　　的。

24　"不经历　　　　　，怎能见彩虹"，年轻人不能惧怕困难。

25　无论什么时候都要保持镇定，　　　　　就不能冷静的处理问题。

26　这种药　　　　　大得很，吃多了会伤身的，你还是尽量少吃吧！

27　离火车开车只有一个小时了，小明才　　　　　开始收拾行李。

28　汽车　　　　　地行驶在公路上，路边的数木一排排地从眼前掠过。

29　别瞧不起从农村来的这些孩子，他们　　　　　儿都表现得十分出色。

30　哥哥真　　　　　，我生日送了我一只随身听，这可是我想要了好久的东西。

31　我　　　　　了爸爸妈妈的期望，没有考上理想的大学。

32　北京申办2008年奥运会成功，全国上下都很　　　　　。

33　年轻人只　　玩乐讲究吃穿，很容易迷失人生的方向。

34　虽然他取得了很大的成就，但仍然记挂　　家乡的父老乡亲。

35　　　　　　他不和我们一起去，原来是和女朋友有约会。

36　经常进来的肯定是一个　偷，你看屋里都没有留下任何痕迹。

37　中国的人口太多了，所以要　　　　　计划生育政策。

38　这次经济危机，　我们一家公司就有上亿的损失。

39　你能在百忙之中　　　　　我们商店，就是给我们最好的礼物。

40　他俩就离婚后孩子　谁的问题，发生了争执。

0451 >>

过得去　guòdequ

동 ① 장애가 없다. 통과할 수 있다. ⇔ 过不去　② 지낼 만하다.　③ 마음에 미안하지
않다. 편안하게 느껴지다. = 过意得去 ⇔ 过不去 = 过意不去

虽然挣钱不多，但他们的日子还过得去。= 不困难
비록 돈은 많이 벌지 못하지만, 그들의 생활은 그런 대로 지낼 만 하다

0452 >>

** 过分　guò fèn

동 (말이나 행동이) 지나치다. 과분하다. = 超过应有的限度 // 过分相信(과신하다.)

(1) 他在课堂上顶撞老师，真是太过分了。= 出格了
　　그는 강당에서 선생님에게 대들다니, 정말 너무하다.

(2) 说这样的话，有点过分了。= 超过界限了
　　이런 말을 하다니 좀 지나쳤다.

0453 >>

过火　guò huǒ

동 너무 지나치다. 도를 넘다.

他情绪激动，说了过火的话，大家不要见怪。= 没有分寸
그가 흥분해서, 도를 넘어 말한 것이니, 모두들 탓하지 마세요.

0454 >>

过目　guò mù

동 훑어보다. 일별하다.

(1) 每天杂货店关门后，他都把帐本拿给老板过目。= 审核对错
　　매일 잡화점이 문을 닫은 후에, 그는 장부를 사장에게 가져다 주어 보게 한다.

(2) 这是应付给您的报酬，请过目。= 审阅
　　이것은 당신에게 주는 보수이니, 확인하세요.

0455 >>

过生日　guò shēngrì

동 생일을 축하하다. ▶ 祝你生日快乐.(생일을 축하합니다.)

今天我要去酒吧和同学们一起过生日。= 庆祝
오늘 나는 생일을 축하하러 학우들과 함께 술집에 가려고 한다.

0456 >>

过时　guò shí

동 대에 뒤떨어지다. 유행이 지나다.

这件衣服是去年的款式，已经过时了。 = 不流行
이 옷은 작년의 스타일이라, 이미 유행이 지났다.

0457 >>

过意不去　guò yì bú qù

동 미안하게 생각하다. 불안하게 느껴지다.

(1) 我给大家添了麻烦，感到很过意不去。 = 不好意思
　　내가 모두들에게 골칫거리를 안겨주어 정말 미안하게 생각한다.

(2) 一直麻烦你，我们会过意不去的。 = 心里感到不安
　　계속 당신을 번거롭게 하면, 우리가 불안해 할거예요.

0458 >>

*过于　guòyú

부 지나치게. 너무. // 过于胆小(너무 소심하다.)

在这件事的处理上，他太过于谨慎了。 = 过分
이 사건의 처리상에서, 그는 너무 지나치게 신중했다.

시험에 꼭 나오는 HSK 단어 · 숙어

0459 >>

*还　hái

부 ① 여전히. 아직(도). 그런 대로. ② 〈A + 比 + B + 还 + 형용사〉 더. 더욱. ③ 〈동사 + 得 + 还 + 형용사〉 꽤. 비교적. // 收拾得还干净(꽤 깨끗하게 정리했다.)
　　☞ 还huán

这场雨下了两天了，还不停。 = 仍然
이 비는 이틀동안 내렸는데, 아직도 그치지 않는다.

0460 >> 还可以　hái kěyǐ

〈口〉(그런 대로) 괜찮다. 무난하다. // 足球踢得还可以(그런대로 축구를 한다.)

(1) 这件衣服的颜色还可以，不算难看。 ＝ 不错
　　이 옷의 색깔은 그런 대로 괜찮아, 보기 흉한 것은 아니다.

(2) 我和他虽谈不上是好朋友，但关系还可以。 ＝ 勉强
　　나와 그는 비록 친한 친구라고 까진 할 수 없으나, 관계는 그런 대로 좋은 편이다.

(3) 他学习成绩还可以，中等水平。 ＝ 不好也不坏 ＝ 一般
　　그의 성적은 무난하여, 중간수준이다.

(4) 今年他家的收入还可以。 ＝ 说得过去
　　올해 그의 집의 수입은 그런 대로 괜찮다.

0461 >> ＊ 海外　hǎiwài

명 해외. 국외.

他毕业以后，到海外去发展了。 ＝ 国外
그는 졸업 후에 성공하기 위해 해외로 나갔다.

0462 >> ☆ 害处　hàichu

명 나쁜 점. 해로운 점. 손해. ⇔ 好处

吸烟对身体有很大的害处。 ＝ 坏处
흡연은 신체에 큰 해가 있다.

0463 >> ＊＊ 含糊　hánhu

형 ① 애매하다. 모호하다.　② 대충하다. 소홀히 하다. ☞ 不含糊

他对敏感问题逼而不答，被逼急了也只是含糊几句。 ＝ 应付 ＝ 敷衍了事
그는 민감한 문제에 대해서는 물어도 답하지 않고, 대답을 재촉해도 단지 몇 마디 애매 모호한 말만 할 뿐이다.

0464 >> * 罕见　　hǎnjiàn

- 영 희한하다. 보기 드물다.

(1) 这么大的暴雨是极为罕见的。 = 少见
　　이렇게 심한 폭우는 극히 보기 드문 것이다.

(2) 娃娃鱼是珍稀动物，极为罕见。 = 稀少
　　도룡뇽은 희귀 동물로 극히 보기 드물다.

0465 >> * 好　　hǎo

- 동 〈好 + 형용사〉 아주. 정말. 과연.　영 ① 〈好 + 동사〉 …하기 좋다. …하기 쉽다. // 好吃(맛있다.) // 好看(보기 좋다. 예쁘다.) // 好听(듣기 좋다. 노래가 아름답다.) // 好学(배우기 쉽다.) // 好写(쓰기 쉽다.)　② 〈好 + 호칭〉 이런…같으니라구! // 好小子(이놈. 요녀석)　감 〈동사 + 好了〉다 …했다. = 〈동사 + 完了〉

(1) 冬天的哈尔滨可好冷啊！ = 很 = ［表示程度深］
　　겨울의 하얼빈은 엄청 춥다.

(2) 这篇文章涉及的面太广，不好写。 = 容易
　　이 문장은 언급하는 바가 워낙 넓어 쓰기 쉽지 않다.

(3) 好个管理员，竟然偷偷拿仓库里的东西。 = ［表示责备］
　　이 놈의 관리원이 뜻밖에 몰래 창고 안의 물건을 가져가다니.

0466 >> ☆ 好　　hào

- 동 ① 좋아하다. // 好客(손님 접대를 좋아하다.) = 乐于招待客人　② 〈好 + 동사〉 곧잘… 한다. …하기 쉽다. …를 잘한다. // 好哭(곧잘 운다.)

(1) 人生在世，各有所好。 = 爱好
　　사람이 세상에서 살아감에, 각기 좋아하는 바가 있다.

(2) 像他这么好干净的人，是不会租这么脏的房子的。 = 喜欢 = 要求 = 讲究
　　그 사람같이 깔끔떨기 좋아하는 사람이 이렇게 더러운 집을 세낼 리가 없다.

(3) 他知道刘局长喜欢钓鱼，所以投其所好，送了一副鱼竿。 = 喜爱 = 偏好
　　그는 유국장이 낚시를 좋아하는 것을 알고서, 그 좋아하는 바에 맞추어 낚싯대를 선물했다.

0467 >>

好不　hǎobù

부 〈好不 + 형용사〉 꽤. 여간. // 好不容易 (겨우. 간신히. 가까스로.) = 好容易 ↓

(1) 母亲一个人抚养我长大，好不辛苦。 = 很
　　어머니 혼자 나를 키우시는 게 여간 고생스런 게 아니다.

(2) 今年元宵节灯会上，男女老少都出来赏灯，好不热闹。 = 很
　　올해 대보름의 등불축제에 남녀노소가 모두 나와 등을 구경하는데 매우 요란하다.

0468 >>

＊ 好处　hǎochu

명 장점. 좋은 점. 이익.

(1) 我最近精神很好，这都是锻炼的好处。 = 益处
　　나는 최근에 정신이 맑아졌는데, 이것은 단련의 좋은 점이다.

(2) 他这个人好处很多，你要慢慢儿发现。 = 优点
　　그는 장점이 많으니, 당신은 천천히 찾아야 할 것이다.

(3) 你要帮我办成了这事，少不了你的好处。 = 酬劳
　　당신이 나를 도와 이 일을 성사시키면, 당신 몫도 섭섭잖게 있을 것이다.

0469 >>

☆ 好好儿　hǎohāor

부 잘. 충분히. // 好好儿休息(푹 쉬다.)

你有什么不顺心的事，好好儿和我谈谈吧。 = 耐心
당신 무슨 걱정거리가 있으면, 나랑 잘 의논해 봅시다.

0470 >>

好话　hǎohuà

명 부탁이나 사정하는 말. 좋은 말. 칭찬의 말.

我说了很多好话，他才原谅我。 = 求情的话
내가 듣기 좋은 말을 수없이 늘어놓자, 그제야 그는 나를 용서했다.

0471 >>

好几　hǎojǐ

명 〈好几 + 양사 + 명사〉 꽤 많은. 여러. // 好几个人(매우 많은 사람)

今天我下厨，一个人炒了好几个菜。 = 很多
오늘 나는 주방에 들어가, 혼자서 여러 가지 요리를 만들었다.

0472 >> ＊ **好看**　hǎokàn

형 ① 보기 좋다. 예쁘다.　② 흥미진진하다. 재미있다.

(1) 他儿子长得真好看。 = 漂亮
　　그의 아들은 잘 생겼다.

(2) 这次演唱会，都是没有名的歌手，没什么好看的。 = 值得看
　　이번 콘서트는 모두가 이름 없는 가수라서, 별 볼만한 게 없다.

0473 >> **好了**　hǎo le

〈口〉 동 됐다. 그만두자.

(1) 好了，这件事就到此结束吧，以后别再提了。 = 算了
　　됐다, 이 일을 여기서 결말짓도록 하고 이후에 다시 거론하지 말아라.

(2) 好了好了，别再打孩子了。 = [表示制止]
　　됐다됐어, 더 이상 아이를 때리지 마라.

0474 >> ☆ **好容易**　hǎoróngyì

부 겨우. 간신히. 가까스로. = 好不容易

(1) 好容易考上大学，妈妈又不让我去上。 = 很不容易
　　겨우 대학에 합격했는데, 어머니가 나를 못 다니게 했다.

(2) 我好容易才劝住他，别让他再发火了。 = 费很大力气
　　나는 간신히 그를 설득했으니, 더 이상 그가 화나게 하지 마라.

0475 >> ＊ **好玩儿**　hǎowánr

형 귀엽다. 애교가 있다. 재미있다.

(1) 她女儿像个洋娃娃，很好玩儿。 = 可爱
　　그녀의 딸은 마치 인형처럼 참 귀엽다.

(2) 他儿子长得像个小熊，特好玩儿。 = 可爱
　　그의 아들은 곰돌이 같이 생겨서 참 귀엽다.

(3) 这东西一碰就唱歌，真好玩儿。 - 有趣
　　이 물건은 건드리기만 하면 노래가 나오는 게 참 재미있다.

0476 >> ★ 好像　hǎoxiàng

[부] 마치 …와 같다. = 仿佛

(1) 我没带钥匙，好像忘在家里了。 =［表示推测］
　　나는 열쇠를 가져오지 않았는데, 아마 잊고서 집에 둔 것 같아.

(2) 虽然才二月份，可天气暖和得好像春天一样。 =［比喻词］
　　비록 2월이지만, 날씨는 마치 봄과 같이 따뜻하다.

0477 >> 好样的　hǎoyàng de

〈口〉[명] 유능한 사람. 대단한 사람.

这次比赛中，他一个人进了两个球，真是好样的。 = 很有能力
이번 경기 중에 그는 혼자 두 골을 넣었는데, 참 대단하다.

0478 >> 好用　hǎoyòng

[형] 쓸모가 있다. 쓰기에 편하다.

他的脑子很好用，没费力气就考上了大学。 = 聪明
그의 머리는 쓸만한 게 힘도 들이지 않고 대학에 합격했다.

0479 >> ★ 号　hào

[명] ① 종류.　② 이름. 명칭.　③〈수사 + 号〉일(日). (등급의 표시나 옷 사이즈 등의) 호.
// 二号(2일. 2번. 2호.)

(1) 孔明是诸葛亮的号。 = 名称
　　孔明은 제갈량의 호다.

(2) 欺骗朋友的这号人，得不到真正的友谊。 = 种
　　친구를 못살게 구는 이런 사람은 진정한 우정을 얻지 못한다.

0480 >> ★★ 耗　hào

[동] ① 소모하다. 소비하다.　② 시간을 끌다. 꾸물거리다.

这件事耗去了我不少的精力。 = 消耗
이번 일에 나는 많은 정력을 소모했다.

0481 >> 

** 合计　héjì

동 ① 의논하다.　② 따져보다. 계산하다.　▶ 合计 héjì(합계)

买房子的事情，他还要和妻子再合计一下。 = 商量
집을 사는 일은 그가 부인과 더 의논해 봐야 한다.

0482 >>

** 合算　hésuàn

동 ① 수지가[계산이] 맞다. = 划得来　② 주판을 퉁겨보다. 따지다.

现在的电视正在降价，买一台很合算。 = 值得
지금의 텔레비전은 가격이 내리고 있으니, 한 대 사면 수지가 맞다.

0483 >>

** 何必　hébì

…할 필요가 있는가?　…할 필요가 없다. = 不必

(1) 他不懂事，何必和他计较呢？ = 有什么必要
　　그는 철이 없는데, 그 사람이랑 다툴 필요가 있겠니?

(2) 既然有自行车，何必要走路去呢？ = 有什么必要
　　이왕 자전거를 가지고 있는 이상, 걸어서 갈 필요가 있겠니?

0484 >>

** 何况　hékuàng

접 ① 더군다나. 게다가.(한 걸음 더 나아가 이유를 설명함)　② 하물며. 더군다나.(반문의
　　어기로 뒤쪽이 한층 더 심함을 나타냄)

即使他们做得不好，也不该这样责骂他们，更何况他们还是孩子嘛。 = 况且
설령 그들이 잘못해도 이렇게 그들을 책망해서는 안 돼, 더군다나 그들은 아직 애들인걸.

0485 >>

和气　héqi

형 ① 태도가 부드럽다. 온화하다.　② 화목하다.

(1) 他们兄弟俩因为钱的问题伤了和气。 = 感情
　　그들 형제는 돈 문제로 감정을 상했다.

(2) 他对人一向很和气。 = 和蔼 = 温和
　　그는 사람대하는 태도가 항상 부드럽다.

0486 >> 喝彩　hè cǎi

동 갈채를 보내다. 큰소리로 환호하다.

(1) 杂技团的精彩表演，赢得了观众的喝彩。= 叫好
곡예단의 멋진 공연은 관중의 갈채를 받았다.

(2) 他刚唱完，后排就一声喝彩，大家一齐鼓起掌来。= 大喝一声
그가 노래를 막 끝내자, 뒷줄에서 고함이 터지고, 모두들 일제히 박수를 치기 시작했다.

0487 >> ☆ 黑暗　hēi'àn

형 어둡다. 깜깜하다. ⇔ 光明

(1) 这间房子没有窗户，关灯后，一片黑暗。= 没有光亮
이 집은 창이 없어, 불을 끄면 캄캄하다.

(2) 那是个黑暗的年代。= 没有和平 = 统治残暴
그때는 암흑의 시대였다.

0488 >> 黑马　hēimǎ

명 다크 호스(dark horse).

他是这次比赛的"黑马"，谁都没想到他会夺冠。= 爆冷门的人物
그는 이번 경기의 "다크호스"로, 그 누구도 그가 우승하리라고 생각지 못했다.

0489 >> ☆ 很不错　hěn búcuò

매우 좋다.

最近天气很不错，不冷也不热。= 很好
최근 날씨가 매우 좋아서, 춥지도 덥지도 않다.

0490 >> 很有研究　hěn yǒu yánjiū

연구 성과가 매우 많다.

他对唐宋文学很有研究。= 成就很大
그는 唐宋문학에 상당한 연구 성과를 냈다.

0491 >>   ** 恨不得   hènbude

동 ···할 수 없는 것이 한스럽다. ···할 수 있으면 좋으련만.(바램이 실현 불가능을 나타냄)
☞ 巴不得

(1) 我恨不得一下子就学好汉语。 = 很希望 = 非常希望
나는 단번에 중국어를 잘 배울 수 있으면 좋으련만.

(2) 两年没回家了，他恨不得一下子飞回去。 = 恨不能
그는 이년간 집에 가지 못해서 당장 날듯이 돌아가지 못하는 것이 한스럽다.

(3) 他正恨不得你点个头呢。 = 巴不能
그는 당신이 고개를 끄덕여 주었으면 하는 마음이 간절하다.

0492 >>   红过脸   hóngguo liǎn

동 (화가 나서) 얼굴을 붉힌 적이 있다. = 生过气

(1) 他们夫妻结婚二十多年，从来没有红过脸。 = 吵过架
그들 부부는 결혼한 지 20여 년이 되었는데, 한번도 얼굴 붉힌 적이 없다.

(2) 爸爸很疼爱我，从小到大都没有对我红过脸。 = 发火
아버지는 나를 예뻐하셔서, 어렸을 때부터 클 때까지 한번도 얼굴을 붉히신 적이 없다.

0493 >>   红火   hónghuo

형 왕성하다. 번창하다. (장사가) 무척 잘된다.

改革开放以后，人们的日子越过越红火。 = 富裕
개혁개방 후에, 사람들의 생활은 갈수록 피었다.

0494 >>   红娘   hóngniáng

명 ① 중매쟁이. ② (Hóngniáng) 홍낭 (西厢记에 나오는 시녀 이름)

(1) 她是他俩的红娘。 = 媒人
그녀는 그들 두 사람의 중매쟁이다.

(2) 他们夫妇当年是通过红娘认识的。 = 婚姻介绍人
그들 부부는 당시에 중매쟁이를 통해서 알게 되었다.

0495 >> 红透 hóng tòu

동 매우 인기가 있다.

韩国的歌星目前在全中国红透了。 = 非常受欢迎
한국의 가수는 현재 전 중국에서 매우 인기가 있다.

0496 >> * 忽略 hūlüè

동 소홀히 하다. 등한시하다. = 疏忽

比起整篇文章来，这个小毛病可以忽略了。 = 不去注意
전체 문장을 놓고 보면, 이런 작은 문제는 소홀히 해도 된다.

0497 >> ** 忽视 hūshì

동 무시하다. 경시하다. 주의하지 않다.

你可不能忽视感冒这种小病，它会诱发其它的病。 = 不重视
너는 감기같이 작은 병을 무시하면 안 된다, 그것은 다른 질병을 유발하게 될 것이다.

0498 >> 糊里糊涂 húli hútu

형 흐리멍덩하다. 어리벙벙하다.

他只关心工作，对自己的事总是糊里糊涂的。 = 不清楚
그는 오직 직장일에만 관심이 있지, 자신의 일에는 항상 흐리멍덩하다.

0499 >> ☆ 糊涂 hútu

형 ① 흐리멍덩하다. 어리석다.   ② 분명치 않다. 모호하다.

(1) 他这个平时很细心，一考试就犯糊涂。 = 不细心 = 不清醒
　　그는 평소에는 매우 세심한데, 시험만 치면 실수를 한다.
(2) 你们两个人的说法完全不一样，把我也弄糊涂了。 = 不明白
　　너희 둘의 견해는 완전히 달라서, 나까지도 헷갈리게 햇다.

0500 >> ★ 花 huā

동 소비하다. 쓰다. 사용하다. 명 꽃.

写这篇文章，花了我两晚上的时间。 = 耗费
이 글을 쓰는데, 나는 이틀 밤의 시간을 소비했다.

0501 >> ☆ 划不来 huábulái

동 수지가[타산이] 맞지 않다. ⇔ 划得来

(1) 一个小时才挣三块钱，划不来。 = 不合算
한 시간에 겨우 3원을 버는 것은 수지가 맞지 않는다.

(2) 这项工作很有前景，放弃了实在划不来。 = 不合算
이 일은 매우 전망이 있는데, 포기한다는 건 정말 손해다.

0502 >> 化解 huàjiě

동 ① 풀리다. 해결되다. ② 융해하다.

他俩之间的矛盾一时很难化解。 = 解决
그들 둘간의 불화는 일시에 해결되기는 어렵다.

0503 >> ** 怀念 huáiniàn

동 그리워하다. 생각하다.

我很怀念小时候无忧无虑的生活。 = 想念
나는 아무 근심걱정이 없던 어린 시절이 그립다.

0504 >> ** 怀疑 huáiyí

동 ① 추측하다. ② 의심하다.

他最近不理我了，我怀疑有人说了我的坏话。 = 猜测
그는 최근 나를 상대하지 않는데, 나는 어떤 사람이 나의 험담을 한 것으로 의심한다.

0505 >> 坏肚子　huài dùzi

ⓓ 배탈나다.

(1) 吃冰棍太多了，会坏肚子。 = 腹泻
　　아이스 케이크를 많이 먹으면, 배탈이 날것이다.

(2) 他又坏肚子了，一晚上进了十几趟厕所。 = 拉肚子 = 拉稀
　　그는 또 배탈이 나서, 밤새 화장실을 10번 이상 들락날락했다.

0506 >> 欢　huān

ⓔ 즐겁다. 기쁘다. // 欢喜(즐겁다. 기쁘다.)

由于意见不合，这次聚会不欢而散。 = 欢乐
의견이 맞지 않아, 이번 모임은 불쾌한 기분으로 헤어졌다.

0507 >> ＊ 还给老师了　huángěi lǎoshī le

ⓓ 몽땅 까먹다. 전부 잊어버리다. ☞ 还 hái

(1) 我学的那点儿汉语全都还给老师了。 = 忘光了
　　내가 조금이나마 배운 중국어를 몽땅 다 까먹었다.

(2) 两年多没说英语了，我学的英语都还给老师了。 = 忘光了
　　2년여간 영어를 말하지 않았더니, 내가 배운 영어를 몽땅 다 까먹었다.

0508 >> 荒诞　huāngdàn

ⓔ 황당하다. ⇔ 真实

有些人认为 "天外来客" 的说法很荒诞。 = 不可理解
어떤 사람들은 '뜻밖의 손님' 이라 말하는 표현은 황당하다고 생각했다.

0509 >> ＊＊ 黄昏　huánghūn

ⓜ 황혼. 해질 무렵. = 傍晚 // 黄昏恋(노인들의 연애) = 老年人恋爱

今天一直很热，到黄昏的时候才凉快了一点。 = 天将黑的时候
오늘은 줄곧 더웠는데, 해질 무렵이 되어서야 비로소 좀 시원해졌다.

0510 >> ** 黄色 huángsè

영 외설적인. 선정적인. // 黄色杂志(포르노 잡지)

最近警察缴获了一批黄色杂志。 = 色情的
최근에 경찰은 한 무더기의 음란 잡지를 노획했다.

0511 >> ** 灰心 huī xīn

동 실망하다. 낙심하다. = 泄气

(1) 不怕失败，只怕灰心。 = 丧失信心
실패하는 것이 두려운 게 아니고, 실망하는 것이 두렵다.

(2) 这次考试没有及格，让他很灰心。 = 意志消沉
이번 시험에 불합격하여 그를 실망시켰다.

(3) 那事后，他妈妈对他彻底灰心了。 = 没信心
그 일이 있은 후에, 그의 엄마는 그에게 철저하게 실망했다.

0512 >> * 回答不上来 huídábushànglái

동 대답할 수 없다. 대답하지 못하다.

老师的问题太难了，我们都回答不上来了。 = 不能回答
선생님의 질문이 너무 어려워서, 우리는 모두 대답할 수 없었다.

0513 >> ☆ 回头 huítóu

부 조금 이따가. = 待会儿 = 等会儿

既然这件事现在不能决定，那我们回头再商量吧。 = 以后
이왕 이 일은 지금 결정할 수 없으니, 그렇다면 우리 나중에 다시 상의합시다.

0514 >> 回味 huíwèi

동 ① 지난 일을 회상하다. 돌이켜보다. ② 음미하다. 명 식사 후의 뒷맛.

(1) 大学的生活很美好，值得回味。 = 回忆和体会
대학생활은 아주 아름다워, 돌이켜 볼 가치가 있다.

(2) 爸爸做的菜让人回味无穷。 = 回忆和体会
아버지가 만든 음식을 먹어본 사람들은 그 뒷맛이 오래간다.

0515 >> * 会　hùì

소동 〈会 + 동사〉 ① (배워서) …을 할 줄 알다. …을 잘한다. …에 능하다.　② …일 것이다. …할 것이다.(추측이나 가능성을 나타냄)　동 …할 줄 안다. // 我会英语。(나는 영어를 할 줄 안다.) = 我会说英语。// 我能说英语。[O] // 我能英语。[×]

他很会做生意，挣了不少钱。 = 擅长
그는 정말 사업을 잘해서, 많은 돈을 벌었다.

0516 >> ** 浑身　húnshēn

명 온몸.

北京夏天的太阳真毒，烤的人浑身皮肤发红，火辣辣地疼。 = 全身
북경의 여름 태양은 정말 지독한데, 쬐는 사람은 온몸의 피부가 빨갛게 되어 지독하게 아프다.

0517 >> ** 活　huó

명 ① 생기가 있다. 생동적이다.　② 살다. 생존하다. // 活不成(살아날 수가 없다.) // 活着(무사하다. 살아있다.)　③ 민첩하다. 융통성이 있다.

(1) 他写汉字写得很活。 = 不死板
　　그는 한자를 생동감이 있게 쓴다.

(2) 他的脑筋很活，想出了不少好主意。 = 不死板
　　그는 머리가 잘 돌아가 많은 좋은 아이디어를 생각해냈다.

(3) 我们活在这个世界上，要做一点有意义的事。 = 生存
　　우리가 이 세상에 살면서, 조금이나마 의미가 있는 일을 해야 한다.

(4) 这只猫让他画活了。 = 逼真 = 像真的一样
　　그 고양이는 그가 정말 실감나게 그렸다.

0518 >> * 活动　huódòng

동 ① 부탁[호소]하러 다니다. 청탁하러 다니다. 뛰다. 활동하다.
　　② 움직이다. 운동하다.

他调动工作的事，全靠我替他活动。 = 说情 = 找门路
그의 전근문제로 전적으로 내가 그를 위해 뛰어다녔다.

0519 >> ☆ 火 huǒ

(형) 번창하다. 흥하다. (동) 화를 내다.

(1) 他怎么为这么点小事发火呀? = 生气
   그의 어떻게 이런 사소한 일에 화를 내느냐?

(2) 这家饭馆的菜炒得好, 所以生意越做越火。 = 兴隆
   이 식당의 음식은 조리를 잘해서 사업이 나날이 번창한다.

0520 >> 火坑 huǒkēng

(명) ① 불구덩이. ② 비참한 생활.

和这么暴躁的人生活在一起, 简直是往火坑里跳。 = 痛苦的生活
이렇게 성질이 거칠고 급한 사람과 생활을 같이 한다는 것은 그야말로 불구덩이 속으로 뛰어드
는 것이다.

0521 >> * 或许 huòxǔ

(부) 아마. 어쩌면. (접) …이 아니면 …이다.

看他那么委屈的样子, 我想或许是我错怪他了。 = 也许
그가 그렇게 억울해 하는 모습을 보고서, 나는 어쩌면 오해해서 그를 탓한 것이 아닌가 생각했다.

시험에 꼭 나오는 HSK 단어·숙어

0522 >> ☆ 几乎 jīhū

(부) ① 거의. ② 하마터면…할 뻔했다. ☞ 差点儿

他的儿子几乎和他一样高了。 = 差不多
그의 아들은 거의 그만큼 키가 크다.

0523 >> ☆ **机关** jīguān

명 기관.(공공 사무를 처리하는 단체나 조직)

(1) 到外企以前，他在机关工作了三年。 = 行政部门
외국기업에 오기 전에, 그는 기관에서 3년 간 일했다.

(2) 这房子有许多机关。 = 隐藏的设置
이 건물은 많은 기관이 있다.

0524 >> ☆ **积累** jīlěi

동 축적하다. 쌓다. 모으다.

(1) 做生意这几年，他积累了一些钱。 = 积聚
사업을 한지 요 몇 년간 그는 약간의 돈을 모았다.

(2) 当老师这几年，她积累了不少经验。 = 聚集
선생님이 되고서 몇 년 동안, 그녀는 적지 않은 경험을 쌓았다.

0525 >> ☆ **积蓄** jīxù

명 저축. 저금액. 동 저축하다. = 存钱 ⇔ 取钱

买房子花了她大半生的积蓄。 = 钱
집을 사는데 그녀는 평생 저축한 돈을 썼다.

0526 >> ★ **基本** jīběn

명 ① 기본적인. 근본적인. ② 주요한. ③ 대체로. // 基本满意(대체로 만족한다.)

(1) 诚实是做人的基本原则。 = 起码
성실은 사람됨에 있어서 기본적인 원칙이다.

(2) 你的想法和我的基本一致。 = 大体
너의 생각이 나와 대체로 일치한다.

(3) 现在，住房问题是政府要解决的基本问题。 = 主要
현재, 주택문제는 정부가 해결해야 하는 주요한 문제이다.

0527 >> ☆ 激动 jīdòng

영 흥분하다. 감격[감동]하다. 동 감정을 불러일으키다. 끓어 오르게 하다.

(1) 因为意见不合，他很激动，有的话说过了头。 = 生气
　　의견이 맞지 않아, 그는 흥분하여 어떤 말은 도가 지나치게까지 했다.

(2) 他激动得脸通红。 = 情绪很激烈
　　그는 얼굴이 빨개질 정도로 흥분했다.

0528 >> ☆ 及 jí

동 미치다. 도달하다. 이르다. 접 및. 와. 과. // 工人、农民及士兵(노동자, 농민 및 사병)

从小就应该培养孩子做力所能及的事。 = 达到
어릴 때부터 마땅히 아이가 일을 스스로 할 수 있는 데까지 하도록 길러야 한다.

0529 >> ☆ 及时 jíshí

부 때에. 적시에. 형 시기 적절하다.

(1) 他及时赶到，制止了这场纠纷。 = 在合适的时候
　　그는 제때에 도착해서, 이 다툼을 제지했다.

(2) 刚播完种，就下起下雨，真是太及时了。 = 正好在那个时候
　　막 파종을 다했는데, 비가 내리다니 정말로 때를 잘 맞추는구나.

(3) 你来得真及时啊！ = 是时候
　　넌 정말 때맞추어 잘 왔다.

0530 >> ☆ 极其 jíqí

부 지극히. 아주. = 很 // 极其勤奋(아주 부지런하다.)

我的父母对我的要求极其严格。 = 特别 = 十分
우리 부모님은 나에 대한 바램이 극히 엄격하다.

0531 >> **急**　jí

（동）① 초조해하다. 애태우다. 안달하다.　② 대들다. 맞서다.　（형）(성미가) 급하다. 성급하다. 화를 잘 내다.

(1) 他这个人，有人反对他的意见，他就急。= 着急
그 사람은 어떤 사람이 그의 의견에 반대를 하면 그는 곧 화를 낸다.

(2) 谁惹他，他就跟谁急。= 较劲
누구든지 그를 건들면 그는 그 사람에게 대든다.

0532 >> **急得跟什么似的**　jí de gēn shénme sì de

〈口〉얼마나 초조해 하는지. 초조해 하는 모양이라니. 매우 초조해 하다. = 非常着急

女儿十二点多了还没回家，父亲急得跟什么似的。= 十分着急
딸이 12시가 넘어서도 아직 집에 돌아오지 않자, 아버지는 매우 초조해 하신다.

0533 >> **计划**　jìhuà

（명）（동）계획(하다). 짜다

这个周末还没过完，他就开始计划下个周末的活动安排了。= 考虑 = 盘算
이번 주 주말을 아직 다 보내지도 않았는데, 그는 곧 다음주 주말의 활동 계획을 짜기 시작했다.

0534 >> **计较**　jìjiào

（동）따지다. 문제삼다. = 在乎

(1) 他心胸开阔，从不在小事上和别人计较。= 计算
그는 마음이 넓어서, 결코 사소한 일로 다른 사람과 따지지 않는다.

(2) 你是个大男人，别跟她们斤斤计较。= 因为一点事情纠缠不清
너는 다 큰 어른이야, 그녀들과 일일이 따지고 다투지 마라.

0535 >> **记忆**　jìyì

（명）기억. ▶ 记性(기억력)

童年时的生活是我一生最美好的记忆。= 保持在头脑中的印象
어린 시절의 생활은 나의 일생 중 가장 아름다운 추억이다.

0536 >>

季卡　jìkǎ

명 3개월용 카드.

我为妈妈买了一张公园的季卡。 = 一张卡可以用三个月
나는 엄마를 위해 3개월용 공원카드를 사드렸다.

0537 >>

迹象　jìxiàng

명 징조. 기색. 기미. 자취. 흔적.

父亲的病，一直没有好好的迹象。 = 征兆
아버지의 병은 줄곧 호전의 기미가 없다.

0538 >> *

加班　jiā bān

동 야근하다. 잔업하다. 특근하다. 초과 근무하다.

为了完成领导交给的任务，我几乎天天加班。 = 增加工作时间
상사가 내려준 임무를 완성하기 위해, 나는 거의 매일매일 야근한다.

0539 >> **

加入　jiārù

동 가입하다. 참가하다.

他在年轻时就加入了民主党派。 = 参加
그는 젊은 시절에 민주당파에 가입했다.

0540 >>

家父　jiāfù

동 제 아버님.(남에게 자기 아버지를 일컫는 말)

家父每天早上都比我晚起1个小时。 = 我父亲
제 아버님은 매일 아침 저보다 1시간 늦게 일어나십니다.

0541 >>

家伙儿　jiāhuǒr

圏 ① 도구나 무기.　② 녀석. 놈. 자식. // 这家伙儿(이놈)

(1) 今天晚饭后开工吧，记着带上家伙儿。 = 工具 = 器械
　　오늘 저녁 먹은 후에 일을 시작합시다, 공구 가져오는 것을 명심하세요.
(2) 你这家伙儿，说话总是不算话。 = 人
　　네 놈의 자식은 말한걸 지키질 않는군.

0542 >>

假以时日　jiǎ yǐ shí rì

시간을 두고 보다.(주로 지식인들 사이에 쓰이는 말)、

他天资聪慧，假以时日，必成大器。 = 给他一些时间
그는 총명하고 현명함을 타고났으니, 시간을 두고 보면 반드시 큰그릇이 될 거야.

0543 >> ☆

尖　jiān

圏 ① (귀·눈·코 등이) 밝다. 예민하다. 날카롭다. // 眼尖(눈치가 빠르다.)　② (말투가) 각박하다. // 嘴尖(말이 각박하다.)　③ 지독하다. 인정이 없다.

(1) 她从那么多人中认出我，眼睛可真够尖的。 = 灵敏
　　그는 그 많은 사람들 중에서 나를 알아내다니, 눈썰미가 정말로 대단하다.
(2) 每次一起吃饭，他都不出钱，可真够尖的。 = 待人小气
　　매번 같이 밥을 먹는데, 그는 한번도 돈을 낸 적이 없다, 정말 지독하다.

0544 >> ☆

尖锐　jiānruì

圏 ① (객관적인 사물에 대한 인식이) 예리하다.　② 뾰족하고 날카롭다.　③ (음성이) 날카롭고 귀에 거슬리다.

他的话总是很尖锐，能一下子击中要害。 = 犀利
그의 말은 항상 예리하여, 순식간에 급소를 찌를 수 있다.

0545 >> ******

尖子生　jiānzishēng

圏 뛰어난 학생. 공부를 잘하는 학생.

他是班里的尖子生，肯定能考上重点大学。 = 学习最好的学生之一
그는 반에서 뛰어난 학생이라서, 중점대학에 반드시 합격할 것이다.

0546 >>

歼灭　jiānmiè

동 섬멸하다. 몰살하다.

在这场战役中，我方共歼灭敌机10架。 = 消灭
이 전쟁에서 우리 측은 모두 적의 비행기 10대를 섬멸했다.

0547 >>

** 艰难　jiānnán

형 곤란하다. 어렵다. = 困难

在艰难的物质条件下，人们的生产只能完全靠天吃饭。 = 艰苦
어려운 물질적 여건에서, 사람들의 생산은 완전히 하늘에 의지하여 먹고 살 수밖에 없다.

0548 >>

** 兼　jiān

동 …겸. 겸임하다. 겸직하다. 동시에 …하다.

他是该协会的秘书长兼这次会议的主持。 = 同时担任
그는 이 협회의 비서장 겸 이번 회의의 주관자이다.

0549 >>

☆ 捡　jiǎn

동 줍다. // 捡有意思的书翻翻(재미있는 책을 집어서 펼쳐보다.)

(1) 老师教育我们捡到东西要交公。 = 拾
　　선생님은 우리가 물건을 주우면 관공서에 신고하라고 교육하신다.

(2) 有的菜可能不合口，捡喜欢的吃吧。 = 挑选
　　어떤 음식은 입에 맞지 않을 것이니, 좋아하는 음식을 골라서 먹어라.

(3) 妈妈正在捡菜。 = 择[清洗之前的一道程序]
　　엄마는 지금 야채를 선별하고 계신다.

0550 >>

** 检讨检讨　jiǎntǎojiantao

동-중첩 ① 반성해 보다. ② 검토해 보다. // 检讨(반성하다. 검토하다.)

(1) 这次比赛我们为什么失败，应该好好检讨检讨。 = 反省错误
　　이번 시합은 우리들이 왜 실패를 했는지 잘 검토해 보아야 한다.

(2) 他在学校里打了架，老师让他写检讨。 = 反省文章
　　그는 학교에서 싸움을 해서, 선생님은 그에게 반성문을 쓰라고 했다.

0551 >> ** 简直是　jiǎnzhí shì

정말로[완전히. 전혀. 실로] …이다.

这样离奇的经历简直是神话故事一样。 = 好像
이런 이상한 경험은 정말로 신화 이야기 같다.

0552 >> 见鬼　jiàn guǐ

(흥) ① 이상하다. 괴상하다.　② 재수가 없을려니.　③ 뒈져 버려라. 지옥에나 떨어져라.
　　= 见鬼去

(1) 这两天，我接二连三的丢东西，真是见鬼了。 = 很奇怪
　　요 며칠, 나는 계속해서 물건을 잃어 버렸는데, 정말 이상도해.

(2) 见鬼，刚出门车就坏了，这可怎么办呢？ = 倒霉
　　아이 재수 없어, 막 나서자마자 차가 고장났네, 이거 어떻게 하지?

0553 >> 见过世面　jiànguo shìmiàn

사회에서 많은 경험을 쌓다.

他给很多领导人当过翻译，是个见过世面的人。 = 经历过很多大事
그는 많은 지도자에게 통역을 해 준적이 있는 사회경험이 많은 사람이다.

0554 >> ** 见解　jiànjiě

(명) 견해.

遇到不同的意见，要敢于提出自己的见解。 = 看法
다른 의견이 있으면, 자신의 견해를 용감하게 제기해야 할 것이다.

0555 >> 见异思迁　jiàn yì sī qiān

〈成〉 색다른 것을 보면 그것에 마음이 쏠린다.

她深信她的丈夫不是个见异思迁的人。 = 常常因为发现不同，看见不同的事物而改
变自己的想法
그녀는 그녀의 남편이 색다른 것에 마음을 뺏기는 사람이 아니라고 굳게 믿는다.

0556 >> 建树　jiànshù

동 (공훈을) 세우다. (실적을) 쌓다. 명 공적. 공헌. 실적. // 颇有建树(상당한 공이 있다.)

(1) 他参加工作将近十年了，至今还没什么建树。= 功绩
그가 일을 한지 10년이 다 되어 가는데, 여태껏 아무런 실적이 없다.

(2) 他搞研究才几年工夫，就已经颇有建树了。= 成绩
그는 연구한지 겨우 몇 년 되지도 않았는데, 이미 상당한 공을 세웠다.

0557 >> 渐渐　jiànjiàn

부 점점. 점차.

(1) 秋天到了，树叶渐渐变黄了。= 慢慢儿
가을이 되어, 나뭇잎이 점점 노랗게 변해갔다.

(2) 等她长大后，会渐渐明白父母的苦心的。= 逐渐
그녀가 어른이 된 후에야, 부모님의 고생을 점차 알게 될 것입니다.

0558 >> ☆ 将　jiāng

전 …을. …를. 부 〈将(要) + 동사 + 了〉막[곧. 장차] …하려고 하다. = 就

(1) 他将书包往桌子上一扔，就去踢球了。= 把
그는 책가방을 책상 위에 집어 던지고서는 바로 축구하러 갔다.

(2) 他说到做到，将坏蛋打了一顿。= 把
그는 말을 실행에 옮겨, 나쁜 놈을 한바탕 때렸다.

(3) 世界杯将要结束了，可那精彩的进球场面永远留在人们脑海中。= 就要
월드컵은 끝나지만, 그 멋진 골인 장면은 영원히 사람들의 머리 속에 남을 것이다.

0559 >> ★ 讲　jiǎng

동 ① 흥정하다. 말하다. // 讲价(값을 흥정하다.)　② 중시하다. 주의하다.

(1) 这个店明码标价，不能讲价钱。= 商量
이 상점은 정찰제여서, 가격을 흥정할 수 없다.

(2) 中国是一个讲礼节的文明古国。= 重视 = 讲究
중국은 예절을 중시하는 문명국가이다.

0560 >> ** 讲究 jiǎngjiu

동 중시하다. 따지다. 형 정교하다. 꼼꼼하다.

(1) 礼物包装得很讲究。 = 精美
선물을 정교하게 잘 포장했다.

(2) 他结婚前，把家里装修得很讲究。 = 精致 = 有品位
그는 결혼 전에 집안을 정교하게 인테리어했다.

(3) 教师这个行业很讲究一个人的人品。 = 重视
교사라는 이 직업은 사람의 인품을 매우 중요시한다.

0561 >> ** 交代 jiāodài

동 ① (사정이나 의견을) 설명하다. ② 분부하다. ③ 인계하다.

(1) 亏了这么多钱，我没法向股东们交代。 = 说明
이렇게 많은 금액을 손해봐서, 나는 주주들에게 설명할 방법이 없다.

(2) 这个问题很复杂，你要好好儿交代一下。 = 说明
이 문제는 복잡하니, 당신이 잘좀 설명해야 합니다.

(3) 老板把公司的业务给我交代一下，就出差了。 = 嘱咐
사장은 회사의 업무를 나에게 당부하고 출장 갔다.

(4) 你老实交代，否则有你好看的。 = 坦白
너는 솔직히 털어놔라. 안 그러면 두고 볼거야.

0562 >> ☆ 交际 jiāojì

명 동 교제(하다).

业务员就是要和不同的人交际。 = 交往 = 打交道
업무원이란 바로 다른 부류의 사람과 교제해야 하는 것이다.

0563 >> * 交往 jiāowǎng

동 왕래하다. 교제하다. 교류하다. // 相互交往(서로 교제하다.)
和他交往密切的人都是原来的老同学。 = 来往
그와 가까이 왕래하는 사람은 모두가 원래의 옛동창이었다.

0564 >> ** 交易 jiāoyì

명 교역. 장사.

老李头脑很精明，在上个月的一笔交易中就赚了三万。 = 买卖
老李의 머리는 총명하여, 저번 달 한 차례의 교역에서 3만을 벌었다.

0565 >> 佼佼者 jiǎojiǎo zhě

명 뛰어난 존재. 인기 있는 사람.

她是班里的佼佼者。 = 最好的
그녀는 반에서 최고이다.

0566 >> * 叫 jiào

동 ① (이름이)…이다. …라고 하다. ② 허가하다. 허용하다. ③ 부르다.
전 …에게 …하게 하다. = 让

(1) 我们叫他哥哥。 = 称
　　우리들은 그를 형이라고 부른다.
(2) 经理不叫大家抽烟。 = 容许
　　사장은 모두가 담배 피는 것을 허가하지 않는다.
(3) 天太晚了，估计叫不到出租车了。 = 要 = 拦
　　시간이 너무 늦어서, 택시를 잡지 못할 것이다.

0567 >> 教案 jiào'àn

명 수업안. 강의안.

她从来都是拿起书来就讲，讲课从不看教案。 = 备课笔记
그녀는 예전부터 책만 집어들면 말이 줄줄 나온다. 강의를 할 때 결코 수업안은 보지 않는다.

0568 >> * 接二连三地 jiē èr lián sān de

부 계속해서. 끊임없이. ☞ 接连↓

我最近很倒霉，接二连三地丢东西。 = 多次 = 不断
나는 요즘 재수가 없어서, 계속해서 물건을 잃어버린다.

0569 >>

接济　jiējì

동 (물자나 금전으로) 원조하다. 돕다.

他家的经济条件不好，要靠政府的接济才能维持生活。＝ 用钱物帮助
그의 집은 경제 사정이 좋지 않아, 정부의 도움이 있어야만 생활을 유지할 수 있다.

0570 >>

** 接连　jiēlián

부 연속. 연이어. 잇달아. ⇔ 间断

刑这一带治安不好，最近接连发生暴力事件。＝ 连续
이 일대는 치안이 좋지 않아 최근 연이어 폭력사건이 일어난다.

0571 >>

** 揭露　jiēlù

동 폭로하다. 드러내다.

这个电视节目是专门揭露社会阴暗面的。＝ 暴露
이 TV프로그램은 전문적으로 사회의 어두운 면을 고발하는 것이다.

0572 >>

☆

节约　jiéyuē

동 절약하다. 아끼다.

世界淡水资源匮乏，我们应该节约用水。＝ 节省
세계의 담수자원이 부족하니, 우리는 용수를 절약해야 한다.

0573 >>

☆

结实　jiēshi

형 ① 단단하다. 질기다.　② (신체가) 튼튼하다.　③ 확고하다. 확실하다. ◀ jiéshí
동 열매를 맺다.

(1) 小伙子长得很结实。＝ 身体健壮
　　이 총각은 신체가 건장하게 생겼다.
(2) 这家工厂生产的瓷器很结实。＝ 不容易坏
　　이 공장이 생산하는 자기는 견고하다.

0574 >> ☆ 结合 jiéhé

동 결합하다. 부부가 되다.

他们俩的结合很出人意料。 = 结婚
그들 두 사람의 결합은 정말 예상 밖이다.

0575 >> 捷径 jiéjìng

명 첩경. 빠른 방법. 지름길.

学习语言没有什么捷径，只有下苦功夫。 = 取巧的手段
언어를 하는데는 어떤 지름길이 없고, 그저 뼈를 깎는 노력을 하면 된다.

0576 >> * 解雇 jiě gù

동 해고하다. = 辞退

他工作不认真，被老板解雇了。 = 开除
그는 일을 열심히 하지 않아서, 사장에게 해고당했다.

0577 >> ** 解剖 jiěpōu

동 해부하다.

(1) 医生说要进行解剖才能确定死亡原因。 = 医学程序，用于死者身上
의사는 해부를 해야만 비로소 사망원인을 알 수 있다고 말했다.

(2) 为什么会造成今天这种局面？ 你回去好好解剖一下儿原因。 = 分析
왜 오늘 같은 이러한 국면이 초래되었지? 당신은 돌아가서 원인을 잘 분석해 보시오.

0578 >> ** 借口 jièkǒu

동 구실을 찾다. 핑계삼다. 명 구실. 핑계.

(1) 每次犯错，他都找借口替自己开脱。 = 假借的理由
매번 실수를 하면, 그는 항상 빠져나가려고 핑계를 둘러댄다.

(2) 做错了就是做错了，千万不要找借口推卸责任。 = 假借的原因
잘못한 건 잘못한 거지, 제발 핑계를 대고 책임을 회피하지 말아라.

0579 >> ☆ 仅　jǐn

(부) ① 겨우. 간신히.　② 다만. 단지.

(1) 这个城市实在不算大，从南到北坐车仅十分钟。 = 只有
이 도시는 정말 큰 편은 아니다. 남쪽에서 북쪽까지 차를 타고 단지 10분이면 된다.

(2) 书店正在搞促销，一套四大名著仅卖一百元，比平时便宜了一倍。 = 只
서점은 지금 판촉 중이라, 사대명저 한 세트를 겨우 100원에 파는데, 평상시 보다 배로 싸다.

0580 >> ☆ 仅仅　jǐnjǐn

(부) 단지. 다만. …만.

他在家仅仅呆了二十分钟就又出去了。 = 只 = 只有
그는 집에 겨우 20분만 있다가 또 나갔다.

0581 >> 禁不住　jìnbuzhù

(동) ① …참지 못하다. …하지 않을 수 없다.　② 견디지 못하다. 이겨내지 못하다.

看到他滑稽的样子，我禁不住笑起来。 = 抑制不住
그의 익살스러운 모습을 보고, 나는 웃음을 참지 못했다.

0582 >> ★ 紧　jǐn

(동) (옷·신 따위가) 너무 작다. 꽉 끼다. // 穿上太紧了(입으니 꽉 낀다.)
(형) (생활이) 어렵다. 여유가 없다. = 紧巴巴

(1) 这件衣服太紧了，我想换大一号的。 = 瘦小
이 옷이 너무 꽉 끼니, 나는 한 치수 큰 걸로 바꾸고 싶다.

(2) 最近花钱不少，我手头显得紧一点儿。 = 不宽裕
최근에 쓴 돈이 적지 않아서 나의 금전 사정이 좀 빠듯해졌다.

0583 >> 紧巴巴　jǐnbābā

(형) ① (경제 상태가) 빠듯하다.　② (옷 따위가) 꽉 끼다.

家里就他一个人挣钱，日子过得紧巴巴的。 = 不宽裕
집에서는 다만 그 사람 혼자서 돈을 버는지라 생활이 빠듯하다.

0584 >> ★ 紧张　jǐnzhāng

동 긴장 상태이다.　**형** ① (물자가) 부족하다.　② 바쁘다. 긴박하다.　③ (기차표를) 구하기 어렵다.

(1) 春运期间，火车票很紧张。= 不好买
설 이동 때, 기차표는 구하기 어렵다.

(2) 临近高考，他的复习工作很紧张。= 很忙
대학입시가 다가오자, 그의 복습하는 일이 매우 바쁘다.

(3) 他和女朋友最近吵架了，关系很紧张。= 不好
그와 여자친구는 최근에 싸웠기에 관계가 긴장 상태이다.

(4) 今年是灾年，恐怕人们的口粮都紧张。= 缺少
올해는 재해를 입어, 아마도 사람들의 식량이 부족할 것 같다.

(5) 他和父母的关系一直紧张，这让他很烦恼。= 不和谐
그와 부모의 관계는 줄곧 긴장 상태인데, 이러한 점이 그를 고민하게 한다.

0585 >> ☆ 尽管　jǐnguǎn

부 ① 얼마든지. 마음놓고.　② 늘. 그냥.　**접** 비록 …하더라도. …에도 불구하고.

在学习上遇到什么问题，尽管和我商量。= 只管
학습 상에서 어떤 문제에 맞닥뜨리면, 얼마든지 나와 상의하여라.

0586 >> 近乎　jìnhu

부 …에 가깝다. 거의 …한 것 같다.

要不是今天又见面，我都近乎忘记他了。= 差不多
오늘 또 만나지 않았다면, 나는 거의 그를 잊어 버렸을 것이다.

0587 >> ☆ 进修　jìnxiū

동 연수하다. (전문기관에서) 더 공부하다.

我的专业知识不扎实，想要继续进修。= 进一步学习
나의 전공 지식이 부실하여 계속해서 더 공부하려고 생각한다.

0588 >>

经不住　jīngbuzhù

동 견딜 수 없다. = 经不起

这颗小树经不住大风的袭击，很快就被吹弯了腰。 = 承受不了
이 작은 나무는 센바람의 기습에 견디지 못하고, 조만 간에 바람에 부러질 거야.

0589 >>

** 经费　jīngfèi

명 (기관·학교 따위의) 경비.

(1) 教育经费一直都很紧张。 = 基金 = 预算
교육경비는 줄곧 부족했다.

(2) 这次旅游的经费要提前准备出来。 = 花费
이번 여행의 경비를 미리 준비해야 한다.

0590 >>

** 惊人　jīngrén

동 사람을 놀라게 하다.

他在学习方面的毅力是很惊人的。 = 使人吃惊
그의 학습방면에서의 굳센 의지는 사람을 놀라게 한다.

0591 >>

** 惊讶　jīngyà

동 의아해 하다. 놀라다.

他这么快就转变了态度，我感到很惊讶。 = 奇怪
그가 이렇게 빨리 태도를 바꾸다니, 나는 정말 놀랐다.

0592 >>

** 精　jīng

형 ① 정통하다. 능통하다.　② 똑똑하다. 영리하다.

(1) 她在为人处事方面很精。 = 精明
그녀는 사람을 위해 일을 처리하는 방면에 아주 능통하다.

(2) 在社会上历练了几年，她变得越来越精了。 = 机灵心细
사회에서 몇 년을 겪어 보고서, 그녀는 점점 더 영악하게 변해 갔다.

0593 >> ★ **精彩**　jīngcǎi

형 (공연·말·문장 등이) 멋지다. 훌륭하다. 뛰어나다.

这场杂技表演很精彩。 = 出色
이 곡예 공연은 정말 멋지다.

0594 >> ★ **精通**　jīngtōng

동 정통하다. 능통하다.

建筑能手必须精通木工和石工。 = 了解透彻
건축전문가는 반드시 목공과 석공에 정통해야 한다.

0595 >> **景气**　jǐngqì

형 경기가 좋다.　명 경기.

(1) 最近几年因为经济不景气，人民的生活水平下降了。 = 景况好 = 繁荣
　　최근 몇 년 경기가 좋지 않아서, 사람들의 생활 수준이 낮아졌다.

(2) 业洲金融危机的时候，整个市场不景气，各国都或多或少地受到了影响。
　　= 形势好
　　아시아의 금융위기 때, 모든 시장의 경기가 좋지 않아, 각 나라는 많든 적든 영향을 받았다.

0596 >> ** **净**　jìng

부 ① 항상. 언제나. 늘. // 一年到头净下雨(1년 내내 항상 비가 온다.)　② 다만. 단지. …
할 뿐. = 只　③ 모두. 온통.

(1) 这两天净下雨，没有晴天的时候。 = 总是
　　요 며칠은 그저 비만 오고 맑은 날이 없었다.

(2) 净顾了说话了，都忘了问你吃饭了没有。 = 光
　　그저 말하는데 만 정신 팔려서, 네가 밥을 먹었는지 안 먹었는지를 물어보는 것도 잊었다.

0597 >> ☆ **竞走**　jìngzǒu

명 경보.

他在这次竞走比赛中，获得一等奖。 = [田径比赛中的一个项目]
그는 이번 경보경기에서 1등 상을 탔다.

0598 >> ** 竟　jìng

🔵부 ① 뜻밖에. 의외에. = 竟然　② 결국. 마침내.

(1) 我们都在担心他，他竟安然无恙地回来了。= 居然
　　우리들은 모두 그를 걱정하는데, 그는 뜻밖에 아무 탈 없이 무사히 집으로 돌아 왔다.

(2) 那位老师讲得非常投入，讲着讲着自己竟流下了眼泪。= 出乎意料
　　그 선생님은 이야기에 너무 몰두한 나머지 말씀하시면서 뜻밖에 눈물을 흘렸다.

0599 >> ** 竟然　jìngrán

🔵부 뜻밖에도. 의외로. 상상외로.

他做梦也没有想到，200万的巨奖竟然被他得到了。= 居然
그는 꿈에서도 생각지 못했다, 200만의 큰 상금을 예상외로 그가 받게 될 줄을.

0600 >> ☆ 究竟　jiūjìng

🔵부 필경. 결국. 도대체.

(1) 你究竟怎么了，整天愁眉苦脸的。= 到底
　　너 도대체 왜 그러니, 하루종일 얼굴 찡그리고서.

(2) 他究竟还是你的父亲，你不要再生他的气了。= 毕竟
　　어쨌든 결국 너의 아버지잖아, 너는 그 사람 때문에 화내지 마.

0601 >> 久病成医　jiǔ bìng chéng yī

〈成〉병을 오래 앓으면 의사가 된다.

我这些年久病成医，也算是半个大夫了。= 病的时间长了，也会明白一些医学道理
나는 요 몇 년간 병을 오래 앓으면 의사가 된다더니, 거의 반쯤은 의사가 되었다고 할 수 있다.

0602 >> 九五时期　Jiǔ-Wǔ Shíqī

🔵명 9차 5개년 계획 (2002年—2006年)

九五时期，中国将更会富强。= 第九个五年计划
제9차 5개년 계획 기간에 중국은 더욱 부강해질 것이다.

0603 >>

** 就　jiù

(부) ① 다만…뿐. 오로지…뿐. = 只　② 반드시. 틀림없이.　③ 바로. 곧. 꼭. = 马上 // 马上就　④〈早就……了〉이미[일찌감치]…했다.　⑤〈就 + 명사〉…에 대하여.

(1) 这个城市里就这么一所大学。 = 只有
　　이 도시에는 다만 이 하나의 대학교 밖에 없다.

(2) 无论我们怎么劝说，她就是不同意这件事。 = 坚决
　　우리들이 어떻게 권고를 해도, 그녀는 이 의견에 동의하지 않는다.

(3) 原来就他一个人知道，怎么现在都传开了？ = 只有
　　원래는 그 사람 혼자만 알고 있었는데, 어찌 지금은 다 퍼졌지?

(4) 她生活得很好，就女儿没考上大学这件事让她烦心。 = 只
　　그녀의 생활은 다 좋은데, 오로지 그녀 딸이 대학을 들어가지 못한 것이 그녀를 마음 아프게 한다.

0604 >>

就要　jiù yào

(부)〈就要 + 동사 + 了〉머지않아[곧] …한다. = 快要 = 将要

去往上海的45次列车就要检票了，请旅客们做好准备。 = 即将
상해로 가는 45번 열차가 곧 개찰할 것이니, 승객들께서는 준비하시기 바랍니다.

0605 >>

** 居然　jūrán

(부) 뜻밖에. 의외로.

(1) 他居然连父母的话也不听了。 = 竟然
　　그는 뜻밖에 부모님의 말조차도 듣지 않았다.

(2) 他学习这么差，居然考上了大学。 = 出乎意料
　　그는 공부를 이렇게도 못하는데, 의외로 대학에 합격했다.

0606 >>

举世无双　jǔ shì wú shuāng

〈成〉세상에 둘도 없다.

万里长城是举世无双的奇迹，中国人都为它感到骄傲。 = 全世界没有第二个
만리장성은 세상에 둘도 없는 기적으로, 중국사람은 모두 그것에 대해 긍지를 느낀다.

0607 >>

举足轻重　jǔ zú qīng zhòng

〈成〉일거수 일투족이 전체에 중대한 영향을 끼치다. ⇔ 无足轻重

中国在世界上的地位举足轻重。 = 重要
세계속에서의 중국의 지위는 일거수 일투족이 중대한 영향을 끼친다.

0608 >> ☆

具备　jùbèi

영 구비하다. 갖추다.

(1) 他具备了成为一名优秀运动员的实力。 = 具有
　　그는 우수한 운동선수로서의 실력을 갖추고 있다.

(2) 他具备了考上名牌大学的素质。 = 拥有
　　그는 유명대학에 합격할 소질을 갖추고 있다.

0609 >> ☆

具体　jùtǐ

영 구체적이다. // 不够具体(충분히 구체적이지 못하다.)

这道题我还是不明白，你说得再具体一点。 = 详细
이 문제를 나는 아직 이해 못하겠으니, 당신이 좀 더 구체적으로 말해 주세요.

0610 >>

聚精会神　jù jīng huì shén

〈成〉정신을 집중하다. 정신을 가다듬다.

班上的大多数同学都在聚精会神地听老师讲课。 = 精神集中
반의 대다수 동급생들은 모두 정신을 집중하여 선생님의 강의를 듣고 있다.

0611 >> *

捐献　juānxiàn

동 기부하다. 기증하다. 바치다.

他决定死后捐献自己的角膜。 = 无偿赠送
그는 죽은 후에 자신의 각막을 기부할 것을 결정했다.

0612 >> ** 绝 jué

영 비할 데 없다. 유일무이하다. // 可称双绝(두 가지가 모두 비할 데 없이 훌륭하다고 할 수 있다.) 부 절대로. 결코.

她织地毯的技术很绝，无人能及。 = 本领强，技术高 = 没人能赶上的
그녀의 양탄자 짜는 기술은 절묘하여, 따라 올 자가 없다.

0613 >> ☆ 绝对 juéduì

부 절대로. 틀림없이.

(1) 多听听别人的建议，绝对没错。 = 一定
다른 사람들의 건의를 많이 들으면 결코 잘못되지 않는다.

(2) 我已经检查了好几遍了，绝对不会有问题。 = 肯定
나는 이미 여러 번을 검사했으니, 절대로 문제가 있을 리 없다.

0614 >> 绝迹 jué jì

동 자취를 감추다. 사라지다. = 灭绝

有很多珍惜动物已经在这个世界上绝迹了。 = 完全不出现
많은 어떤 희귀동물들이 이미 이 세상에서 자취를 감추었다.

0615 >> 绝妙 juémiào

형 절묘하다. 더없이 훌륭하다.

为了不让爸爸生气，他想出了一个绝妙的主意。 = 很妙
아버지가 화내시지 않도록 하기 위해서, 그는 절묘한 아이디어를 냈다.

0616 >> 崛起 juéqǐ

동 ① 들고일어나다. 궐기하다. ② (봉우리가) 우뚝 솟다.

二次世界大战后，日本从一片废墟中崛起了。 = 兴起
2차 세계대전 후에, 일본은 폐허더미로부터 일어섰다.

0617 >> `**` 均 jūn

(부) 모두. 다. 전부. // 均获大奖(모두 대상을 타다.) ▶ 均匀(고르다. 균등하다.)

(1) 这个班的学生均考入大学。 = 都
　　이 반 학생은 모두가 대학에 합격했다.

(2) 这两种做法均没有错，只是第一种更简单些。 = 全部
　　이 두 가지 방법은 모두 틀리지 않았는데, 다만 첫 번째 것이 좀 더 간단하다.

시험에 꼭 나오는 HSK 단어·숙어

K

0618 >> `*` 开 kāi

(동) ① 개설하다. 설립하다.　② 시작하다. = 开始 // 开写作业(숙제를 하기 시작하다.)
③ (문을) 열다. = 打开门(문을 열다) // 开会(회의하다)　④ (차를) 운전하다. = 开车
⑤ (꽃이) 피다. = 开花　⑥ (회의. 운동회를) 열다. 거행하다. = 开运动会
(보어) 〈동사 + 开〉 ① (붙어있거나 닫혀있던 것이 분리되는 경우, 또는 사람이나 사물이
분리되거나 떠남을 나타냄) // 打开([문 등을] 열다.) // 走开(떠나다. 비키다.) // 拉开
(잡아당겨 열다.)　② (소식을 널리 전하는 것, 또는 생각의 폭을 넓히거나 의사를 분명
히 표명하는 것 등을 나타냄.) // 传开(널리 전하다.) // 想得开(꽁하지 않고 넓게 생각
하다.) // 说开(숨기지 않고 말을 분명히 하다.)

(1) 我们准备7点开工。 = 开始 = 动手
　　우리들은 7시에 일을 시작하도록 준비한다.

(2) 由于英语很重要，很多小学从一年级就开英语课。 = 设立
　　영어는 매우 중요하기 때문에, 많은 초등학교가 1학년 때부터 영어수업을 개설한다.

0619 >> `**` 开除 kāichú

(동) 제명하다. 면직시키다. 제적시키다.

他工作不认真，被老板开除了。 = 解雇
그는 일을 열심히 하지 않아서, 사장에게 해고당했다.

0620 >>

开导　kāidǎo

동 일깨우다. 계도하다.

她最近心情不好，你要好好开导她。= 启发劝导
그녀는 최근에 기분이 좋지 않으니, 당신이 그녀를 달래듯이 잘 알도록 해라.

0621 >> ☆

开(了)眼　kāi (le) yǎn

안목이 트이다. 깨닫다.

(1) 看了这个展览，真让我们开了眼了。= 打开了眼界
　　이 전람을 보고서, 우리는 정말 안목이 탁 트이게 되었다.

(2) 到美国之后，他才第一次开了眼。= 看得更远
　　미국에 온 후에야 그는 처음으로 세상이 넓다는 것을 깨달았다.

0622 >>

开绿灯　kāi lùdēng

동 허가하다. 통과 신호를 보내다.

警务人员执法时，其它部门都尽量给他们开绿灯。= 提供方便
경찰 측 사람이 법을 집행할 때, 기타 부서는 모두 최대한 그들에게 편의를 봐 준다.

0623 >> ☆

开明　kāimíng

형 (사상이) 진보적이다. 생각이 깨어있다. 개화하다.

他的父母一点也不封建，是很开明的人。= 不保守
그의 부모는 조금도 봉건적이지 않고, 진보적인 분들이시다.

0624 >> ☆

开辟　kāipì

동 ① 창립하다.　② 개척하다. 개발하다.

经过十年的奋斗，他已在电子行业开辟了自己的领地。= 创立
십 년의 분투를 거쳐, 그는 이미 전자업계에서 자신의 영역을 창립했다.

0625 >> ☆ **开外**　　kāiwài

명 〈수사 + 开外〉 …이상.(대개 연령 뒤에서 쓰임.)

一转眼，我的父亲就是五十<u>开外</u>的人了。 = 以外
눈 깜짝할 사이에, 나의 아버지는 50대가 되었다.

0626 >> ＊ **开玩笑**　　kāi wánxiào

동 놀리다. 웃기다. 농담을 하다. 장난치다.

这件事情很重要，不要用这种<u>开玩笑</u>的口气。 = 不严肃
이 일은 매우 중요하니, 이런 농담조로 하지 말아라.

0627 >> ＊ **开心**　　kāi xīn

동 ① 유쾌하다. 즐겁다. 기분 전환하다. ② 놀리다. 장난치다. // 拿她开心。(그녀를 놀리다.)

(1) 昨天去公园，我们玩得很<u>开心</u>。 = 高兴
어제 공원에 가서, 우리들은 즐겁게 놀았다.

(2) 你这不是成心找我<u>开心</u>吗？ = 无事找事
당신 이거 순전히 일부러 나를 놀리는 거 아니에요?

0628 >> ＊＊ **开夜车**　　kāi yèchē

동 밤을 새다. 밤새 일하다[공부하다]. 밤늦게까지 공부하다[일하다].

(1) 为了迎接高考，他每天<u>开夜车</u>。 = 学习到很晚
대학시험에 대비하기 위해, 그는 매일 밤을 샌다.

(2) 为了编辑稿子，他整晚都在<u>开夜车</u>。 = 夜里工作
원고를 편집하느라, 그는 밤새 일을 한다.

(3) 自从进了提高班，他没有哪天不<u>开夜车</u>。 = 熬夜学习
향상반에 들어간 날부터, 그는 어떤 날도 밤을 새며 공부하지 않은 적이 없다.

(4) 要在明天早上完成任务，看来只有<u>开夜车</u>了。 = 为了赶时间
내일 아침에 책임을 완수하려면, 보아하니 밤샘하는 수밖에 없다.

(5) 他成绩好的关键就在于他从不怕<u>开夜车</u>。 = 在夜间继续学习
그의 성적이 좋은 이유는, 그가 여태껏 밤샘을 두려워한 적이 없었다는데 있다.

0629 >> 开张　kāizhāng

ⓧ 가게를 열어 장사를 시작하다. 사업을 시작하다. = 新开张 = 开业

这家商店新开张，价格很优惠。= 新店开始营业
이 상점은 새로 개장하는데, 가격대가 괜찮다.

0630 >> * 开支　kāizhī

ⓧ 지출하다. 지불하다. // 一项开支(한 항목의 지출)

我每个月的开支都要向妈妈汇报。= 开销 = 花费
나는 매달마다 지출을 어머니에게 보고한다.

0631 >> * 看　kàn

ⓧ ① 진료하다. 진찰하다. // 看病(진찰하다.) // 看好了病(병을 다 치료했다.) = 治愈了
② …라고 생각하다.　③ 주의하다. 조심하다.　④ …을 보다. 관찰하다. = 照看 = 观看
⑤ 〈동사1 + 동사1 + 看〉…해 보다. // 吃吃看!(먹어 봐라.) // 想想看!(생각해 봐라.)

(1) 我看她这次是真的生气了。= 认为
　　내가 보기에 그녀가 이번에는 정말로 화가 난 것 같다.

(2) 考试时可要仔细看题，不能马虎。= 观察
　　시험 칠 때 자세히 문제를 보아야지 건성건성 보면 안 된다.

(3) 生了病就要及时去医院看，不能拖着。= 治疗
　　병이 나면 제때에 병원에 진찰하러 가야지, 미뤄서는 안 된다.

(4) 他是个有名的医生，内科外科都能看。= 治疗
　　그는 유명한 의사 선생님으로, 내과든 외과든 모두 진찰할 수 있다.

(5) 老人家把他从头到尾仔细看了遍。= 审视
　　노인은 그를 머리끝에서 발끝까지 자세히 훑어보았다.

(6) 我会把你的论文好好看看的。= 研究
　　나는 너의 논문을 주의 깊게 볼 것이다.

0632 >> 看遍了　kàn biàn le

전부[두루] 보았다.

这一带的服装店我都看遍了，也没买到中意的衣服。= 全都看过
이 일대의 옷 집은 전부 다 보았는데도 마음에 드는 옷을 사지 못했다.

0633 >>

看不惯　kànbuguàn

동 낯설다. 눈에 거슬린다. 눈에 익숙치 않다. ⇔ 看得惯　▶ 吃不惯(먹는 데 익숙지 않다.)

她动不动就撒娇，我很看不惯。= 讨厌
그녀는 걸핏하면 응석을 부리니, 나는 눈에 거슬린다.

0634 >>

看得过去　kàndeguòqù

동 봐줄만하다. 볼 만한 가치가 있다. = 看得过

(1) 听说他的女朋友还看得过去。= 比较合意
　　듣자하니, 그의 여자친구가 그런 대로 봐줄 만 하다던데.

(2) 他还算看得过去，否则他女朋友才不会要他呢？= 长得不算丑
　　그는 그나마 봐줄 만 하다고 할 수 있다. 그렇지 않았다면, 그의 여자친구가 그를 원하지 않
　　았을 테니까.

0635 >> ☆

看法　kànfǎ

명 견해. 관점.

研讨会上，大家都提出了自己的看法。= 观点
연구토론회에서, 사람들 모두 자신의 관점을 제시했다.

0636 >>

看(了)一眼　kàn (le) yī yǎn

한 번 보다.

他只看了一眼，就认出了我。= 看了一下儿
그는 한번 보고는, 나를 알아보았다.

0637 >>

看上了　kànshàngle

동 보고 마음에 들다. 반하다. 좋아하게 되다. = 经过观察感到满意

(1) 这鞋子他第一眼就看上了。= 觉得满意
　　이 신발이 그는 첫눈에 마음에 들었다.

(2) 他看上了和自己在一个办公室工作的女同事。= 喜欢上
　　그는 자신과 같은 사무실에서 일하는 여직원을 좋아하게 되었다.

0638 >> ☆ **看样子**　kàn yàngzi

보아하니 …할 것 같다.

天一直阴着，看样子要下雨。 = 看起来
날이 줄곧 흐리네, 보아하니 비가 내릴 거 같다.

0639 >> **看中**　kàn zhòng

동 (보고) 마음에 들다. = 看上

(1) 只要是我看中的东西，无论多贵要买。 = 满意
　　내 마음에 드는 물건이라면, 아무리 비싸더라도 사야한다.

(2) 我昨天看中了一条裙子，可太贵了。 = 想得到
　　나는 어제 치마 하나가 마음에 들었는데, 그러나 너무 비쌌다.

0640 >> **看重**　kànzhòng

동 중시하다. 소중히 하다. = 看轻

个人的外貌并不重要，我们看重的是他的人品。 = 重视
사람의 외모는 결코 중요하지 않다, 우리들이 중시하는 것은 그의 인품이다.

0641 >> ** **考察**　kǎochá

동 ① 현지 조사하다. 답사하다. 시찰하다.　② 정밀히 관찰하다.

(1) 学校组织老师们去重点中学考察。 = 参观学习
　　학교는 교사들을 조직하여 중점중학교에 시찰을 간다.

(2) 假期，我们要去中国的南部考察工作。 = 观察调查
　　휴가기간, 우리들은 중국의 남부에 현지 조사하러 가려고 한다.

0642 >> ☆ **考虑**　kǎolù

동 고려하다. 깊이 생각하다. 심사숙고하다.

(1) 他很慎重，每决定一件事前都要考虑半天。 = 思考
　　그는 아주 신중하여, 어떤 일에 결정을 내릴 때마다 한참을 생각한다.

(2) 我考虑再三，决定还是放弃这个工作了。 = 琢磨
　　나는 재삼 고려하여, 이 일을 포기하기로 결정했다.

0643 >> ☆ 靠　kào

(동) ① 의지하다. 기대다. // 靠小聪明取胜(잔꾀로 승리하다.)　② 믿다. 신뢰하다. // 靠得住(믿을 수[신뢰할 수] 있다.)↓

(1) 他靠作弊取得了好成绩。 = 依靠
　　그는 부정행위로 좋은 성적을 얻었다.
(2) 他靠家人的支持渡过了难关。 = 依靠
　　그는 가족의 후원에 힘입어 난관을 넘겼다.
(3) 现在父母养我们，等他们老了，就要靠我们了。 = 依靠
　　지금은 부모님이 우리들을 양육하는데, 부모님이 늙으시면 우리들에게 의지하게 될 것이다.

0644 >> 靠不住　kàobuzhù

(동) 믿을 수 없다. 의지할 수 없다. ⇔ 靠得住

他这个人经常撒谎，根本靠不住。 = 不能信任
그는 항상 거짓말을 하여 도무지 믿을 수 없다.

0645 >> 靠拢　kàolǒng

(동) 접근하다. (어떤 지점에) 모이다.

天太冷了，大家靠拢点会暖和一些。 = 靠近
날이 몹시 추우니, 모두들 좀더 가까이 모이면 좀 따듯할 거야.

0646 >> 苛刻　kēkè

(형) (조건. 용구 등이) 지나치다. 가혹하다.

父母对我的要求太苛刻了，让我觉得有压力。 = 过于严格
부모님은 나에 대한 요구가 너무 지나쳐서, 나로 하여금 스트레스를 받게 한다.

0647 >> 嗑嗑碰碰　kēkepèngpèng

(형-중첩) (사람과 물건이) 서로 부딪히다. 충돌하다.

两个人每天生活在一起，有些嗑嗑碰碰是难免的。 = 产生矛盾
두 사람은 매일 같이 생활하니, 약간의 충돌은 불가피하다.

0648 >> ☆ 可　kě

(부) ① 〈可 + 동사 + 了〉정말[드디어]…하구나.(강조를 나타냄) // 可不相信(정말이지 못 믿겠다.)　② 〈……, 可 + 주어 + 술어〉그러나. 하지만. = 可是 = 但是

(1) 吃了这一次亏，你可要吸取教训了。 = [表示强调]
이번에 손해 본 일을 당신은 교훈으로 삼아야 한다.

(2) 女儿办完了婚姻大事，父母可放心了。 = 终于
딸의 혼사를 마치고, 부모는 그제야 드디어 안심을 했다.

0649 >> * 可观　kěguān

(형) ① 대단하다. 굉장하다. 훌륭하다. // 一笔数目可观的钱(액수가 대단한 돈)　② 볼 만하다. 가관이다.

(1) 他是公司的副经理，收入很可观。 = 相当多
그는 회사의 사장인데, 수입이 대단하다.

(2) 别看当年他不起眼，现在的地位却很可观。 = 程度高
그 당시 그가 볼품 없었다고는 보지 마라, 현재의 지위는 매우 대단하다.

0650 >> ** 可惜　kěxī

(형) 섭섭하다. 아쉽다. 유감스럽다. 안타깝다.

(1) 可惜啊，这么年轻就遇到了车祸。 = 令人遗憾
안타깝게도 이렇게 젊은데 차 사고를 당하다니.

(2) 只差两分就可以被录取了，真是太可惜了。 = 值得惋惜
다만 2점 차이로 거의 합격할 수 있었는데, 정말 아쉽다.

0651 >> 可心　kěxīn

(동) 마음에 들다[흡족하다].

(1) 今天买得这两件衣服都很可心。 = 满意
오늘 산 이 두벌의 옷은 모두 마음에 든다.

(2) 今年的生日礼物真是太可心了。 = 称心如意
올해 생일 선물은 정말 너무 마음에 들었다.

0652 >> ☆ **刻苦**　kèkǔ

동 열심히 노력하다. 몹시 애쓰다.　형 검소하다. 소박하다.

她每天刻苦学习，从来没和同学们出去玩过。= 努力
그녀는 매일 공부를 열심히 하느라 지금까지 학우들과 나가 논 적이 없다.

0653 >> ★ **客气什么**　kèqi shénme

〈口〉뭘 겸손해 하십니까? 뭘 어려워하십니까?

和家里人还客气什么，有什么困难就说出来吧。= 不必客气
집안 사람끼리 뭘 어려워하십니까, 어려움이 있으면 말하세요.

0654 >> ☆ **肯**　kěn

조동 기꺼이 …하려 하다. 적극적으로 …하다.

(1) 我怎么劝她，她都不肯来。= 愿意
　　내가 아무리 그녀에게 권해도 그녀는 오지 않으려 한다.

(2) 我费了多少口舌，她才算肯了。= [表示同意]
　　내가 한참을 이야기하고 나서야 그녀는 승낙했다.

0655 >> **空姐**　kōngjiě

명 스튜어디스. 여자 승무원. = 空中小姐

他的妻子是一名空姐。= 飞机上的服务员
그의 부인은 스튜어디스다.

0656 >> **空口说白话**　kōngkǒu shuō báihuà

〈口〉입에 발린 말만하고 실행하지 않는다. 말만하고 실천에 옮기지 않는다.

(1) 他这个人就会空口说白话，没有什么实际行动。= 只说不做
　　그는 입에 발린 말만 할 줄 알지, 어떤 실제적인 행동이 없다.

(2) 你说我损坏公物，可有什么证据？根本就是空口说白话。= 说没有根据的话
　　당신은 내가 공공물을 훼손시켰다고 말하는데, 무슨 증거가 있나요? 순전히 헛소리잖아요.

0657 >> ＊ 空气　kōngqì

명 ① 분위기.　② 공기.

考试前，自习室里学习的空气很浓。= 气氛
시험 전에, 자습실 안의 학습 분위기는 매우 진지하다.

0658 >> ＊ 空想　kōngxiǎng

동 공상하다.　▶ 梦想成真(꿈은 이루어진다.)

一个只会空想的人，是不会实现自己的理想的。= 不切实际的设想
단지 공상만 하는 사람은 자신의 이상을 실현시키지 못할 것이다.

0659 >> ☆ 恐怕　kǒngpà

부 (나쁜 결과를 예상해서) 아마 …일 것이다. …일까 걱정이다. = 也许

(1) 你快点回家吧，恐怕天太晚了，不安全。= 可能
　　당신은 빨리 집으로 돌아가세요, 아마 너무 늦으면 안전하지 않을 거예요.

(2) 你恐怕回不了家了，大雪封山了。= 大概
　　당신은 아마도 집에 돌아가지 못 할거예요. 큰 눈이 산을 막아 버렸어요.

0660 >> ＊ 口　kǒu

명 ① 입맛. // 口轻(맛이 담백하다. 싱거운 맛을 좋아하다.) = 口重↓　② 입. 양 식구.//
三口人(세 식구)

今天同事们要来我家做客，不知他们喜欢吃哪一口。= 口味
오늘 직원들이 우리 집에 손님으로 올 것인데, 그들의 입맛이 어떤지를 모르겠다.

0661 >> 口角　kǒujiǎo

명 ① 말다툼. 입씨름. 언쟁.　② 입가.

(1) 他俩总是为一点小事发生口角。= 争吵
　　그들 두 사람은 늘 사소한 일로 말다툼이 난다.

(2) 前两天她和邻居发生了口角，现在谁也不理谁。= 争吵
　　며칠 전 그녀는 이웃과 말다툼이 나서, 지금 아무도 서로 아는 체를 않는다.

0662 >>

** 口气　kǒuqì

명 ① 말투.　② 입심.

(1) 老师总是用教训人的口气和我们说话。 = 语气
선생님은 항상 훈계하는 듯한 어투로 우리에게 이야기한다.

(2) 你这是什么口气？ 谁教你这样对人说话呢？ = 口吻
너 이게 무슨 말투야? 누가 너한테 사람에게 이렇게 말하라고 가르쳤니?

(3) 听他的口气是对我们很不满意。 = 言外之意
그의 말투를 들어보면 우리들에게 매우 불만이 있는 것 같다.

0663 >>

口重　kǒuzhòng

동 ① 맵고 짠 음식을 좋아하다.　② (맛이) 짜다.

他丈夫吃饭时口重， 所以她炒菜时放的盐比较多。 = 喜欢吃咸的东西
그의 남편은 밥 먹을 때 맵고 짠 음식을 좋아한다, 그래서 그녀는 요리를 할 때 소금을 비교적 많이 넣는다.

0664 >>

苦头　kǔtóu

명 고통. 고난.

他步行一个星期走到这儿， 一路上吃尽了苦头。 = 磨难
그는 일 주일동안 여기까지 걸었는데, 도중에 고통을 엄청 겪었다.

0665 >>

哭笑不得　kū xiào bù dé

〈成〉 웃을 수도 울 수도 없다. 이도 저도 못하다. = 不知怎么办才好

他这人做事总是让人苦笑不得。 = 为难
그가 하는 일은 항상 사람을 웃지도 울지도 못하고 난감하게 한다.

0666 >>

酷爱　kù'ài

동 몹시 사랑하다.

他酷爱旅行， 全国各地他几乎都去遍了。 = 十分喜爱
그는 여행을 몹시 좋아해서 전국 각지를 그는 거의 다 가 보았다.

0667 >> 夸口　　kuā kǒu

（동） 허풍을 치다. = 吹牛

做人最重要的是诚实，凡事都不能夸口。 = 说大话
사람됨에 가장 중요한 것은 성실이다, 어떤 일이든 허풍을 떨어서는 안 된다.

0668 >> 快递　　kuàidì

（명） 속달.

他的录取通知书是邮 局快递过来的。 = 快速传递
그의 합격통지서는 우체국 속달로 왔다.

0669 >> 快事　　kuàishì

（명） 통쾌한 일. 유쾌한 일.

(1) 这真是人生一大快事啊！ = 令人高兴的事
　　이것은 정말 인생에 있어서 크나큰 유쾌한 일이다.

(2) 前天买的彩票中了大奖，这真是一件快事。 = 令人高兴的事
　　그저께 산 복권이 큰 상금에 당첨됐는데, 이것은 정말 유쾌한 일이다.

0670 >> ** 宽阔　　kuānkuò

（형） ① 폭이 넓다. ② (사고가) 열려있다. 트이다.

他的心胸很宽阔，连他的敌人也可以原谅。 = 广大
그의 마음은 매우 넓어서 그의 적조차도 용서할 수 있다.

0671 >> 宽心丸儿　　kuān xīn wánr

（명） 위로의 말.

他出交通事故的事我已经知道了，你就别给我宽心丸儿吃了。 = 安慰别人的话
그가 교통사고 난 일은 내가 이미 알고 있으니, 당신은 나한테 위로 안 해도 돼요.

0672 >> ** 款待　　kuǎndài

（동） 정중히 대접하다. 환대하다. = 盛情款待

我受到了对方的热情款待。 = 招待
나는 상대편의 열정적인 환대를 받았다.

■ 아래의 각 단문 중 빈 칸에 들어갈 적합한 한자를 써 넣어보세요.

□ 举世无双	□ 竟	□ 艰难	□ 红过脸	□ 浑身	□ 回头	□ 黄昏
□ 计划	□ 及	□ 活	□ 空口说白话	□ 就要	□ 喝彩	□ 经不住
□ 忽视	□ 还可以	□ 接济	□ 景气	□ 怀疑	□ 仅	□ 解剖
□ 开辟	□ 好像	□ 好看	□ 过目	□ 过意不去	□ 好不	□ 或许
□ 借口	□ 糊涂	□ 火坑	□ 好	□ 教案	□ 就	□ 含糊
□ 将	□ 何况	□ 看遍了	□ 靠	□ 恨不得		

1 每天杂货店关门后，他都把帐本拿给老板　　　　　　。

2 我给大家添了麻烦，感到很　　　　　。

3 我和他虽谈不上是好朋友，但关系　　　　　。

4 他对敏感问题逼而不答，被逼急了也只是　　　　几句。

5 他知道刘局长喜欢钓鱼，所以投其所　，送了一副鱼竿。

6 今年元霄节灯会上，男女老少都出来赏灯，　　　　热闹。

7 这次演唱会，都是没有名的歌手，没什么　　　　的。

8 虽然才二月份，可天气暖和得　　　　春天一样。

9 即使他们做得不好，也不该这样责骂他们，更　　　　他们还是孩子嘛。

10 他刚唱完，后排就一声　　　　，大家一齐鼓起掌来。

11 两年没回家了，他　　　　一下子飞回去。

12 爸爸很疼爱我，从小到大都没有对我　　　　。

13 你可不能　　　　感冒这种小病，它会诱发其它的病。

14 你们两个人的说法完全不一样，把我也弄　　　了。

15 他最近不理我了，我　　　　有人说了我的坏话。

16 今天一直很热，到　　　　的时候才凉快了一点。

17 既然这件事现在不能决定，那我们　　　　再商量吧。

18　北京夏天的太阳真毒，烤的人　　　　　皮肤发红，火辣辣地疼。

19　我们　　在这个世界上，要做一点有意义的事。

20　和这么暴躁的人生活在一起，简直是往　　　　　里跳。

21　看他那么委屈的样子，我想　　　　　是我错怪他了。

22　从小就应该培养孩子做力所能　　的事。

23　这个周末还没过完，他就开始　　　　　下个周末的活动安排了。

24　在　　　　　的物质条件下，人们的生产只能完全靠天吃饭。

25　世界杯　要结束了，可那精彩的进球场面永远留在人们脑海中。

26　她从来都是拿起书来就讲，讲课从不看　　　　　。

27　他家的经济条件不好，要靠政府的　　　　　才能维持生活。

28　为什么会造成今天这种局面？你回去好好　　　　　一下儿原因。

29　做错了就是做错了，千万不要找　　　　　推卸责任。

30　书店正在搞促销，一套四大名著　卖一百元，比平时便宜了一倍。

31　这颗小树　　　　大风的袭击，很快就被吹弯了腰。

32　亚洲金融危机的时候，整个市场不　　　　　，各国都或多或少地受到了影响。

33　那位老师讲得非常投入，讲着讲着自己　流下了眼泪。

34　她生活得很好，　女儿没考上大学这件事让她烦心。

35　去往上海的45次列车　　　　　检票了，请旅客们做好准备。

36　万里长城是　　　　　的奇迹，中国人都为它感到骄傲。

37　经过十年的奋斗，他已在电子行业　　　　　了自己的领地。

38　这一带的服装店我都　　　　　，也没买到中意的衣服。

39　现在父母养我们，等他们老了，就要　我们了。

40　你说我损坏公物，可有什么证据？根本就是　　　　　。

L

0673 >>
* 拉   lā

동 ① 돕다. 거들다.　② 끌다. 당기다.

在我有困难时，他总是很及时地拉我一把。 = 帮助
내가 어려움이 있었을 때, 그는 항상 시기 적절하게 나를 도와 준다.

0674 >>
拉近   lājìn

동 ① 가깝게 굴다. 친한 체하다. = 亲近 // 拉近距离(사이가 가까워지다.)　② 가까이 끌어당기다.

这两个星期的相处，拉近了我们之间的距离。 = 缩短
이번 2주간 함께 지내는 동안 우리들의 사이는 가까워졌다.

0675 >>
* 落   là

동 (글자를) 누락하다. 빠뜨리다. = 遗漏 ▶ 落 luò (떨어지다.)

(1) 我生病请假了两天，功课落下一大堆。 = 少写
　　나는 병이 나서 휴가 받아 며칠 쉬었더니 숙제 못한 게 한 무더기다.

(2) 你写的地址上落了两个字，所以被退回来了。 = 少写
　　당신이 쓴 주소에 두 글자가 빠져서 되돌아 왔어요.

0676 >>
* 来   lái

동 ① (구체적인 동사를 대신함) 하다. 원하다. // 让我来!(제가 하겠습니다.) // 来杯啤酒!(맥주 한 잔)[*来 = 要 = 拿来]　② 〈来 + 동사(구체적인 행위)〉 (적극적인 의미를 나타낼 뿐 별 의미는 없음) // 让我来介绍一下。(제가 좀 소개 드리겠습니다.) // 我来看看。(제가 좀 봐드리죠.)　③ 〈来 + 장소〉 …에 오다.

这位顾客，你想来点儿什么？ = 要
손님 뭘 좀 드릴까요?

0677 >> ☆ **来不及** láibují

동 (차시간에) 대지 못하다. 시간에 늦다. = 没有足够的时间

(1) 我七点才下班，来不及参加你们的聚会了。 = 时间不够
나는 7시가 되어서야 퇴근하여, 당신들의 모임에 참가하는데 늦었다.

(2) 两天内完成这些工作绝对来不及。 = 一定的时间内无法做某事
이틀 안에 이 일들을 끝내는 건 절대 시간 내에 안 될 것이다.

0678 >> ★★ **来往** láiwǎng

동 왕래하다. 교제하다.

(1) 他这个人性格孤僻，和邻居也没有什么来往。 = 交际往来
그는 성격이 괴팍해서, 이웃과 어떠한 왕래도 없다.

(2) 你要和同事们多来往，尽快适应新的工作环境。 = 交际
당신은 직원들과 많이 교류하여 속히 새로운 작업환경에 적응해야 합니다.

0679 >> **懒得** lǎnde

동 …할 마음이 내키지 않다. …할 기분이 나지 않다. // 懒得动笔(글을 쓸 기분이 아니다.)

我今天太累了，懒得说话。 = 不愿意 나는 오늘 매우 피곤하여, 말할 기분이 나지 않았다.

0680 >> ★ **老** lǎo

부 ① 늘. 항상. 언제나. = 老是 = 总是 ② 오래(도록). = 很长时间 ③ 〈很 + 1음절 형용사〉 매우. 몹시. 대단히. // 老长时间 = 很长时间 = 好长时间(아주 오랫동안)

형 ① 늙다. 오래된. 옛날의. // 老朋友(옛 친구) ② (야채나 고기가) 쇠다. 굳다. 〈口〉 〈성씨 + 老〉…어르신. // 您老(어르신) // 王老(왕어르신)

(1) 你为什么老不给我写信？ = 长时间 당신은 왜 늘 나에게 편지를 써 주질 않나요?

(2) 他老迟到，不知挨过多少次批评了。 = 总是
그는 늘 늦게 왔는데, 얼마나 야단맞았었는지 모른다.

(3) 他老犯同样的错误，简直不可原谅。 = 总是
그는 늘 같은 잘못을 저지르니, 그야말로 용서할 수 없다.

(4) 我在车站等了他老长时间，他才来。 = 很
나는 정류장에서 그를 한참을 기다려서야 그가 왔다.

(5) 您老今年高寿？ = [表示尊敬] 어르신은 올해 연세가 어떻게 되십니까?

0681 >>

老伴　　lǎobàn

📖 (노부부의 한쪽) 영감. 마누라. = 爱人 = 老伴儿 ▶ 两口(부부) ▶ 小两口(젊은 부부)
▶ 老两口(노부부) = 老年夫女

(1) 我和老伴相依为命。 = 丈夫　나와 영감은 서로의지하며 산다.

(2) 我老伴身子还很健朗。 = 妻子　나의 마누라는 몸이 아직 매우 건강하다.

0682 >>

老北京　　lǎoBěijīng

📖 북경에 오랫동안 거주한 사람. 북경토박이 = 在北京出生长大的人 = 土生土长的北京人

他从小在北京长大，可以说是个老北京了。 = 在北京长久居住的人
그는 어릴 때부터 북경에서 자라서 북경토박이라고 할 수 있다.

0683 >>

老的老，小的小　　lǎo de lǎo, xiǎo de xiǎo

〈惯〉 노인과 어린 아이들. ▶〈上有老, 下有小〉(집에 부양하는 노인과 어린 아이가 있다.)

人到中年可千万要保重身体，万一病倒了，一家老的老，小的小可怎么办呢？ = 老人和孩子
사람이 중년이 되면 건강을 잘 지켜야 합니다, 만일 병이 나서 쓰러지면 온가족 노인이랑 아이들은 어떻게 해요?

0684 >>

老地方　　lǎodìfang

📖 늘 가는 곳. 원래의 곳. 자주 만났던 곳.

(1) 咱们还是老地方见吧! = 常见面的地方
　　우리들은 늘 만나던 곳에서 보자

(2) 北海公园是他俩约会的老地方。 = 常见面的地方
　　북해공원은 그 두 사람이 늘 만나던 약속장소다.

0685 >>

老对手　　lǎoduìshǒu

📖 오랜 적수.

他俩是老对手了，常在决赛中碰面。 = 长期对立的一方
그 두 사람은 오랜 적수인데, 항상 결승전에서 만난다.

0686 >> * 老家　lǎojiā

명 고향(집). 원적. = 故乡 = 家乡 ▶ 老乡(같은 고향 사람)

南京是我奶奶的老家。= 原来的居住地
南京은 나의 할머니의 고향이다.

0687 >> 老闺女　lǎoguīnǚ

명 ① 막내딸.　② 노처녀.

(1) 她三十岁还没结婚，成老闺女了。= 老处女
　　그녀는 30세에도 아직 결혼을 안하고 노처녀가 되었다.

(2) 她的老闺女今年已经三十岁了，还没结婚。= 最小的女儿
　　그녀의 막내딸은 올해 벌써 30세가 되었는데 아직 결혼하지 않았다.

0688 >> 老练　lǎoliàn

명 노련하다. = 老成 = 圆熟

他工作几年后，处理事情老练多了。= 经验多
그는 몇 년 동안 일하고 나더니, 일 처리가 많이 노련해졌다.

0689 >> 老朋友　lǎopéngyou

명 옛 친구. ▶ 男朋友(연인. 애인.) // 男的朋友(남자친구)

我们俩是二十多年的老朋友了。= 好朋友
우리 두 사람은 20년 지기의 오랜 친구이다.

0690 >> 老手　lǎoshǒu

명 베테랑. 달인. 경험이 많은 사람. 숙련가. 세상 물정에 밝은 사람. 전문가.

(1) 他是赌场老手。= 经常出入某些场合的人
　　그는 도박 베테랑이다.

(2) 不如去问小张吧，他可是装计算机的老手。= 有经验的人
　　小张에게 가서 물어보는 게 낫겠다, 그는 정말 컴퓨터 설치의 전문가이니까.

0691 >>

老一套　lǎoyītào

명 상투적인 수법. 낡은 방식.

时代发展了，管理方法还是老一套怎么行？ = 老办法
시대는 발전했는데 관리방법은 여전히 낡은 방식이니 어떻게 해?

0692 >>

老丈人　lǎozhàngrén

명 ① 장인어른. ② 웃어른. = 老丈

(1) 小伙子孝敬老丈人。 = 长辈
젊은이는 웃어른을 공경한다.

(2) 大年初二，他要陪妻子回老丈人家。 = 妻子的父亲
정월 초이틀, 그는 부인과 장인 댁에 가려고 한다.

0693 >> *

姥爷　lǎoye

명 ① 외할아버지. ⇔ 姥姥　② 주인 어른. 웃어른. 나으리.

(1) 她的姥爷每周末去公园打太极拳。 = 母亲的父亲
그녀의 외할아버지는 매주 주말마다 태극권을 하러 공원에 가신다.

(2) 我小时候住在姥爷家，所以和他特别亲。 = 外公
나는 어렸을 때 외할아버지 집에 살았다. 그래서 외할아버지와 특히 친하다.

0694 >>

乐得　lèdé

동 ① (좋은 일이라) 기꺼이[즐거이] …하다. ② …하는 것이 마음에 꼭 맞다.

退休后，老局长下下棋，钓钓鱼，乐得清静。 = 合自己的心意
퇴직 후, 노국장은 장기를 두고 낚시하며, 조용한 생활을 즐긴다.

0695 >>

乐观　lèguān

동 낙관적이다. 낙천적이다. ⇔ 悲观 // 持乐观的态度(낙천적인 태도를 유지하다.)

尽管遇到这么多的困难，他的生活态度还是很乐观。 = 积极
비록 이렇게 많은 어려움을 만나도 그의 생활태도는 여전히 낙관적이다.

0696 >>

** 类似　　lèisì

동 비슷하다. 유사하다.

他家的情况和我家类似，都比较困难。= 差不多
그의 집사정은 나의 집과 유사하여 모두 비교적 어렵다.

0697 >>

累死了　　lèisǐle

동 몹시 피곤하다. 힘들어 죽을 지경이다. ▶ 饿死了(배고파 죽겠다.)

今天跑了马拉松，我都快要累死了。= 累极了 = 累坏了
오늘 마라톤을 뛰었더니, 나는 피곤해 죽을 것 같다.

0698 >>

冷板凳　　lěngbǎndèng

명 냉대. 푸대접. // 坐冷板凳(푸대접을 받다. 한직으로 내쫓기다)

他犯了错误，教练让他坐冷板凳呢，以后三个月就不能参加比赛了。= 受冻惩罚
그가 잘못을 저질러서, 코치는 그를 냉대하여 후에 석 달 동안 시합에 참가할 수 없게되었다.

0699 >>

冷不到哪儿去　　lěng bú dào nǎr qù

〈口〉 그렇게 춥지 않을 것이다. 추위가 어디 가겠어.

据天气预报说，今年冬天冷不到哪儿去。= 不会太冷
일기예보에서 말하는 바에 의하면, 올해 겨울은 그리 춥지 않을 거래요.

0700 >>

冷不防　　lěngbufáng

무 뜻밖에. 불의에. // 冷不防摔了一跤(갑자기 나자빠졌다.)

他冷不防从后面冲出来，吓了我一跳。= 突然
그는 뜻밖에 뒤에서 뛰쳐나와 나를 깜짝 놀라게 했다.

0701 >>

** 冷静　　lěngjìng

형 ① 침착하다. ② 조용하다. 고요하다.

遇到紧急事件时，一定要冷静。= 镇定
긴급한 일에 닥치면, 침착해야만 한다.

0702 >>

冷落　lěngluò

동 푸대접하다. 썰렁하다. 냉대하다.　형 쓸쓸[조용]하다.

(1) 最近他好像对我有意见，总是冷落我。　= 不关心
　　요즘 그는 나에게 불만이 있는지, 늘상 나를 푸대접한다.

(2) 这玩具他玩了两天就冷落在一边了。　= 对……不热情
　　이 장난감은 그는 며칠 가지고 놀고서는 구석에 던져두고 푸대접한다.

0703 >>

冷门　lěngmén

명 ① 의외의 상황. = 出现意想不到的情况 // 爆冷门(대개 경기에서 의외의 상황이 생기다.)　② 인기 없는 일. (도박에서) 돈을 걸지 않는 곳.

水平这么差的学生居然考上了大学，简直是爆了个冷门。　= 出现意外
실력이 이렇게 떨어지는 학생이 예상외로 대학에 걸리다니, 정말 의외다.

0704 >>

离开了我们　líkāile wǒmen

〈口〉우리 곁을 떠났다. 운명했다. = 去世

爷爷因心脏病突发，离开了我们。　= 死了
할아버지는 갑자기 심장병이 나서 우리곁을 떠나셨다.

0705 >> ☆

理解　lǐjiě

동 이해하다. 잘 알다. // 难以理解(이해하기가 어렵다.)

他为了工作连家也不回了，真是不可理解。　= 了解
그는 일 때문에 집에도 가지 않으니, 정말 이해가 안 된다.

0706 >> ☆

理想　lǐxiǎng

형 만족스럽다. 이상적이다. // 成绩不太理想(성적이 그다지 만족스럽지 않다.)

他大学毕业后没有找到理想的工作。　= 满意
그는 대학을 졸업한 후 이상적인 직업을 찾지 못했다.

0707 >> ☆ **厉害**　lìhai

영 ① 심하다. 지독하다.　② 대단하다. 훌륭하다.

(1) 她感冒得很厉害，今天不能来上班了。 = 严重
　　그녀는 감기가 매우 심해서 오늘 출근을 할수 없었다.
(2) 她小学连跳三级，十分厉害。 = 很能干
　　그녀는 초등학교 때 세 학년을 뛰어올랐으니, 정말 대단하다.

0708 >> * **立刻**　lìkè

부 곧. 즉시. 당장. = 马上

她这个人很热情，我们一到她家，她立刻拿出点心让我们吃。 = 顿时
그녀는 매우 열정적이다, 우리들이 그녀의 집에 가자, 바로 우리가 먹을 간식을 가져왔다.

0709 >> * **连连**　liánlián

부 계속해서. 자꾸. = 不停地 ▶ 连续(계속하다. 연속하다.)

他提出了一个很好的建议，其它人连连点头赞同。 = 不住地
그가 매우 좋은 건의를 제의했는데, 다른 사람들은 계속 고개를 끄덕이며 찬성했다.

0710 >> ☆ **连忙**　liánmáng

부 얼른. 바삐. 급히. ▶ 赶忙 = 赶紧(서둘러. 급히. 재빨리.) ▶ 赶快(당장. 즉시.)

听见妈妈的脚步声，他连忙打开书包拿出一本书来。 = 立即
엄마의 발걸음 소리를 듣고 그는 얼른 가방을 열고 책을 한 권 꺼냈다.

0711 >> * **联系**　liánxì

동 연락하다.

参加工作以后，他和同学们就没有什么联系了。 = 联络
직장생활을 한 이후에 그는 학우들과 어떤 연락도 없었다.

0712 >>

脸皮这么厚　liǎnpí zhème hòu

동 낯짝이 참 두껍다. 뻔뻔스럽다.

没想到他脸皮这么厚，催他几次都不还钱。= 不知道害羞
그가 이렇게 뻔뻔스러울 줄은 몰랐어, 몇 번이나 재촉했는데도 돈을 갚지 않아.

0713 >>

** 脸色　liǎnsè

명 얼굴 표정. 안색. ▶ 颜色(색깔)

他可能生气了，脸色不太好看。= 表情
그는 아마 화났을 꺼야. 안색이 그다지 안 좋아.

0714 >>

☆ 凉　liáng

동 실망하다. 낙심하다. 형 서늘하다. 식다.

他这么不孝敬父母，太让父母心凉了。= 失望 = 伤心
그는 이렇게 부모에게 효도하지 않아, 부모님을 너무 실망시켰다.

0715 >>

两下子　liǎngxiàzi

명 상당한 능력. 대단한 솜씨.

(1) 就你那两下子，还想考名牌大学？ = 本领
　　겨우 당신의 그런 실력으로 명문대학에 시험 치려고 해요?

(2) 他修理电器有两下子，在这一带尽人皆知。= 做得很好
　　그는 전자제품 수리에 재간이 있는데 이 일대 사람들은 다 안다.

(3) 他炒菜有两下子，一个人准备一桌菜不成问题。= 做得很好
　　그는 요리에 재주가 있어 혼자 한상차리는거야 문제 없다.

(4) 她学习上很有两下子，每门课都很优秀。= 学习成绩好
　　그녀는 학습면에서 상당한 능력이 있어 각과목마다 모두 우수하다.

0716 >>

亮相　liàng xiàng

동 (배우가) 모습을 드러내다. 극적 분위기를 연출하다.

演员还没亮相呢，会场就响起热烈的掌声。= 出现
배우가 아직 모습을 들어내지 않았는데도 회의장은 열렬한 박수소리가 울려퍼졌다.

0717 >> ☆ **聊**　liáo

동 한가하게 이야기를 나누다. 잡담을 하다.

现在连街坊的老太太见了面也经常聊聊环保。= 谈论
요즘은 이웃의 나이든 아줌마들도 만나기만 하면 항상 환경보호 이야기를 나눈다.

0718 >> ☆ **聊天儿**　liáo tiānr

〈口〉　한가하게 이야기를 나누다. 잡담을 하다.

她上课时，和同桌聊天，被老师批评了。= 闲谈
그녀는 수업할 때, 짝과 잡담을 해서 선생님에게 야단맞았다.

0719 >> ☆ **了不起**　liǎobuqǐ

동 ① 대단하다. 굉장하다.　② 중대하다. 심각하다.

(1) 这次世界杯上，他一个人独进四个球，真是了不起。= 突出
　　이번 월드컵에서, 그는 혼자서 네 골을 넣었으니 정말 대단하다.

(2) 他爸爸是科学家，做出了许多了不起的成就。= 不平凡
　　그의 아버지는 과학자이신 데 많은 훌륭한 업적을 냈다.

0720 >> **了如指掌**　liǎo rú zhǐ zhǎng

〈成〉 손바닥을 보듯 훤히 알다.

作为一名教练，应该对每个队员的情况了如指掌。= 非常了解
한 명의 코치로서 모든 선수들의 상황을 손바닥 보듯 훤히 알아야 한다.

0721 >> ✼✼ **料**　liào

동 짐작하다. 예상하다. 예측하다.　명 원료. 재료. 사료.

出现这样的意外事故，我们谁也没有料到。= 预料
이런 의외의 사고가 나리라고는 우리들 그 누구도 예상치 못했다.

0722 >> **拎**　līn

동 손에 들다.

这次会议很重要，入场者不能拎包。= 提
이번 회의는 매우 중요하여 입장하는 사람은 가방을 들수 없습니다.

0723 >> ☆ 临　lín

형 곧[막] …하려고 하다.

(1) 妈妈临走时，再三嘱咐我注意安全。= 将要
어머니는 떠날때가 되어서, 나에게 안전에 유의하라고 재삼 당부하셨다.

(2) 世界杯临近了，大家都很激动。= 快要
월드컵이 가까워지자, 모두들 흥분되었다.

0724 >> ☆ 临时　línshí

형 임시의. 잠시의. 비정식의. = 短期 ⇔ 永久 // 临时工(파트타임)

本来我俩要去看电影，他临时有事，不能来了。= 暂时
원래 우리 둘은 영화보러 가려고 했는데, 그가 잠깐 일이 생겨 올 수 없게 되었다.

0725 >> * 灵　líng

형 ① 효과가[효력이] 있다.　② 총명하다. 머리가 좋다. 정통하다.　③ (동작이) 민첩하다. (기계가) 예민하다.

(1) 他的脑子很灵。= 聪明
그의 머리는 매우 총명하다.

(2) 这辆自行车的闸失灵了，骑时要小心。= 反应快
이 자전거의 브레이크가 고장이니, 탈 때 조심해야해.

(3) 这种药很灵，我只吃了两片，病就好了。= 有效
이 약은 매우 효력이 있어,나는 단지 두알을 먹었는데 병이 나았다.

0726 >> 聆听　língtīng

동 경청하다. // 聚精会神地聆听着(정신을 집중해서 경청하고 있다.)

早晨，他坐在公园的长椅上聆听鸟儿的叫声。= 倾听
아침에 그는 공원의 벤치에 앉아서 새들이 지저귀는 소리를 듣는다.

0727 >> 领头儿   lǐngtóur

동 앞장서다. 이끌다. 솔선하다. ▶ 领先(선두에 서다. 앞서다. 리드하다.)

这次游行要是没人领头是组织不起来的。 = 带头儿
이번 여행은 인솔하는 사람이 없으면 조직할수 없다.

0728 >> ** 领域   lǐngyù

명 영역. 범위.

我打算毕业之后先工作三年，然后再深入到某个领域进行研究。 = 范围
나는 졸업후에 우선 3년간 일하고, 그런다음에 어떤 영역에서 전문적인 연구활동을 하려고 생각
한다.

0729 >> * 令   lìng

동 …로 하여금 …하게 하다. = 使 = 让

(1) 她的态度很和蔼，令人容易接近。 = 叫
그녀의 태도가 매우 정다워 사람들로 하여금 쉽게 가까이 하게 한다.

(2) 他取得这么好的成绩，令我吃惊。 = 使得
그가 이렇게 좋은 성적을 얻어 나를 놀라게 했다.

0730 >> * 留神   liú shén

동 주의하다. 조심하다. 잘 살피다. = 注意 // 留神汽车。(차를 조심해라.)

(1) 留神，现在的司机开车太快。 = 当心 = 小心
조심해, 요즘 기사들은 차를 너무 빠르게 몰아.

(2) 留神一看，满页上写的都是“我爱你”这三个字。 = 仔细
잘 살펴봐, 온 페이지에 “사랑해”란 세 글자가 쓰여있어.

0731 >> * 留心   liú xīn

동 주의하다. 조심하다. 유의하다. = 留意 // 开车留心。(운전에 조심해라.)
// 留意股市。(주식 흐름에 유의하라.)

在复习课上，尤其要留心听老师的每一句话。 = 注意
복습과정에서는 특히 선생님의 한마디 한마디를 주의해서 들어야 한다.

0732 >>

露两手　lù liǎngshǒu

동 재주[솜씨]를 선보이다.

今天请客，我准备露两手，炒它一桌好菜。 = 显露技能
오늘 손님을 초대했는데, 내가 멋진 솜씨로 한상 푸짐하게 차려 내야지.

0733 >> ☆

陆续　lùxù

부 (적은 수의 사람이) 뒤이어. 조금씩. 잇달아. // 陆续发表(잇달아 발표하다.)

电影结束后，观众们陆续走出了电影院。 = 先后
영화가 끝난 후 관중들은 잇달아 영화관을 나갔다.

0734 >> ★

乱　luàn

부 제멋대로. 함부로. = 任意 // 不要乱吃东西(함부로 아무거나 먹지 마라.) // 不要乱来。(까불지 마라.) 형 혼란스럽다. 어지럽다. // 改得太乱了(너무나 어지럽게 고쳤다.)

(1) 我们不了解实情时，不要乱发议论。 = 随便
　　우리들이 실제사정을 모를 때는 함부로 이러쿵저러쿵 하지말자.

(2) 他的作文写得太乱了，我看不清楚。 = 不清楚
　　그의 작문은 너무 엉망으로 써놓아, 내가 잘 알아 볼 수가 없다.

0735 >>

乱弹琴　luàn tánqín

동 엉터리 수작을 부리다. 어이가 없다. (남의 처지는 생각지 않고) 제멋대로 하다.

(1) 让这么小的孩子单独外出，真是乱弹琴。 = 胡闹
　　이렇게 어린아이를 혼자 내보내다니, 정말 어이가 없어.

(2) 想靠求神拜佛考上名牌大学，真是乱弹琴。 = 不按规律办事
　　신불에 비는 것 만으로 명문대학에 합격하려 하다니, 정말 어이가 없군.

(3) 你别乱弹琴，根本没有这回事。 = 胡扯
　　당신 함부로 그러지 말아요, 전혀 이런 일은 없었다니까요.

0736 >> ☆

略　lüè

부 조금. 약간. // 略有增加(약간 증가했다.) 동 생략하다.

通过半年的留学生活，我的英语水平略有提高 。 = 稍微
반년의 유학 생활을 통해 나의 영어 실력이 다소 향상되었다.

0737 >> *** 落户**   luò hù

동 (타향에) 정착하다. ⇔ 流浪   ☞ 落 là

他大学毕业后，在北京落户了。 = 安家
그는 대학을 졸업한 후 北京에 정착했다.

시험에 나오는 중국어 단어 · 숙어

M

0738 >> *** 麻烦**   máfan

형 귀찮다. 번거롭게 하다. 폐를 끼치다. 동 골치 아프다. 괴롭다.

这么晚去拜访他，恐怕会麻烦他。 = 打扰
이렇게 늦게 그를 방문하면 그에게 폐가 될 것 같아.

0739 >> **☆ 马马虎虎**   mǎmahūhū

형-중첩 건성건성 하다. 대충하다. 무책임하다. 엉망이다.

今天的节目还马马虎虎，所以我也就坚持看到了最后。 = 凑合
오늘의 TV프로는 그저 그래서 나도 억지로 끝까지 보았다.

0740 >> ★ 马上　　mǎshàng

동 곧. 바로. 즉각. 당장.

他一下飞机，就马上给家里人打电话报平安。= 立刻
그는 비행기에서 내리자 마자 곧바로 집으로 전화해서 무사함을 알렸다.

0741 >> 买不着　　mǎibuzháo

동 (시간이 늦어서 또는 물건이 없어서) 살 수 없다. ⇔ 买得着

(1) 这种T恤很热销，市面上几乎买不着。= 买不到
　　이런 티셔츠는 잘 팔려서 시중에서는 거의 살수가 없다.

(2) 节假日车票很紧俏，可能买不着。= 不好买
　　명절 차표는 구하기 힘들어 아마 못살 거야.

0742 >> ☆ 迈上　　màishàng

동 ① 뛰어넘다. 앞지르다.　② 내디디다. 큰 걸음으로 걷다.

他的英语通过了国家六级等级考试，迈上了一个新台阶。= 跨上
그의 영어는 6급 국가 고시를 통과하여 새롭게 한 단계를 올라섰다.

0743 >> ★★ 瞒　　mán

동 속이다. 기만하다. 감추다.

不瞒你说，我有一点失落，有一点伤感。= 隐藏实情
당신에게 감추지 않고 말할게요, 나는 잃은 만큼 슬프답니다.

0744 >> ★ 满　　mǎn

부 매우. 몹시. 아주. = 蛮　　형 온통. 전부. // 满身(온몸 = 浑身)

(1) 他的英语满标准的。= 很
　　그의 영어는 매우 정확하다.

(2) 他人满好的，常帮助别人。= 挺
　　그는 사람이 참 좋아 항상 남을 돕는다.

(3) 他的话满有道理，对我有很大的帮助。= 非常
　　그의 말은 매우 일리가 있어 나에게 큰 도움이 된다.

0745 >>

满不在乎　mǎn bù zàihu

〈成〉전혀 개의치 않는다. 전혀 문제삼지 않는다.

他对工作满不在乎，领导对他很有意见。= 完全不放在心上
그는 업무를 전혀 신경 쓰지 않아 상사는 그에게 불만이 많다.

0746 >>

忙坏了　mánghuàile

몹시 바쁘다.

为她结婚的事，可把父母忙坏了。= 忙极了
그녀는 결혼 문제의 일로 부모님을 매우 바쁘게 만들었다.

0747 >>

忙活　mánghuó

동 바쁘게 일하다. // 干活(일을 하다.)

大年三十晚上，妈妈一个人忙活着给全家人炒菜。= 忙碌
정월 그믐날밤, 어머니는 혼자서 온가족을 위해 요리하느라 바쁘시다.

0748 >> ☆

忙着　mángzhe

부 서둘러서. 바쁘게. 급히.

家里来了很多客人，她忙着倒水沏茶。= 急着
집안에 손님이 많이 와서, 그녀는 바쁘게 물 따르고 차를 탔다.

0749 >> **

盲目　mángmù

형 맹목적이다. // 盲目追随(맹목적으로 추종하다.)

(1) 你盲目行动，只会导致失败。= 无计划
　　당신의 맹목적인 행동은 단지 실패를 가져올 뿐이다.

(2) 我们要有自己的判断力，不能盲目相信别人。= 认识不清
　　우리는 자신의 판단력이 있어야지, 맹목적으로 남을 믿어서는 안 된다.

0750 >> ☆ 毛病 máobìng

명 ① 실수. ② 고장. 결함. ③ 결점. 약점. ④ 병. 질병.

(1) 这台机器太老了，动不动就出毛病。= 故障
이 기계는 너무 낡아서 걸핏하면 고장난다.

(2) 他最近精神不好，工作时总是出毛病。= 工作失误
그는 요즘 정신이 없어서 일할 때 항상 실수를 한다.

(3) 他这人毛病太多，我不喜欢。= 缺点
그는 결점이 많아서 내가 좋아하지 않는다.

0751 >> ☆ 茅台 Máotái

명 마오타이 주. [중국 귀주성(贵州省) 모대진(茅台镇)에서 나는 유명한 술.]

中国茅台在世界上都很有名。= [一种酒]
중국 마오타이 술은 세계에서도 유명하다.

0752 >> 冒牌 mào pái

동 상표를 도용하다[위조하다]. // 冒牌货(위조품)

他买的这块手表是冒牌的，不值那么多钱。= 假名牌
그가 산 이 손목시계는 위조품으로 그렇게 큰 가치가 없다.

0753 >> * 冒险 mào xiǎn

동 위험을 무릅쓰다. 모험하다.

他一个人去南极，简直太冒险了。= 顶着危险做某事
그 사람 혼자 남극에 가는 건 그야말로 큰 모험이다.

0754 >> 贸然 màorán

명 경솔하다. 경망스럽다. // 贸然提问(경솔하게 질문하다.)

贸然来访，请不要见怪！= 轻率地
경솔하게 찾아온 점 탓하지 마세요.

0755 >> ☆ **没吃什么东西**   méi chī shénme dōngxi

〈口〉먹은 게 별로 없다.

他已经一天没吃什么东西了，饿坏了。 ＝ 吃了一点
그는 이미 하루종일 아무것도 먹지 않아, 배고파 죽을 지경이다.

0756 >> **没底**   méi dǐ

동 ① 자신이 없다. ② 속셈이 없다. ③ (특별한)작정이 없다.

(1) 这次考试我没有认真复习，心里没底。 ＝ 没把握
　　이번 시험은 내가 열심히 복습하지 않아서 내심 자신이 없다.

(2) 虽然答应做这事，可他心里一点没底。 ＝ 心里没数
　　비록 이일에 승낙을 했으나, 그는 속으로 하나도 자신이 없다.

(3) 看她惊慌的表情，就知道她心里没底。 ＝ 没有主意
　　그녀의 놀라는 표정을 보고, 그녀가 속으로는 자신이 없다는 것을 알았다.

0757 >> ＊ **没劲**   méi jìn

동 ① 흥미가 없다. 재미가 없다. ② 힘[기운]이 없다.

(1) 这次旅行的地方我都去过，觉得没劲。 ＝ 没意思
　　이번 여행지는 내가 다 가본 적이 있어 재미가 없다.

(2) 这个老师上课总讲些没劲的东西，乏味极了。 ＝ 没趣味
　　이 선생님의 수업은 언제나 재미없는 내용들이라 지겨워 죽겠다.

0758 >> ＊ **没门儿**   méi ménr

동 ① 불가능하다. ② 어림도 없다. 국물도 없다. ③ 가망[방법]이 없다.

(1) 想从我这借钱，没门儿。 ＝ 不行
　　나한테 돈을 빌리려고, 어림도 없어.

(2) 他想考上北京大学，我看没门儿。 ＝ 没希望
　　그는 北京大学교에 합격하고자 하는데 내가 보기엔 어림도 없어.

(3) 他想自己独吞大家的功劳，没门儿。 ＝ 想得美 ＝ [表示不同意]
　　그는 자기가 모두들의 공로를 독차지하려는데 어림없지.

④ 这次考试很难，不复习就想及格，没门儿! ＝ 不可能
　　이번 시험은 매우 어려워 복습도 하지 않고 합격하려는 건 말도 안 된다.

0759 >> ☆ 没趣儿　méiqùr

(영) ① 무안하다. 난처하다.　② 재미없다. = 没趣

(1) 这部电影真没趣儿。= 没意思
　　이 영화는 정말 재미 없다.

(2) 联欢会上, 没有人和他说话, 他觉得很没趣。= 没劲
　　환영회 석상에서, 아무도 그와 말을 하지 않아 그는 힘이 빠졌다.

(3) 在众人面前被妻子骂了一遍, 他觉得特没趣儿。= 没有面子
　　사람들 앞에서 부인에게 욕을 한판 듣고서, 그는 특이나 무안했다.

0760 >> ☆ 没什么　méi shénme

〈口〉아무 것도 아니다. 상관없다. 괜찮다.

好朋友之间有点误会, 没什么。= 没关系
친한 친구사이에 오해가 좀 있기로서니 별 상관없어.

0761 >> ☆ 没什么比它再贵的　méi shénme bǐ tā zài guì de

〈口〉그것보다 더 비싼 것은 없다. ▶ 贵(비싸다. 귀중하다.)

这颗红宝石价值连城, 整个珠宝店没什么比它再贵的了。= 极贵
이 루비는 가치가 엄청나서 전체 보석상 안에 그 보다 더 비싼 것이 없다.

0762 >> ☆ 没什么问题　méi shénme wèntí

〈口〉아무 문제가 없다.

我一个人完成这项任务, 没什么问题。= 没有困难
나 혼자서 이 임무를 완수하는데는 아무런 문제가 없다.

0763 >> ★ 没事儿　méi shìr

〈口〉(동) 상관없다. 책임 없다. 괜찮다. = 没事

(1) 医生检查之后说爷爷没事了。= 没有问题
　　의사는 검진을 마치고 할아버지가 괜찮다고 말했다.

(2) 大家解释清楚就没事了, 谁也不要计较了。= 没有责任
　　모두들 확실히 설명하면 괜찮아, 누구도 따지려 들지 않을 꺼야.

0764 >> * 没事儿人   méishìrrén

명 관계없는 사람. 제3자. = 没事人

(1) 大家都很着急，他却像个没事儿人似的。 = 与他无关
다들 조급한데 그는 아무런 상관없는 사람 같아.

(2) 明明是他把杯子打碎了，却装出一副没事儿人似的样子。 = 与他无关
분명히 그가 잔을 부셔놓고는 아무 상관없는 사람인척 하고 있다.

0765 >> ** 没说的   méi shuō de

〈口〉 ① 말 할 나위가 없다. 문제가 안 된다. 별것 아니다. ② 나무랄 데 없다.

(1) 他的英语真是没说的。 = 非常好
그의 영어는 정말 말할 나위 없이 잘한다.

(2) 她曾是专业模特儿，身材没说的。 = 非常好
그녀는 한때 프로 모델이었는데 몸매야 말할 나위없이 훌륭하다.

(3) 要借钱？ 没说的，一句话！ = 没有问题
돈 빌리려고? 문제없어 말만해!

0766 >> ☆ 没完没了的   méi wán méi liǎo de

〈成〉 한도 끝도 없다.

奶奶说起自己年轻时的事就没完没了的。 = 没有完
할머니는 자신의 젊었을 때 일을 이야기 했다하면 한도 끝도 없다.

0767 >> 没问题   méi wèntí

동 문제없다.

他能力很强，肯定没问题。 = 没有困难
그는 능력이 뛰어나니, 틀림없이 아무 문제없을 것이다.

0768 >> 没戏   méi xì

명 ① 가망[희망]이 없다. ② 재미없다. 시시하다.

这个女人本来已经没戏唱了，现在倒好，生了一个儿子。 = 不会成功
이 여자는 원래 이미 볼장 다 봤었는데, 지금은 오히려 좋아져서 아들을 낳았다.

0769 >>

没样儿   méiyàngr

동 ① 버릇이 없다. ② 체면이 말이 아니다.

这孩子被父母宠得没样儿了。 = 没规矩
이 아이는 부모에게 귀염받으며 버릇없게 되었다.

0770 >>

没怎么睡觉   méi zěnme shuìjiào

별로 잠을 못잤다.

为了写完这篇稿子，他一晚上几乎没怎么睡觉。 = 睡觉睡得很少
이 원고를 다 쓰기 위해서, 그는 저녁내내 거의 별로 잠을 못 잤다.

0771 >>

* 没辙   méi zhé

〈口〉 방법이 없다. 어찌할 수 없다. = 没办法

我真拿这种不讲理的人没辙。
나는 정말 이런 도리도 없는 사람에게는 어찌할 수가 없다.

0772 >>

没治(儿)   méizhì(r)

〈口〉 동 어쩔 도리가 없다. ② 대단히 좋다[훌륭하다]. ③ 치료할 수 없다.

(1) 这病没治了。 = 没办法
　　이 병은 치료할 수가 없다.

(2) 他英语说得简直没治。 = 非常好
　　그는 영어를 그야말로 훌륭히 구사한다.

(3) 这孩子品质太坏，简直没治了。 = 没办法教好
　　이 아이의 품행이 너무 나빠서 정말 어쩔 도리가 없다.

(4) 他写的字简直没治了，漂亮极了！ = 非常好
　　그가 쓴 글씨는 그야말로 훌륭하여, 정말 아름답다.

0773 >> 没准儿   méi zhǔnr

(형) 확실하지 않다. 불분명하다. = 说不定 = 未必 = 不一定   (부) 아마도. 혹시.

(1) 能不能考上大学，她心里没准。 = 没希望
대학에 합격할 수 있을지 그녀의 마음은 확신이 없다.

(2) 到底怎么考试现在还没准。 = 没把握
도대체 어떻게 시험을 쳐야 할지 지금은 아직 자신이 없다.

(3) 他今天没准儿找朋友出去玩了。 = 可能
그는 오늘 아마도 친구를 찾아 놀러 나갔을 것이다.

(4) 你别急， 没准明天他就回来了。 = 也许
조급해 하지마， 혹시 내일 그가 돌아올지 모르잖아.

0774 >> ☆ 每逢   měiféng

(동) …할 때마다. …때가 되면.

每逢中秋节， 他都要回家和父母团聚。 = 每次遇到
추석 때가 되면, 그는 매년 집으로 놀아가 부모님과 한자리에 보인다.

0775 >> ☆ 美   měi

(형) ① 득의 만만하다. 의기양양하다.   ② 훌륭하다. 좋다. 만족하다.   ③ 맛있다.   ④ 아름답다. 예쁘다. = 漂亮

(1) 他快要结婚了， 每天美得不得了。 = 甜蜜
그는 곧 결혼을 할거라서, 매일 행복하기 그지없다.

(2) 老师夸了他几句， 他就美得不得了。 = 得意
선생님이 그를 몇 마디 칭찬하자, 그는 매우 득의 만만해졌다.

0776 >> ☆ 美美   měiměi(de)

(부) 실컷. 한껏. 충분히. 깨끗하게

考完试后， 我要美美睡上一觉。 = 痛快地
시험을 다 치고 난 후, 나는 실컷 잠을 자고 싶다.

0777 >> ★ 门　mén

⟨양⟩ ⟨수사 + 门 + 명사⟩ 과목. 가지. (기술이나 과목을 세는 단위)

生物科学是一门新兴学科。 = 种
생물 과학은 하나의 신흥 학과이다.

0778 >> 门道　méndao

⟨口⟩ ⟨명⟩ 방법. 비결. = 诀窍 = 窍门

(1) 外行看热闹，内行看门道。 = 解决问题的途径
　　문외한은 구경만 하고, 전문가는 비결을 본다.

(2) 他经常看别人下棋，时间久了，也看出点门道来了。 = 解决问题的途径
　　그는 항상 다른 사람이 바둑을 두는걸 보는데, 워낙 오래 되니, 어느 정도 방법을 터득했다.

0779 >> ★★ 蒙　mēng

⟨동⟩ 속이다. 기만하다. ▶ 蒙 méng (덮다. 가리다.)

别以为他是小孩子，就可以蒙他。 = 欺骗
그가 어린아이라고 속일 수 있다고는 여기지 마라.

0780 >> 蒙对　mēng duì

⟨동⟩ 맞게 추측하다.

(1) 这次考试，我蒙对了好几道题。 = 猜出来
　　이번 시험에서 나는 많은 문제를 추측해서 맞혔다.

(2) 哇，你真厉害，一下子就给你蒙对了。 = 猜对
　　와, 당신 진짜 대단하네요, 단번에 당신에게 들켰어요.

0781 >> ☆ 秘密　mìmì

⟨명⟩ ⟨형⟩ 비밀(의). 비밀스럽다. // 秘密文件(비밀문서) // 秘密会议(비밀회의)

(1) 情报人员要懂得保守国家的秘密。 = 不公开的事情
　　정보 요원은 국가의 비밀을 지킬 줄 알아야 한다.

(2) 这是一次秘密行动，不能泄露一点风声。 = 不公开的
　　이번의 비밀 행동은 조금도 새어 나가서는 안 된다.

0782 >> ** 免得　miǎnde

🔵섭 …하지 않도록. = 省得 = 以免

你出门在外要常给家里打电话，免得大家担心你。 = 避免 = 不要使
너는 집을 떠나 멀리 있으면 자주 집으로 전화해라, 모두들 너를 걱정하지 않도록.

0783 >> ** 勉强　miǎnqiǎng

🔵동 끼워 맞추다. 아쉬운 대로 쓰다.　🔵명 억지.　🔵형 마지못해 하다. 내키지 않다.
🔵부 억지로. 가까스로. // 勉强赚够了(가까스로 넉넉하게 번 셈이다.)

(1) 这次考试勉强及格，真是太危险了。 = 凑合 = 刚刚
　　이번 시험은 가까스로 합격했어, 정말 위험했다.

(2) 这些收入勉强够你一年的学费了。 = 差不多
　　이 수입으로 아쉬운 데로 너의 일년 학비를 맞추게 되겠다.

(3) 婚姻大事要认真对待，不能有半点勉强。 = [基本上达到标准]
　　혼인지대사는 진지하게 처리해야 하며 조금도 억지가 있어서는 안 되다

0784 >> 免收　miǎn shōu

🔵동 (돈·학비 등을) 받는 것을 면제해 주다. // 免费(무료로 하다.)

学校决定，免收贫困生一半学费。 = 不收
학교는 빈곤한 학생의 학비 절반을 면제해 주기로 결정했다.

0785 >> ** 面试　miànshì

🔵명 면접시험.　▶ 笔式(필기시험)　▶ 口试(구두시험. 구술시험)

(1) 公务员的应聘除了笔试外，还有面试。 = 考试
　　공무원에 응시하면 필기시험 외에도 면접 시험이 있다.

(2) 研究生录取工作最后一道程序是面试。 = 当面口试
　　대학원생 선발작업의 마지막 과정은 면접 시험이다.

0786 >>

面子　miànzi

명 ① 정의. 정분.　② 면목. 체면. 얼굴.　③ 표면. 외관.

(1) 你就是死要面子活受罪。 = 虚荣
　　하여튼 너는 죽어라 체면만 차리면 살아서 죄 받는다.

(2) 看在你爸爸的面子上，今天我先饶了你。 = 情分
　　당신 아버지 체면을 보아서 오늘은 내가 일단 너를 봐주마.

0787 >>

妙龄　miàolíng

명 (젊은 여자의) 묘령. 꽃다운 나이.

像她这样的妙龄女子，一定有不少追求者。 = 女子的青春时期
그녀와 같은 묘령의 어자는 틀림없이 쫓아다니는 사람이 많을 거야.

0788 >>

敏捷　mǐnjié

명 민첩하다. 재빠르다.

他性格活跃，动作敏捷，简直不像是六十岁的老人。 = 灵活
그는 성격이 활달하고 동작이 민첩한 게 전혀 60세의 노인 같지 않다.

0789 >>

名目　míngmù

명 ① (사물의) 명칭. // 巧立名目(교묘하게 명목을 붙이다[구실을 만들다].)　② 구실. 이유.

(1) 中医药学中的名目很多，需要认真记忆。 = 事物名称
　　한의학 속의 명칭이 매우 많아 잘 기억해야 한다.

(2) 他这是巧立名目，榨老百姓的钱。 = 名堂 = 虚假的理由
　　그는 이렇게 갖가지 구실을 붙여서 백성들의 돈을 착취한다.

0790 >>

名堂　míngtang

명 ① 성과. 결과. // 没争论出个名堂(논의했지만 이렇다할 결론을 내지 못했다.)　② 이유. 내용.　③ 꿍꿍이. 수작

这项实验他搞了两年了，也没搞出什么名堂。 = 结果
이 실험을 그는 2년 동안 해왔지만 아무런 결과도 얻지 못했다.

0791 >>

明朗　mínglǎng

형 ① 분명하다. 뚜렷하다. = 鲜明　② (성격이) 명랑하다. 밝다.

(1) 事情渐渐明朗化了。 = 清楚
사정이 점점 분명해 지고 있다.

(2) 这场比赛的胜负是很明朗的。 = 明显
이 경기의 승패는 분명하다.

0792 >>

** 明明　míngmíng

부 분명히. 명백히.

(1) 他明明没去过哪儿，为什么说自己去过？ = 明白
그는 분명히 어디에도 간 적이 없는데 왜 자기가 갔었다고 말하지?

(2) 我明明把眼镜放在桌子上了，怎么找不到了。 = 显然
나는 분명히 안경을 탁자 위에 놓았는데, 어째서 찾을 수가 없지.

(3) 这个骑白行车的不讲道理，明明他撞了人家，还怪人家没有躲开。 - 显然
이 자전거를 타는 사람은 정말 도리도 모른다, 분명히 그가 다른 사람을 치어놓고 사람이 피하지 않았다고 탓하다니.

0793 >>

☆ 摸门儿　mō ménr

〈口〉 동 요령을 파악하다. 비결을 터득하다.

这种事咱们一点儿也不摸门儿，谁知道该怎么着？ = 了解熟悉
이 일은 우리가 조금도 요령을 파악하지 못했다, 어떻게 해야 할지 누가 알겠는가?

0794 >>

** 陌生　mòshēng

형 생소하다. 낯설다. = 生疏 ⇔ 熟悉

他独自来到一个陌生的地方，感到很孤独。 = 生疏
그는 혼자 낯선 곳에 와서 매우 고독하다.

0795 >> * **莫名其妙**　　mò míng qí miào

〈成〉무슨 영문인지 알 수 없다. = 搞不清楚

📘 〈莫名其妙地 + 동사〉영문도 모르고. 이유도 없이.

(1) 没有人惹他，他就生气了，真让人莫名其妙。 = 让人奇怪
아무도 그를 건들지 않았는데 그가 이렇게 화를 내니 정말 영문을 모르겠어.

(2) 这些青年画家的作品让大家莫名其妙。 = 使人不明白
이 젊은 화가들의 작품은 모두를 어리둥절하게 했다.

0796 >> ☆ **木**　　mù

📗 ① 무감각하다. 흐리멍덩하다.　② 저리다. 마비되다.　📘 나무.

(1) 这孩子总是一副木木的表情。 = 呆 = 迟钝 = 没有灵气
이 아이는 항상 멍청한 표정이다.

(2) 做了整整一个小时数学题，我脑子都有了点儿木了。 = 反应慢
꼬박 1시간을 수학문제를 풀고 나니, 나의 머리가 좀 멍해 졌다.

0797 >> **木头人**　　mùtóurén

📘 목석 같은 사람. (연애감정을 별로 못 느끼는 남자를 말함.)

(1) 你是木头人啊，听见人敲门都不动一动。 = 没有生命的人。
그는 목석 같은 사람이라서, 노크하는 소리를 듣고도 꼼짝하지 않는다.

(2) 女朋友对他这么好，他却无知无觉，真是个木头人。 = 感情麻木的人
여자친구가 그에게 이렇게도 잘해 주는데, 그는 아무것도 느끼지 못하니, 정말 목석 같은 사람이야.

0798 >> * **目前**　　mùqián

📘 지금. 현재.

(1) 到目前为止，还没有他确切的消息。 = 现在
지금까지도 아직 그의 확실한 소식이 없다.

(2) 目前我主要的任务是学习，谈论其他事还太早。 = 眼下
지금 나의 주 임무는 공부이니 다른 것을 의논하기에는 아직 이릅니다

0799 >> * 拿　ná

(동) ① 받다. 타다.　② 가지다. 들다.　③ 잡다. 쥐다.

(1) 这次演讲比赛，他拿了第一名。= 获得
　　이번 웅변대회에서 그는 1등을 했다.

(2) 这个竞争激烈的项目让我们公司给拿下了。= 得
　　경쟁이 치열했던 이 사업을 우리회사가 따냈다.

0800 >> 拿不出手　nábuchū shǒu

〈口〉(동) 꺼내놓기가 미안하다. (물건이 좋지 않거나 돈이 적어서) 내놓을 수 없다. ⇔ 拿得
　　　　出手(선뜻 내놓다.)

(1) 朋友结婚，你才出这么点钱，太拿不出手了。= 太小气
　　친구 결혼인데, 넌 겨우 이 정도 돈을 내서야 너무 쩨쩨하다.

(2) 请收下吧! 只是些拿不出手的东西。= 不好意思
　　받으세요! 다만 보잘 것 없는 것들입니다.

(3) 妈，算了吧，这些东西根本拿不出手。= 东西不好
　　엄마, 됐어요, 이 물건들은 아예 좋지 않아요.

(4) 就这么多? 送给十几年老朋友的千金，也太拿不出手了吧。= 钱太少
　　겨우 이거 밖에 안 돼? 십여 년의 오랜 친구의 딸에게 보내는데 너무 적지 않겠어.

0801 >> 拿手菜　náshǒu cài

(명) 가장 자신 있게 하는 요리. = 做得最好的菜 // 他做网页很拿手。(그는 홈페이지
　　제작에 일가견이 있다.)

妈妈的拿手菜是麻婆豆腐。= 最擅长做的菜
어머님이 제일 잘하는 요리는 마파두부입니다.

0802 >>

拿手戏　　náshǒuxì

📛 〈成〉뛰어난 장기. 가장 잘하는 연기. = 拿手好戏 = 惯用的伎俩

一不高兴就掉眼泪，这可是她的拿手戏。= 擅长的节目
기분 나빴다 하면 바로 눈물을 흘리는데, 이건 정말 그녀의 장기다.

0803 >>

拿主意　　ná zhǔyi

📗 마음을 정하다. 결정을 하다.

婚姻大事要靠你自己拿主意。= 作出决定
혼인지 대사는 당신 스스로의 결정에 달려있습니다.

0804 >>

哪儿买不是买　　nǎr mǎi bú shì mǎi

〈口〉 어디에서 사더라도 다 마찬가지다.

这种邮票是统一发行，在哪儿买不是买，就在近处买吧。= 在哪儿买都一样
이런 우표는 일괄적으로 발행된 것이라, 어디에서 사든지 마찬가지니, 가까운 곳에서 사세요.

0805 >>　*

哪怕　　nǎpà

📘 설사 …일지라도. = 就算

只要能成功，哪怕受再大的委屈都值得。= 即使
성공할 수만 있다면, 설사 아무리 큰 억울함을 당하더라도 가치 있다.

0806 >>　*

内行　　nèiháng

📛 전문가.　📙 전문이다. 정통하다. 숙련되다. 노련하다. ⇔ 外行

(1) 他在计算机方面是个内行。= 对某项专业很精通
　　그는 컴퓨터 방면에는 전문가입니다.

(2) 叔叔可是内行，你请教他就行了。= 有丰富经验，知识的人
　　아저씨야말로 전문가이니 당신은 그에게 지도를 받으면 됩니다.

0807 >> 耐不住　nàibuzhù

동 참을 수 없다. 견딜 수 없다. =忍不住

(1) 我哪是那种耐不住寂寞的人啊？ = 忍受不住
　　내가 어디 그런 적막함을 견딜 수 없는 사람이겠나?

(2) 大家都耐不住冷回屋了，只有他一个人还在外面锻炼。 = 忍受不住
　　모두 다 추위를 견딜 수 없어 방으로 돌아왔는데, 단지 그 혼자만이 아직 밖에서 체력 단련을 하고 있다.

0808 >> 耐火　nàihuǒ

형 불에 강하다. 내화성이 있다.

(1) 这种材料很耐火，做绝缘材料正合适。 = 不怕火烧
　　이런 재료는 내화성이 강해서, 절연재료로 쓰기에 딱 적합하다.

(2) 以后造房一定要选择耐火的材料，可以大大减少火灾的发生。 = 耐燃材料
　　앞으로는 집을 짓는데는 반드시 내연성이 있는 재료를 선택해야 화재 발생을 크게 줄일 수 있다.

0809 >> ★ 难　nán

형 ① 곤란하다. 힘들다. 난처하게 만들다. ② 어렵다.

(1) 这道题简直把我难坏了。 = 为难
　　이 문제는 정말 나를 곤란하게 했다.

(2) 只要团结一致，什么都难不倒我们。 = 为难
　　일치 단결만 한다면 어떠한 것도 우리를 곤란하게 하지 못한다.

0810 >> ** 难得　nándé

부 모처럼 만에[드물게] …하다. = 不容易遇到 = 不常常发生　형 얻기 어렵다.

(1) 他难得回家一趟，还不多住几天。 = 很少
　　그는 모처럼 집에 돌아와서는 며칠 더 머물지 못했다.

(2) 你难得来我家，就多坐一会儿吧！ = 很难抽空
　　당신은 우리 집에 모처럼 왔는데, 좀 더 노세요!

(3) 和你这样的大忙人见一次面，真是太难得了。 = 不常常遇到 = 机会少
　　당신 같은 이런 바쁜 사람과 한번 만나기는 정말 어렵다.

0811 >>

****难怪** nánguài

부 과연. 어쩐지.　형 이상할 것도 없다.

难怪你认不出他了，他变化太大了。= 怪不得
어쩐지 당신이 그를 알아보지 못한다 했더니, 그의 변화가 너무 컸군요.

0812 >>

***难堪** nánkān

형 ① 난처하다. 거북하다. 입장이 곤란하다　② 참기 어렵다. 감내하기 힘들다.

(1) 他故意找我的麻烦，让我难堪。= 为难 = 出丑 = 丢脸
그는 고의로 내게 골칫거리를 만들어서 나를 곤란하게 한다.

(2) 你在朋友面前这样说我，真令人难堪。= 难为情
당신이 친구 앞에서 이렇게 나를 취급하다니 정말 사람을 입장 난처하게 했다.

0813 >>

***难免** nánmiǎn

형 …을 면하기 어렵다. …하는 것을 피할 수 없다. 불가피하다.

(1) 这么宏大的项目，出一点错也是难免的。= 免不了
이렇게 방대한 사업도 조그만 실수가 있기마련이다.

(2) 回到故乡，去探望一下亲朋好友是难免的。= 不能避免 = 必要的
고향에 돌아 왔는데 친한 친구를 방문하러 가지 않을 수야 있나.

0814 >>

☆难听 nántīng

형 ① 귀에 거슬리다. 듣기 싫다. ⇔ 好听　② 체면이 안 서다. 망신스럽다.

他这个人没有什么教养，说话很难听。= 不文明
그 사람은 무슨 교양도 없고 말하는 것도 매우 귀에 거슬린다.

0815 >>

难为情 nánwéiqíng

형 ① 부끄럽다. 송구스럽다. 겸연쩍다. = 不好意思　② 난처하다. 거북하다.

(1) 做这种你不觉得难为情吗？= 丢脸 = 羞耻
이렇게 하는 게 너는 부끄럽지도 않니?

(2) 第一次和陌生人单独在一起，她觉得有点难为情。= 羞涩
처음으로 혼자 낯선 사람과 함께 해서 그녀는 좀 부끄러워 어색했다.

0816 >> ** 难以　nányǐ

> 형 …하기 어렵다. = 难于 // 难以理解(이해하기 어렵다.)

我难以相信他离家出去这个事实。= 很难
나는 그가 가출한 사실을 믿기가 어렵다.

0817 >> 难兄难弟　nànxiōngnàndì

〈成〉① 생사고락을 함께 한 사람. ② 서로 똑같은 곤경에 처해 있는 사람.

◀ 难兄难弟 nànxiōngnándì (난형난제. 막상막하이다.)

(1) 我们俩原来是一个连队的，是真正的难兄难弟。= 曾共患难
　　우리 둘은 원래 한 연대소속이여서, 진정으로 생사고락을 함께 한 사람이다.

(2) 咱们俩如今是一对难兄难弟，谁也不比谁好多少。= 彼此处于同样困境的人
　　우리 둘은 지금 같은 곤경에 처했으니, 누구가 누구보다 나을 것이 없다.

(3) 这么多年我们这对难兄难弟一直保持着亲密的关系。= 有福共享，有难同当
　　이렇게 오랜 세월동안 우리는 생사고락을 함께 한사람으로서 줄곧 진밀한 관세를 유지하고 있다.

0818 >> ☆ 闹　nào

> 동 ① 소란을 피우다. 시끄럽다. 떠들썩하다. ② (질병. 재해 등 나쁜 일이) 발생하다. 일어나다. // 闹矛盾(의견이 충돌하다.) ③ (감정을) 드러내다. 발산하다. (불평을) 늘어 놓다. ④ 논쟁하다. ⑤ 뒤얽히다. ⑥ (열성적으로)…을 하다.=弄

(1) 我们俩闹矛盾很多天了。= 产生
　　우리 둘이 불화가 생긴지는 매우 오래 되었다.

(2) 这孩子很乖，一点儿也不闹。= 扰乱
　　이 아이는 매우 착해서 조금도 애먹이지 않는다.

(3) 为了搬家的事，家里闹腾了好久。= 忙乱
　　이사하는 것 때문에 집안은 오랫동안 엉망진창 이였다.

(4) 他们夫妻俩三天一小闹，五天一大闹。= 吵架
　　그 부부 둘은 사흘이 멀다하고 싸운다.

(5) 闹了半天，原来是这么回事。= 原来是这个样子 = 刚刚弄明白

한참을 시끄럽게 굴었는데 알고 봤더니 이렇게 된 거였군.

(6) 最近她和父母闹情绪了，不和父母说话。 = 发泄
최근 그녀와 부모님은 감정이 상하여, 부모님과는 말하지 않는다.

(7) 他由于不懂生产常识，闹出了不少笑话。 = 发生
그는 출산 상식을 알지 못하여서, 적지 않은 우스갯거리를 만들어 냈다.

(8) 这孩子闹了我老半天了，你快把他带走吧。 = 纠缠
이 아이가 온종일 나를 애먹였어요. 당신은 어서 그를 데리고 가세요.

(9) 他俩不是过得好好的吗？怎么又要闹离婚呢？ = 吵闹
그들 둘이 잘 지내지 않았니? 어째 또 이혼하겠다고 난리야?

⑽ 这道题花了我一个晚上的时间，总算闹明白了。 = 搞
이 문제는 내 저녁시간을 다 쓰고서야 겨우 확실히 알게 됐다.

⑾ 王明刚来的时候什么都不懂，闹了不少笑话。 = 惹出
王明이 막 왔을 땐 아무것도 몰라서 적지 않은 웃음거리를 만들어 냈다.

⑿ 为丢东西的事大家闹了半天，原来是他自己放错了地方。 = 争论
물건을 잃어버린 일 때문에 모두들 한참을 소란 피웠는데, 알고 보니 그 사람 자신이 엉뚱한 곳에 놓아둔 것이었다.

⒀ 你别把我逼急了，我把你的事情闹出去后，你也没好处！ = 释放出来
당신은 나를 재촉하지 마세요, 내가 당신의 일을 드러내면 당신도 좋을 것 없습니다.

0819 >> * 闹别扭　nào bièniu

⑧ 사이가 틀어지다. 의견 충돌이 생기다. ☞ 别扭

他和女朋友闹别扭了，最近心情不好。 = 产生矛盾
그는 여자 친구와 사이가 틀어져서 요즘 마음이 좋지 않습니다.

0820 >> ** 闹个大笑话　nào ge dà xiàohua

〈口〉웃음거리가 되다. 웃음거리가 되는 짓을 하다.

他误会了我们的意思，闹了个大笑话。 = 做可笑的事
그는 우리들의 뜻을 오해해서 웃음거리가 되는 일을 했다.

0821 >>

** 闹着玩儿　　nào zhe wánr

동 ① 장난하다.　② (말이나 행동으로) 희롱하다. 농담하다.

小孩子玩火可不是闹着玩儿的，很危险。 = 开玩笑
어린아이가 불장난하는 것은 절대로 장난이 아니고, 매우 위험하다.

0822 >>

** 嫩　　nèn

형 ① (경험이) 적다. 미숙하다.　② 여리다. 부드럽다. (색깔이나 음식이) 연하다.

(1) 这姑娘长得多嫩啊！ = 年轻娇嫩
　　이 아가씨는 얼마나 가냘프게 생겼는지!

(2) 他这么年轻就当项目经理还嫩了点儿。 = 不老练
　　그는 이렇게 젊은데 부서 책임자가 되어 아직 좀 미숙하다.

0823 >>

能歌善舞　　néng gē shàn wǔ

〈成〉 가무를 모두 잘하다. 노래도 잘하고 춤도 잘 춘다.

我们班的文体委员是个能歌善舞的文艺天才。 = 歌儿唱得好，舞也跳得好
우리 반의 문화, 체육 위원은 가무에 능한 문예천재이다.

0824 >>

☆ 能力　　nénglì

명 능력. 역량.

他能有今天的成功，全靠自己的能力。 = 本事
그가 오늘의 성공이 있을 수 있었던 것은 모두 자신의 능력에 의해서다.

0825 >>

能耐　　néngnai

명 재능. 솜씨. 수완.　◀ 能耐 néngnài (인내하다. 감내하다.)

你有什么能耐使出来让大家瞧瞧。 = 才能
당신이 무슨 재능이 있으면 모두에게 내 보여 보아라.

0826 >> * 能手 néngshǒu

명 재주꾼. 명인. 명수. = 好手 = 高手

(1) 他是个业务能手，没有他不胜任的工作。 = 能人
그는 업무에 재주가 있는 사람이라서, 그가 능히 감당하지 못할 일이 없다.

(2) 干家务方面他是个能手，一点也不比妻子差。 = 很能干
집안일 쪽으로 그는 재주가 있어서 조금도 부인보다 뒤쳐지지 않는다.

0827 >> 你一句，我一句 nǐ yī jù, wǒ yī jù

〈口〉 저마다 한마디씩 하다.

大家你一句，我一句，说到最后也没有想出一个好法子来。 = 这个说一句，那个说一句
모두들 저마다 한마디씩 해가며 마지막까지 토론했지만 좋은 방법을 생각해 내지 못했다.

0828 >> 你一言，我一语 nǐ yī yán, wǒ yī yǔ

〈口〉 저마다 한마디씩 하다.

大会上，代表们你一言，我一语讨论得很激烈。 = 这个说一句，那个说一句
대회에서 대표들이 저마다 한마디씩 하며 매우 격렬하게 토론했다.

0829 >> 腻味 nìwei

형 짜증이 나다. 지긋지긋하다. 아주 귀찮다.

她很爱唠叨，她身边的人没有不腻味她的。 = 厌烦
그녀는 수다 떨기를 모두 좋아해서 그녀 곁의 사람들은 그녀를 싫어하지 않는 사람이 없다.

0830 >> 年纪一大把 niánjì yī dà bǎ

〈口〉 연세가 많다. 나이가 지긋하다.

爷爷年纪一大把了，可爬起山来像个小伙子。 = 年纪大
할아버지는 연세가 많으시지만, 등산하시면 젊은이 같다.

0831 >> * **年头** niántóu

명 해. 년. = 年头儿

现在这年头，谁有能力谁就能挣大钱。 = 年代
지금 이 해에는 능력이 있는 사람이면 누구나 큰 돈을 벌 수 있다.

0832 >> * **宁愿** nìngyuàn

부 〈宁愿……也不[也要/决不]……〉 차라리 …할지언정 (결단코…하지 않겠다).

(1) 他宁愿呆在家里，也不希望出去玩。 = 情愿
　　그는 차라리 집안에 있을지언정 밖에 나가서 놀기를 원하지는 않는다.

(2) 妈妈宁愿自己辛苦，也不肯让孩子受一点点委屈。 = 宁可
　　어머니는 차라리 자신이 고생하지 아이는 조금도 기죽게 하려하지 않는다.

0833 >> **牛** niú

형 ①대단하다. 능력이 훌륭하다. ② 고집이 세다.

这小子可真牛，复习了一星期，就考了全班第一名。 = 厉害 = 本领高
이 녀석 정말 능력이 대단해요, 일주일 공부하고서는 반에서 일등을 했어요.

0834 >> ☆ **牛郎织女** niúláng zhīnǚ

명 ① (직장의 문제로) 장기간 떨어져 사는 부부. ② 견우와 직녀.

他们夫妇因工作关系住在两个城市，过着牛郎织女的生活。 = 在两地分居生活的夫妇
그들 부부는 일 관계로 두 곳의 도시에 살면서 견우와 직녀처럼 떨어져서 생활하고 있다.

0835 >> ☆ **牛脾气** niúpíqi

명 고집불통. 황소고집.

你快去劝劝他吧，他的牛脾气又上来了。 = 倔强执拗的脾气
당신이 빨리 가서 그를 설득해 보세요, 그의 고집불통이 또 터져 나왔어요.

0836 >> ☆ 弄　nòng

동 ① 하다. 행하다. 만들다. = 做　② 손으로 가지고 놀다. // 弄坏(망가지다.)　③ (어떻게든) 손에 넣다. 장만하다. ↓

(1) 他把收音机弄坏了。 = 搞
　　그는 라디오를 망가뜨렸다.

(2) 她穿着雨鞋进屋，把地板都弄脏了。 = 踩
　　그녀가 장화를 신은 채로 방에 들어와서 바닥을 모두를 더럽혔다.

(3) 你这是成心作弄我。 = 耍 = 开……的玩笑
　　당신 이건 고의로 나를 가지고 노는 거죠.

0837 >> 弄点儿　nòng diǎnr

동 좀 장만하다. ☞ 弄 ③ ↑

我们一天没吃东西了，快弄点儿吃的吧。 = 想办法搞点儿
우리 하루종일 아무것도 못 먹어요, 어서 먹을 것 좀 만들어 주세요.

0838 >> 女婿　nǚxu

명 ① 사위.　② 남편.

他的女婿是一名医生。 − 女儿的丈夫
그의 사위는 의사이다.

시험에 꼭 나오는 HSK 단어 · 숙어

0839>> ** 偶尔　ǒu'ěr

부 이따금. 때때로. 가끔.

(1) 她偶尔陪母亲逛逛公园。 = 有时候
　　그녀는 이따금 어머님과 함께 공원을 산책한다.

(2) 十几年来，她偶尔才回家一次。 = 难得
　　십여 년 동안 ,그녀는 가끔 한번씩만 집에 올뿐이다.

0840 >>　** 偶然　ǒurán

🔵형 우연하다. 우연스럽다. // 偶然的机会(우연한 기회)　🔵부 이따금. 가끔씩.

(1) 他们队获胜，完全是偶然。 = 意外
　　그들 팀이 이긴 건 완전히 우연이다.

(2) 他通过一次偶然的机会认识了现在的妻子。 = 不经意，未准备的
　　그는 우연한 기회로 지금의 부인을 알게 되었다.

시험에 꼭 나오는 HSK 단어 · 숙어

0841 >>　* 怕　pà

🔵동 ① …에 약하다.　② 염려하다. 걱정이 되다.　🔵부 아마…일 것이다.

(1) 我怕冷，冬天穿很厚的衣服。 = 受不了
　　나는 추위에 약해서 겨울에 두터운 옷을 입는다.

(2) 我怕你不知道，专程来通知你一趟。 = 担心
　　나는 네가 모를까봐 걱정이 되어, 특별히 너한테 알려 주려고 왔다.

(3) 这件事太离谱了，怕是他和咱们开玩笑吧。 = 也许 = 恐怕
　　이 일은 너무 얼토당토않아, 아마 그가 우리에게 농담한걸 거야.

0842 >>　* 拍　pāi

🔵동 ① (전보를) 치다. 보내다. // 拍发(전보를 보내다.)　② (손바닥으로) 치다.　③ 촬영하다.

他一到达目的地，就给家里拍一封电报报平安。 =发
그는 목적지에 도착하자마자 집으로 무사하다는 전보 한 통을 쳤다.

0843 >> ☆ 跑 **pǎo**

동 ① (어떤 일을 위해) 바쁘게 뛰어 다니다.　② 달리다. 뛰다.　③ 도망가다. 달아나다.
④ 걷다. 가다.

(1) 为了做生意，他几乎每月跑一次广州。= 奔走
　사업을 위해서, 그는 거의 매달 한번씩 广州에 간다.

(2) 你说他呀，一小时前就早跑了。= 走
　그 사람 말이냐, 한시간 전에 벌써 도망갔다.

0844 >> 跑得上气不接下气 **pǎo de shàngqì bù jiē xiàqì**

〈口〉숨쉴 수조차 없을 정도로 달리다.

运动会上，他跑得上气不接下气。= 跑得很累
운동회에서 그는 숨쉴 수조차 없을 정도로 달렸다.

0845 >> 跑题(了) **pǎotí(le)**

〈口〉 주제[화제]를 벗어나다.

(1) 他的这篇作文写跑题了。= 走题了
　그의 작문은 주제를 벗어나서 썼다.

(2) 这次讨论跑题了，没有得出什么结论。= 偏离了主题
　이번 토론은 주제를 벗어나 버려서 어떤 결론도 얻지 못했다.

0846 >> ☆ 赔不是 **péi búshi**

동 사죄하다. 사과하다.

(1) 这件事是你错了，快去赔不是吧。= 道歉
　이 일은 네가 잘못했으니 빨리 가서 사과해라.

(2) 他不小心踩了别人的脚，连声赔不是。= 承认错误
　그는 조심하지 않아 다른 사람의 발을 밟아서 연거푸 사과했다.

(3) 去给女朋友赔不是吧，她肯定会回心转意的。= 说好话
　여자친구에게 가서 사과하여라. 그녀는 반드시 마음을 돌릴 것이다.

0847 >>

** 配　pèi

동 ① (어떤 것에) 맞추다. 어울리다. // 不大相配(서로 잘 어울리지 않는다.)
　② 짝짓다. 배합하다.　③ 배치하다.

(1) 你穿的，和衣服不太配。 = 适合
　　네가 신은 것이랑 옷은 잘 어울리지 않는다.
(2) 他和他女朋友很般配。 = 适合
　　그와 그의 여자친구는 잘 어울린다.

0848 >>

配得上　pèideshàng

동 잘 맞는다. 잘 어울린다. ⇔ 配不上

(1) 他的女朋友才貌出众，配得上他。 = 与……相配
　　그의 여자 친구는 재능과 용모가 뛰어나 그와 잘 어울린다.
(2) 你只有严格要求自己，才能配得上共产党员的称号。 = 达到了一定的标准魝
　　너는 스스로에게 엄격해야만 공산당원의 이름에 걸맞을 수 있다.

0849 >>

朋友一场　péngyou yī chǎng

〈口〉 한때 친구였다. = 曾经是朋友 = 算是朋友 ▶ 男朋友(애인) = 对象 = 男性朋友

看在朋友一场的份上，我一定要帮助他。 = 是朋友
한때 친구였던 것을 봐서 나는 반드시 그를 도와줄 것이다.

0850 >>

＊ 碰到　pèngdào

동 ① (우연히) 만나다. 마주치다. = 碰见　② 부딪치다.

人的一生碰到无数的挫折。 = 遭遇
사람은 평생 무수한 좌절에 부딪친다.

0851 >> ** 碰钉子　　pèng dīngzi

동 거절을 당하다. 난관에 부딪치다. = 遇挫折

(1) 我每次提出合理的申请都碰钉子，让人气恼。 = 被拒绝
　　내가 제기한 합리적인 신청이 매번 모두 거절당해서 화나게 한다.

(2) 你还是别去找爸爸要签了，准会碰钉子。 = 事情行不通
　　너는 아버지한테 가서 사인을 받지 말아라 분명히 안통할거야.

(3) 工作后，他没少碰钉子，如今处事老练多了。 = 遇几次挫折
　　직장생활을 하고 나서 그는 난관을 많이 겪어 지금은 일 처리가 많이 노련해졌다.

0852 >> ☆ 批　　pī

동 결재하다. 허가하다.　　양 〈수사 + 批 + 명사〉 (사람의) 일단. (사물의) 무더기. (돈의) 다발. // 一批钱(한 다발의 돈. 많은 돈.) ⇒ 一笔钱(어느 정도의 돈)

他的辞职书领导已经批了。 = 同意
그의 사직서는 사장이 이미 결재했다.

0853 >> ★ 批评　　pīpíng

동 비평하다. 꾸짖다. 탓하다. 나무라다. 야단치다.

只要他犯错误，父母就会严厉地批评他。 = 责备
그가 실수를 저지르기만 하면 부모님은 그를 심하게 야단치신다.

0854 >> ★ 疲于奔命　　pí yú bēn mìng

〈成〉명령을 받고 분주히 다니느라고 지치다. 바빠서 숨돌릴 새도 없다.

为了养家，他每天　　　　，身体很快受不了了。
집안을 먹여 살리느라 그는 매일 죽어라 일하니 몸이 곧 견뎌내지 못할 거야.
　　　　　　　　　　疲于奔命　　　　　　　　= 过度疲劳

0855 >> ☆ 脾气　　píqi

명 ① 성격. ② 성. 화. 성질. 성깔. // 发脾气(성질을 부리다.)

(1) 他的脾气不好，动不动就生气。 = 性格
　　그는 성격이 좋지 않아 걸핏하면 화를 낸다.

(2) 爸爸昨天晚上为了姐姐的事大发了一通脾气。 = 生气 = 发火
　　아버지는 어제 저녁 누나의 일로 크게 화를 내셨다.

0856 >>

片面　piànmiàn

(형) 일방적이다. 단편적이다. ▶ 部分(부분. 일부.) ▶ 局部(국부. 일부분.[지진·지역·마취 등에 사용됨])

(1) 他还年轻，看问题很片面。= 不全面
그는 아직 젊어서 문제를 단편적으로 본다.

(2) 这只是我的片面认识，请大家多提宝贵意见。= 不全面
이것은 단지 저의 단편적인 인식일 뿐이니 여러분께서 좋은 의견을 많이 주세요.

0857 >>

**偏偏　piānpiān

(부) ① …만 유독. 유달리. 하필이면. ② 뜻밖에. 마침. 공교롭게도. ③ 기어코. 기필코. 꼭. 굳이.

(1) 谁的车也没丢，偏偏他那辆破车被偷走了。= 反而
그 누구의 차도 잃어버리지 않았는데 하필 그의 똥차가 도둑맞았다.

(2) 大家都同意我的看法，偏偏他一个人反对。= 兄有
다들 나의 견해에 동의하는데 유독 그 사람 혼자만 반대하다

(3) 我们约好星期天见面，可偏偏那天下起雨来了。= 巧合 = 凑巧
우리는 일요일에 만나기로 약속했는데 하필이면 그 날 비가 왔다.

0858 >>

* 漂亮　piàoliang

(형) ① 아름답다. 예쁘다. ⇔ 丑 = 难看　② 근사하다. 멋지다.

(1) 我的老师能写一手漂亮的毛笔字。= 很好
나의 선생님은 붓글씨를 아주 예쁘게 잘 쓰신다.

(2) 杂技表演刚结束，观众席上就有人大呼漂亮。= 精彩
곡예 공연이 막 끝나자 관중석에서 누군가가 멋지다라고 환호를 외쳤다.

0859 >>

票子　piàozi

(명) 지폐.

别给小孩子一百元的票子，省得弄丢了。= 钱
어린아이에게 100원짜리 지폐를 주지 마세요, 잃어버릴지 모르니.

0860 >> ☆ 拼命　pīn mìng

동 ① 필사적으로 하다. 적극적으로 하다.　② 목숨을 걸다.

(1) 为了考大学，他每天拼命学习。 = 极努力
　　대학시험 보려고 그는 매일 필사적으로 공부한다.

(2) 在观众的加油声中，他拼命地跑向终点。 = 用尽力气
　　관중의 응원 소리 속에서 그는 결승점을 향해 필사적으로 뛰었다.

(3) 为了报答老板，他每天都拼命地工作。 = 卖力
　　사장에게 보답하려고 그는 매일 적극적으로 일한다.

0861 >> * 贫乏　pínfá

형 부족하다. 빈약하다. 가난하다. ▶ 贫困(가난하다. 빈곤하다.)

虽然这里交通方便，但资源贫乏，所以没有外商在这儿投资。 = 缺少
비록 이곳의 교통은 편하지만 자원이 빈약하여 여기서 투자하려는 외국 투자자가 없다.

0862 >> ☆ 平　píng

형 ① 평온하다. 안정되다. // 心平气和(태도가 온화하다.)　② 비기다.　③ 평평하다.

(1) 这场比赛双方打平了。 = 平局 = 不分胜负
　　이 시합은 쌍방이 비겼다.

(2) 这次输了比赛，观众失望的情绪难平。 = 安定
　　이번에 경기에 져서 관중의 실망하는 분위기를 가라앉히기 어렵다.

0863 >> ** 平凡　píngfán

형 평범하다. = 平常 ⇔ 不凡

他在这个平凡的岗位上，一干就是三十年。 = 普通
그는 이 평범한 부서에서 일한 지 어언 30년이다.

0864 >> 评评理　píngping lǐ

동-중첩 시비를 좀 가리다. // 评理(시비를 가리다.)

到底谁对谁错，还是让大家评评理吧。 = 判断是非
도대체 누가 옳고 누가 그른지, 여러분께서 시시비비를 가려주십시오.

0865 >> ☆ 平时　píngshí

명 평소. 평상시. 보통때. = 平常 = 平素

我平时不吸烟, 只在有客人时吸一两根。 = 日常生活中
나는 평상시에는 담배를 피지 않는데, 손님이 있을 때만 한두 개피 피운다.

0866 >> ** 凭　píng

전 …에 근거하다. …에 의거하다. // 凭什么打我(무슨 까닭으로 날 치느냐?)
동 …에 의존하다. …에 기대다.

他们凭什么冤枉我, 我很不服气。 = 根据
그들은 무슨 까닭으로 나를 모함하는지 나는 매우 기분 나쁘다.

0867 >> 凭借　píngjiè

동 …에 의지하다. …을 믿다. …을 구실로 삼다. …을 기반으로 하다.

凭借着 良好的基础, 他没怎么复习就取得了好成绩。 = 依靠
양호한 기초를 바탕으로 그는 별 공부도 하지 않고 좋은 성적을 취득했다.

0868 >> * 颇　pō

부 상당히. 매우. // 颇有(상당히 많이 있다.)

(1) 他们对这件事颇感兴趣。 = 比较
그들은 이일에 대하여 꽤 흥미를 느낀다.

(2) 他对中国文学颇有研究。 = 相当
그는 중국 문학에 대하여 상당한 지식이 있다.

(3) 你对这个问题的认识颇有失偏。 = 偏见 = 不公正
당신의 이 문제에 대한 인식은 옳지 않은 부분이 많다.

0869 >> ☆ 泼冷水　pō lěngshuǐ

동 찬물을 끼얹었다. 흥[열정]을 깨다. = 批评

每次我高兴时, 他都给我泼冷水。 = 打击人的热情
매번 내가 기쁠 때마다 그는 나에게 찬물을 끼얹었다.

0870 >> * **婆婆** pópo

🅂 시어머니. 남편의 어머니. ⇔ 公公

(1) 她的工作太忙，孩子由婆婆照顾。 = 孩子的奶奶
그녀의 일이 너무 바빠서 아이는 시어머니가 돌본다.

(2) 她和婆婆关系很好，就像真正的母女一样。 = 丈夫的妈妈
그녀와 시어머니는 사이가 좋아 마치 친 모녀와 같다.

0871 >> **婆婆妈妈** pópo māma

🅔 (말이나 행동이) 꾸물대다. 행동이 느리다.

(1) 做事情不要婆婆妈妈。 = 拖拉 = 不干脆
일을 할 때 꾸물대지 마라.

(2) 你别看他人高马大的，可办起事来总是婆婆妈妈的。 = 行动缓慢
당신은 그가 대단하다고 여기지 마세요, 일을 하면 항상 꾸물댄답니다.

0872 >> ☆ **迫切** pòqiè

🅔 절박하다. 절실하다. // 迫切的要求(절박한 요구)
▶ 恳切(간절하다. 간곡하다.)

(1) 现在迫切需要解决的是市民的吃水问题。 = 十分急切
지금 절실히 해결해야 하는 것은 시민의 식수 문제이다.

(2) 他现在遇到了困难，迫切需要我们的帮助。 = 很着急
그는 지금 어려움을 만나서 절실하게 우리의 도움을 필요로 한다.

0873 >> * 破 pò

(동) ① (성적이나 사안을) 깨다. 돌파하다. ② 소비하다. 낭비하다. ③ 망가지다. 찢어지다. 파손되다. // 破相(상처로 인해 얼굴이 망가지다)

(1) 小男孩因为打架破了相。 = 坏
남자아이가 싸우는 통에 얼굴을 망가뜨렸다.

(2) 经过一个星期的调查，警方破了这场走私案。 = 破获
일주일간의 조사를 거쳐 경찰 측은 이 밀수사건을 해결했다.

(3) 这次奥运会上，他一个人破了两项世界记录。 = 突破 = 打破
이번 올림픽에서 그는 혼자서 2개의 세계기록을 깼다.

0874 >> 破费 pòfèi

(동) 돈을 쓰다. (남에게) 금전상의 손해를 입히다. // 大破费(과용하다. 많은 돈을 쓰다.)

他每天来我家都买东西，真是太破费了。 = 损失钱财
그는 매일 우리 집에 올 때마다 뭘 사오니, 정말 너무 돈을 많이 쓴다.

0875 >> 破天荒 pòtiānhuāng

(명) 미증유. 전대 미문. = 前所未有 = 前所未见

他一向小气，今天却破天荒地请客。 = 第一次
그는 줄곧 쩨쩨하게 굴었는데 오늘은 해가 서쪽에서 떴는지 한턱 냈다.

0876 >> ** 普及 pǔjí

(동) ① 보급되다. 널리 퍼지다. // 计算机开始普及(컴퓨터가 보급되기 시작하다.) ② 널리 퍼트리다. 대중화가 되다. = 推广

(1) 中国已经基本普及了九年义务教育。 = 推广
중국은 이미 기본적으로 9년 의무교육제를 보급했다.

(2) 在韩国的中学生中，手机已经普及了。 = 大众化
한국의 중고등 학생들 사이에 이동전화는 이미 보급 되어있다.

0877 >>

七大姑八大姨　　qī dàgū bā dàyí

(명) 많은 친척과 친구.

(1) 她结婚时，七大姑八大姨来了四五十人。 = 亲友很多
그녀가 결혼할 때 많은 친지들이 사오십 명 가량 왔다.

(2) 爸爸一当上局长，七大姑八大姨都找上门来了。 = 远近亲疏一大堆亲戚
아버지가 국장자리에 오르자 많은 친척 친구들이 찾아왔다.

0878 >>

七扭八歪　　qī niǔ bā wāi

〈成〉찌그러지다. 기울다.

他写得字七扭八歪，我看不清楚。 = 不工整 = 不正
그가 쓴 글자는 삐뚤삐뚤하여 나는 잘 볼 수가 없다.

0879 >>

七上八下　　qī shàng bā xià

〈成〉(마음이) 혼란하다. 불안하다. 안절부절 못하다.

犯了错误后，他心里七上八下的。 = 很不安 = 心神不安
잘못을 저지르고 나자 그의 마음은 안절부절 못했다.

0880 >>

妻管严　　qīguǎnyán

(명) 공처가. = 气管炎

他是个妻管严，对妻子言听计从的。 = 怕妻子的人
그는 공처가로 부인의 말을 잘 듣는다.

0881 >> ☆ **其他**　qítā

명 기타. 그 밖. 그 외. 다른 = 其它

他把出国的机会让给其他人了。= 别的
그는 출국의 기회를 다른 사람에게 양보했다.

0882 >> ☆ **启发**　qǐfā

동 계발하다. 깨우치다. 계몽하다.

这件事给了我很大的启发。= 领悟 = 启示
이 일은 나에게 큰 깨달음을 주었다.

0883 >> **起步**　qǐbù

동 ① 착수하다.　② 가기 시작하다. 앞으로 나아가다.

中国的汽车制造业起步比较晚。= 开始
중국의 자동차 제조업이 첫걸음은 비교적 늦었다.

0884 >> **起风波**　qǐ fēngbō

동 풍파가 일다. 분쟁이 일어나다.

(1) 只要他一出现，马上就会起风波。= 扰乱平静
　　그가 나타나기만 하면 곧 풍파가 일게된다.

(2) 这两家邻居常为一点小事起风波，闹得四邻不安。= 发生矛盾
　　이 두 집의 이웃은 종종 사소한 일로 풍파를 일으켜 온 동네를 불안하게 한다.

0885 >> ＊ **起码**　qǐmǎ

형 부 최소한(으로). 기초적이다.

(1) 他对我很无礼，连起码的尊重也没有。= 基本
　　그는 나에게 매우 무례하여 최소한의 존경심 조차도 없다.

(2) 虽然收入不多，起码可以维持一家人的生活了。= 至少
　　비록 수입은 얼마 안돼지만 최소한 일가족의 생활은 유지할 수 있다.

0886 >> ** 气愤　qìfèn

동 화나다. 분개하다. 성나다.

他无故指责我，令我很气愤。= 愤怒
그는 이유도 없이 나를 책망하여 나를 화나게 했다.

0887 >> 气呼呼　qìhūhū

형 노기 등등하다. 노발대발하다. 잔뜩 화가 나서 씩씩거리다. = 气冲冲

输掉比赛后，他气呼呼的离开了赛场。= 生气的样子
시합에 지고 나서 그는 씩씩거리며 경기장을 떠났다.

0888 >> 气色　qìsè

명 기색. 안색. 혈색.

她可能生病了，这两天气色不好。= 脸色
그녀는 아마도 병이 났는지 요 며칠 안색이 좋지 않다.

0889 >> ** 恰当　qiàdàng

형 알맞다. 적절하다. 적당하다. = 妥当

他一直很照顾我，我想找恰当的时候回报他。= 合适
그는 줄곧 나를 돌봐줘서, 나는 적당한 때를 봐서 그에게 보답하고 싶다.

0890 >> ** 千克　qiānkè

양 킬로그램. // 一千克等于二斤饺(1킬로그램은 두 근이다.)

他生下来的时候所有的人都感到吃惊，因为他足足有4.5千克。= 公斤
그가 태어날 때 모든 사람들은 다 깜짝 놀랐다. 왜냐하면 그의 몸무게가 족히 4.5kg이었기 때문이었다.

0891 >> * 千万　qiānwàn

부 부디. 제발. 절대로. // 千万不要灰心(제발 실망하지 말아다오.)

考试的时候，千万要小心。= 一定
시험 칠 때 제발 조심하세요.

0892 >>

千真万确　qiān zhēn wàn què

〈成〉아주 확실하다. 아주 틀림없다.

相信我吧，这消息千真万确。= 十分准确
나를 믿어요. 이 정보는 아주 확실합니다.

0893 >> ☆

牵　qiān

동 (이)끌다. 잡아당기다. 잡아끌다.

刚谈恋爱时，他都不敢牵我的手。= 拉
막 연애할 때 그는 감히 내 손조차도 잡지 못했다.

0894 >> ☆

前途　qiántú

명 전도. 앞길. 전망.

(1) 这不是小事，这关系到咱们厂的前途。= 发展
　　이것은 작은 일이 아니다. 이것은 우리 공장의 앞길과 관련이 있다.

(2) 换个工作吧，目前这样是没有前途的。= 希望
　　직업을 바꾸지, 지금처럼 이래서는 희망이 없어.

0895 >>

抢手　qiǎngshǒu

동 (상품이) 인기가 있어 잘 팔린다. 날개 돋친 듯 팔리다. // 抢手货(인기 상품)

世界杯期间，世界杯的纪念邮票很抢手。= 受欢迎
월드컵 기간에 월드컵 기념 우표가 날개 돋친 듯 팔린다.

0896>>

瞧瞧　qiáoqiao

동-중첩 생각 좀 해 봐라. 좀 봐라.

你瞧瞧，好好的一辆自行车都让你骑成什么样子了！= 想想 = 看看
좀 봐봐, 그 좋던 자전거가 네가 타서 어떻게 저 지경이 되었니!

0897 >>

** **翘尾巴**   qiào wěiba

〈慣〉 꼬리를 쳐들다. 잘난 체하고 뽐내다. 기고 만장하다. // 翘(위로 쳐들다.)
　　// 不要翘尾巴(잘난 체하지 마라.)

他取得一点儿成绩，就开始翘尾巴。 = 骄傲自大
그는 성적 좀 받았다고 기고만장해지기 시작했다.

0898 >>

翘辫子   qiào biànzi

〈俗〉 죽다. 뒈지다. ▶ 辫子(땋은 머리. 변발)

在医院里没几天，他就翘辫子了。 = 死
병원에서 며칠 안가 그는 죽어버렸다.

0899 >>

惬意   qièyì

동 편안하다. 마음에 들다.

休假时，她每天都过得很惬意。 = 舒服
휴가 때, 그녀는 매일 편안하게 지냈다.

0900 >>

☆ **亲切**   qīnqiè

형 다정하다. 친절하다. 친밀하다.

我们的老师是个很亲切的人。 = 和蔼可亲 = 亲近
우리들의 선생님은 다정하신 분이다.

0901 >>

* **轻快**   qīngkuài

형 (마음이) 편안하다. (동작. 마음이) 경쾌하다. 가뿐하다. 홀가분하다.

考完试我感到轻快了很多。 = 轻松
시험이 끝나고나니 나는 마음이 많이 편안해졌다.

0902 >> ** **轻视** qīngshì

동 무시하다. 경시하다. 얕보다.

(1) 城里人一般都轻视农村来的人。 = 看不起
도시거주자는 보통 농촌에서 온 사람을 경시한다.

(2) 我们的对手很有经验，千万不要轻视他们。 = 不在意
우리들의 상대는 경험이 많으니 절대로 그들을 얕봐선 안 된다

0903 >> ** **轻易** qīngyì

부 간단하게. 가볍게. 함부로. 쉽사리. 좀체.

(1) 不调查研究，不能轻易发表意见。 = 随便
조사연구를 않고서 함부로 의견을 발표해서는 안 된다.

(2) 他很轻易地通过了大学入学考试。 = 容易
그는 가볍게 대학 입학시험을 통과하였다.

0904 >> ** **倾向** qīngxiàng

명 경향. 추세. 동 기울다. // 超前消费的倾向(근래 보기 드문 소비 추세)

最近他俩常吵架，有离婚的倾向。 = 趋势
최근 그들 둘은 말다툼이 잦아 이혼의 조짐이 있다.

0905 >> ☆ **清** qīng

형 ① 분명하다. 똑똑하다. 깨끗하다. // 查清原因(원인을 규명하다.)
② 청산하다. 결산하다

(1) 这件案子终于查清了。 = 清晰
이 사건은 마침내 사건조사가 명백히 이루어졌다.

(2) 我算是弄清了，原来是这么一回事。 = 明白
나는 확연히 알 것 같다, 알고 보니 이렇게 된 거였구나.

(3) 他的帐还没有清呢，怎么就走了？ = 付款结帐
그는 계산도 아직 다 안하고, 어떻게 가버렸지?

0906 >> 清楚 qīngchu

❸ ① 이해하다. 알다.   ② 분명하다. 뚜렷하다.

我很清楚她丢了孩子后的感受。 = 了解
나는 그녀가 아이를 잃어버린 후의 심정을 충분히 이해한다.

0907>> 清静 qīngjìng

❸ (환경이) 조용하다. 고요하다. // 清静的地方(조용한 곳)

他怕吵，买了一处清静的房子。=安静
그는 시끄러운 것을 참지 못해서 조용한 집을 샀다.

0908 >> ** 清晰 qīngxī

❸ (화면이나 글씨가) 선명하다. 분명하다. 뚜렷하다.

时间太久了，书上的字越来越不清晰了。= 清楚
오랜 시간이 흘러 책의 글자가 갈수록 희미해졌다.

0909 >> 情书 qíngshū

❸ 연애 편지. 러브레터.

刚认识时，他每天给女朋友写一封情书。= 表达爱情的信
막 알게되었을 때 그는 매일 여자친구에게 러브레터를 한 통씩 썼다.

0910 >> ☆ 情形 qíngxing

❸ (일의) 상황. 형편. ▶ 情况(정황. 상황.) = 状况 ▷ 情景(장면. 광경.)

(1) 警官让他把案发时的情形再描述一遍。= 情景
경관은 그로 하여금 사건 발생시의 상황을 다시 한번 묘사하게 했다.

(2) 看他那情形，怕是好不了了。= 情况 = 样子
그의 그런 형편을 보아하니 좋아질 것 같진 않다.

0911 >> ☆ 情绪 qíngxù

명 ① 기분. 마음가짐. ② 불만. 불쾌한 감정.

(1) 他失恋了，情绪很不好。= 心情
그는 실연해서 기분이 안 좋다.

(2) 上班没几天，他就跟上司闹起了情绪。= 意见
출근한지 며칠 되지도 않아서 그는 상사와 의견충동을 일으키기 시작했다.

0912 >> 请客 qǐng kè

동 ① 한턱을 내다. ② 손님을 초대하다.

(1) 今天这顿饭由我请客。= 付钱
오늘 이 식사는 제가 대접하지요.

(2) 妈妈决定明天在家里请客。= 请人吃饭
어머니는 내일 집에서 손님을 치기로 결심했다.

0913 >> ** 曲曲折折 qūquzhézhé

형-중첩 ① 꼬불꼬불하다. // 沿★曲曲折折的路往前走(꼬불꼬불한 길을 따라서 앞으로 나가다.) ② 복잡하다. 곡절이 많았다.

(1) 他们的爱情一路曲曲折折。= 不平坦 = 出现许多不利的情况
그들의 사랑은 그간 곡절이 많았다.

(2) 这条小路曲曲折折一直通向森林深处。= 弯弯
이 꼬불꼬불한 좁은 길은 곧장 숲 속 깊은 곳으로 통한다.

0914 >> 趋之若鹜 qū zhī ruò wù

〈成〉 많은 사람이 무리를 지어 모여들다.

她家的女儿才貌出众，求婚者趋之若鹜。= 许多人追逐同一事物
그녀 집의 딸은 재모가 출중하여 구혼자가 무리를 지어 모여든다.

0915 >>

屈才　　qū cái

동 (적소가 아닌 곳에 배치되어)재능을 다 발휘하지 못하다.

你去小学教书，简直大大地屈才了。 = 大材小用，才能得不到发挥被埋没
당신이 초등학교에서 교편을 잡다니 순전히 인재를 크게 썩히는 거야.

0916 >>

屈从　　qūcóng

동 굴복하다.

我从来不想承认，迫于他的压力，也只好屈从了。 = 屈服
나는 지금까지 인정할 생각이 없었는데, 그의 압력에 눌려 부득이 굴복하는 수밖에 없었다.

0917 >>

* 取代　　qǔdài

동 대신하다. 대체하다.

老局长退休后，由现在的副局长取代他的位置。 = 代替
노국장이 퇴직한 후 현재의 부국장이 그의 위치를 대신하였다.

0918 >>

☆ 取消　　qǔxiāo

동 취소하다. 없애다. =废除

由于下雨，下午的棒球赛取消了。 = 撤消
비가 내리기 때문에, 오후의 야구경기는 취소되었다.

0919 >>

* 劝说　　quànshuō

동 설득하다. 충고하다. 권유하다. 타이르다.

(1) 他一再劝说我加入他们的组织。 = 诉说
　　그는 재차 나에게 그들의 조직에 가입하라고 권유했다.
(2) 在他的劝说下，我决定报名参加比赛。 = 鼓动
　　그의 설득 하에 나는 시합에 참가신청을 하기로 결정했다.

0920 >> ☆ **缺少** quēshǎo

동 부족하다. 모자라다. = 缺乏

这家工厂由于缺少资金，已经停产了。 = 不够
이 공장은 자금부족으로 인하여 이미 생산을 멈추었다.

0921 >> * **却** què

동 후퇴하다. 물러나다. // 却步(두렵거나 싫어서) 뒷걸음질치다. = 后退 // 望而却步(마음이 내키지 않아 뒷걸음질치다. 꽁무니를 빼다.) ▶ 退步(후퇴하다. 쳐지다.)
부 오히려. 도리어. 반대로. = 倒

这家公司的招聘条件很高，让求职者望而却步。 = 退
이 회사의 모집 조건은 매우 까다로와 구직자를 꽁무니 빼게 한다.

0922 >> * **确切** quèqiè

형 정확하다. 확실하다. 적절하다. ⇔ 粗略

(1) 情报确切，我们可以采取行动了。 = 准确
정보가 정확하여 우리는 행동을 취할수 있게 되었다.

(2) 由于联系中断，我们还不知道他的确切消息。 = 准确
연락이 중단되었기 때문에 우리는 그의 정확한 소식을 아직 알 수 없다.

0923 >> * **确实** quèshí

부 확실히. 정말로. 형 확실하다.

(1) 中国这几年的发展确实很快。 = 的确
중국의 이 몇 년간의 발전은 정말로 빠르다.

(2) 他的能力完成这项任务确实困难。 = 肯定
그의 능력은 이 임무를 완수하기에는 확실히 곤란하다.

(3) 这么小的孩子单独出门，确实让人放心不下。 = 的确
이렇게 어린 아이가 혼자 밖에 나가면 정말 사람을 안심할 수 없게 한다.

■ 아래의 각 단문 중 빈 칸에 들어갈 적합한 한자를 보기에서 골라 써 넣어보세요.

<table>
<tr><td>보기</td><td>□ 立刻</td><td>□ 领域</td><td>□ 乐观</td><td>□ 两下子</td><td>□ 明明</td><td>□ 老的老，小的小</td></tr>
<tr><td></td><td>□ 闹</td><td>□ 没怎么睡觉</td><td>□ 千克</td><td>□ 难为情</td><td>□ 冷门</td><td>□ 没什么比它再贵的</td></tr>
<tr><td></td><td>□ 留心</td><td>□ 马马虎虎</td><td>□ 婆婆妈妈</td><td>□ 没趣儿</td><td>□ 老手</td><td>□ 临时 □ 难兄难弟</td></tr>
<tr><td></td><td>□ 连忙</td><td>□ 摸门儿</td><td>□ 免得</td><td>□ 忙活</td><td></td><td></td></tr>
<tr><td></td><td>□ 拿不出手</td><td>□ 宁愿</td><td>□ 门道</td><td>□ 耐火</td><td>□ 了不起</td><td>□ 没戏</td></tr>
<tr><td></td><td>□ 冷板凳</td><td>□ 木头人</td><td>□ 配得上</td><td>□ 赔不是</td><td>□ 牛郎织女</td><td>□ 偏偏</td></tr>
<tr><td></td><td>□ 贫乏</td><td>□ 起风波</td><td>□ 没事儿人</td><td>□ 连连</td><td>□ 凭借</td><td></td></tr>
</table>

1 人到中年可千万要保重身体，万一病倒了，一家＿＿＿＿可怎么办呢？

2 不如去问小张吧，他可是装计算机的＿＿＿＿。

3 尽管遇到这么多的困难，他的生活态度还是很＿＿＿＿。

4 他犯了错误，教练让他坐＿＿＿＿呢，以后三个月就不能参加比赛了。

5 水平这么差的学生居然考上了大学，简直是爆了个＿＿＿＿。

6 她这个人很热情，我们一到她家，她＿＿＿＿拿出点心让我们吃。

7 他提出了一个很好的建议，其它人＿＿＿＿点头赞同。

8 听见妈妈的脚步声，他＿＿＿＿打开书包拿出一本书来。

9 他炒菜有＿＿＿＿，一个人准备一桌菜不成问题。

10 这次世界杯上，他一个人独进四个球，真是＿＿＿＿。

11 本来我俩要去看电影，他＿＿＿＿有事，不能来了。

12 我打算毕业之后先工作三年，然后再深入到某个＿＿＿＿进行研究。

13 在复习课上，尤其要＿＿＿＿听老师的每一句话。

14 今天的节目还＿＿＿＿，所以我也就坚持看到了最后。

15 大年三十晚上，妈妈一个人＿＿＿＿着给全家人炒菜。

16 在众人面前被妻子骂了一遍，他觉得特________。

17 这颗红宝石价值连城，整个珠宝店________了。

18 明明是他把杯子打碎了，却装出一副________似的样子。

19 这个女人本来已经________唱了，现在倒好，生了一个儿子。

20 为了写完这篇稿子，他一晚上几乎________。

21 他经常看别人下棋，时间久了，也看出点________来了。

22 你出门在外要常给家里打电话，________大家担心你。

23 这个骑自行车的不讲道理，________他撞了人家，还怪人家没有躲开。

24 这种事咱们一点儿也不________，谁知道该怎么着？

25 女朋友对他这么好，他却无知无觉，真是个________。

26 就这么多？送给十几年老朋友的千金，也太________了吧。

27 以后造房一定要选择________的材料，可以大大减少火灾的发生。

28 第一次和陌生人单独在一起，她觉得有点________。

29 咱们俩如今是一对________，谁也不比谁好多少。

30 为丢东西的事大家________了半天，原来是他自己放错了地方。

31 妈妈________自己辛苦，也不肯让孩子受一点点委屈。

32 他们夫妇因工作关系住在两个城市，过着________的生活。

33 去给女朋友________吧，她肯定会回心转意的。

34 你只有严格要求自己，才能________共产党员的称号。

35 我们约好星期天见面，可________那天下起雨来了。

36 虽然这里交通方便，但资源________，所以没有外商在这儿投资。

37 ________着良好的基础，他没怎么复习就取得了好成绩。

38 你别看他人高马大的，可办起事来总是________的。

39 这两家邻居常为一点小事________，闹得四邻不安。

40 他生下来的时候所有的人都感到吃惊，因为他足足有4.5________。

R

0924 >> * 让 **ràng**

동 ① 넘겨주다. 양도하다. = 让给　② 양보하다.　③⟨让 + 사람 + 동사⟩ …에게 …하게 하다. // 这件事让人头疼。(이 일은 사람을 골치 아프게 한다.)

(1) 她把出国机会让给别人了。= 送给
　　그녀는 출국의 기회를 다른 사람에게 양보했다.

(2) 她总是将好菜让给弟弟妹妹吃。= 自己不取，留给别人
　　그녀는 늘 좋은 음식을 동생들이 먹도록 양보한다.

0925 >> 让利 **ràng lì**

동 이익을 양보하다.

这家超市让利销售，吸引了不少顾客。= 给人好处
이 슈퍼마켓은 가격파괴로 많은 고객을 끌어들였다.

0926 >> ☆ 惹 **rě**

동 (어떤 사태나 사고를) 일으키다. 야기하다. // 惹人注意(사람들의 주의를 끌다.)

(1) 他总是惹妈妈生气。= 让　　그는 항상 어머니를 화나게 한다.

(2) 你这次惹出大祸了。= 引起　　너는 이번에 큰 화를 불러 일으켰다.

(3) 这样做是惹祸上身。= 招致　　이렇게 하면 화를 입게 돼.

0927 >> * 热 **rè**

형 인기가 있다. 환영을 받다.　명 열기. 붐. // 徽章热(배지 붐 badge boom)

(1) 最近，京城掀起了健身热的浪潮。= 受欢迎
　　최근 수도에 헬스 붐이 일어났다.

(2) 90年代以来，大学生当中继续着一股出国热。= 倾向 = 潮流
　　90년대 이래로 대학생 가운데 출국 붐이 계속 이어지고 있다.

0928 >>

热点　　rèdiǎn

명 ① 화제. 초점.　② 명소. 인기 있는 장소.

"9·11"事件是该年的一大热点。= 焦点 = 关注的中心
'9·11' 사건은 그 해의 큰 화제가 되었다.

0929 >>

☆
热和　　rèhé

형 친하다. 사이가 좋다.

瞧，他俩最近可热和了。= 关系亲密　　봐라, 그들은 최근 사이가 좋아졌다.

0930 >>

热门　　rèmén

형 인기 있는 것[전공·학과].

今年毕业生中，计算机专业仍是各单位招聘的热门。= 吸引许多人的专业
금년 졸업생 중 컴퓨터전공은 여전히 각 회사마다 모집하는 인기학과다.

0931 >>

△
热闹　　rènao

형 왁자지껄하다. 떠들썩하게 놀다. 번화하다. 붐비다. // 看热闹(구경을 하다.)

联欢会上，气氛很热闹。= 气氛活跃　　환영회 석상의 분위기가 아주 떠들썩하다.

0932 >>

热心肠儿　　rè xīnchángr

명 따뜻한 마음씨. 형 따뜻하고 친절하다. 열성적이다.

她是个热心肠，谁有困难都帮一把。= 热情的人
그녀는 마음씨가 따뜻한 사람이라 누구든지 어려움이 생기면 돕는다.

0933 >>

**
人家　　rénjia

대 ① 나. 사람.　② 남. 다른 사람.

(1) 我们不要随便说人家的坏话。= 别人　　우리 함부로 남의 험담은 맙시다.

(2) 我已经够难为情了，你还笑话人家。= 我
　　나는 이미 어찌할 바를 몰라 죽겠는데 당신은 나를 그렇게 놀리긴가요.

0934 >>

人满为患 rén mǎn wéi huàn

〈成〉 사람이 너무 많아서 골칫거리이다.

现在各大城市都人满为患。 = 人太多，造成了麻烦
지금 각 대도시마다 사람들이 넘쳐서 골칫거리이다.

0935 >> *

人情 rénqíng

명 인정. 사람의 정. 은혜.

受了他这么多帮助，找个合适的机会还还人情吧。 = 情分 = 感情债
그에게 이렇게 많은 도움을 받았으니, 적당한 기회를 잡아 은혜를 갚읍시다.

0936 >>

忍心 rěn xīn

동 모진 마음을 먹고 …하다.　형 잔혹하다. 무자비하다. 악독하다.

(1) 你忍心抛弃她吗？ = 舍得
너는 차마 그녀를 포기할 수 있어?

(2) 把孩子一个人丢在外地，你就这么忍心？ = 狠心
아이를 혼자 밖에 내버려두다니 당신은 이렇게도 독합니까?

0937 >> ☆

认 rèn

동 ① 인정하다. 승인하다.　② (글씨 등을) 알다. 식별하다.　③ 새로운 관계를 맺다. 알고
지내다. // 认生(낯가리다) = 怕见生人 // 认床(다른 침대에서 잠을 못잔다.)

(1) 对赔钱，我认了。 = 承认
돈을 배상하는데 대해서, 나는 인정한다.

(2) 这次生意赔本，我认了。 = 承认
이번 사업에 본전을 물어야 함을 인정한다.

(3) 他已经认错了，你就原谅他吧。 = 承认
그가 이미 잘못을 했다고 인정을 했으니 당신은 그를 용서하세요.

(4) 老师评价一个学生，不能只认成绩。 = 看
선생님이 한 학생을 평가하는데 있어서, 성적만을 보아서는 안 된다.

(5) 看你这么孝顺，妈妈才会认你作儿媳妇的。 = 接受
당신이 이렇게 효성스러운 것을 보면 어머니도 당신을 아들 며느리로 인정하실 거야.

0938 >>

认出来　rènchūlái

동 알아보다. 식별해 내다.

我一眼就认出他来。 = 分辨
나는 한눈에 그를 알아봤다.

0939 >>

* 认为　rènwéi

동 …라고 생각하다. …라고 여기다. ☞ 以为

大家一致认为这件事不是他的错。 = 以为
모두가 이 일이 그의 잘못이 아니라고 일치되게 여긴다.

0940 >>

** 任　rèn

접 ①…을 막론하고. 아무리 …할지라도. = 无论　② 설사…하더라도.　동 마음대로 하게
하다. 되는대로 맡겨두다.

(1) 这商店里的东西任你挑选。 = 随
　　이 상점 안의 물건을 네 마음대로 골라라.

(2) 任她怎么规劝, 他都听不进去。 = 不管
　　그녀가 아무리 만류할지라도, 그는 들으려고 하지 않는다.

(3) 这家店准备了各种款式的衣服, 任顾客挑选。 = 随
　　이 상점은 각종 스타일의 옷을 준비해두고 고객이 마음대로 고르게 한다.

(4) 任你怎么说, 我也不会放弃我应有的这份权利。 = 不管
　　네가 아무리 어떻게 말하던 간에, 나는 나의 합당한 이 권리를 포기하지 않을 것이다.

(5) 他妈妈根本不管他, 任他在家里折腾。 = 听凭
　　그의 어머니는 전혀 그를 간섭하지 않아, 그는 집에서 마음대로 소란을 피운다.

0941 >> ** 任性　rènxìng

동 멋대로 …하다. 마음내키는 대로하다.

她被母亲惯坏了, 非常任性。 = 放纵性子
그녀는 어머니에 의해 나쁜 버릇이 들어, 매우 멋대로 한다.

0942 >>

☆ 仍　réng

🔵(부) 아직도. 여전히. 변함없이. = 仍旧 = 仍然

他的脾气这么多年了，仍没改变。= 依旧
그의 성격은 이렇게 여러 해가 지났어도, 여전히 고쳐지지 않았다.

0943 >>

日　rì

🔵(명) 매일. 나날이.

服用方法：日服两次，每次两片或遵医嘱。= 每天
복용방법: 하루에 두 번, 매번 2알을 먹거나 의사의 지시를 따르시오.

0944 >>

** 日益　rìyì

🔵(명) 갈수록. 나날이.(시간의 경과와 관련이 있음) // 日益改善(날로 개선되다.) ▶ 日趋 (rìqū)(날로. 나날이. 점진적으로.[단계적인 발전이나 추세와 관련이 있음]) // 日趋繁 荣(날로 번창하다.)

(1) 我们的国家日益强大起来。= 逐步
　　우리 나라는 갈수록 강대해지기 시작했다.

(2) 这里物价稳定，市场日益繁荣。= 一天比一天
　　이곳은 물가가 안정되어 시장이 날로 번영한다.

0945 >>

日子　rìzi

🔵(명) ① 매일. 나날이. // 过日子(생활을 하다.)　② 날짜. 시간.

妻子去世后，他一个人过日子。= 生活
아내가 세상을 떠난 후에 그는 혼자 생활을 한다.

0946 >>

** 容　róng

🔵(동) 허용하다. 허락하다. 수용하다. = 容许

(1) 孩子的教育问题不容忽视。= 允许
　　아이의 교육문제를 소홀히 해서는 안 된다.

(2) 这个家再也容不下你了。= 容纳 = 接受
　　이 집은 더 이상은 너를 용납하지 않겠다.

0947 >> ☆ 如何　rúhé

대 어떻게. 어떻게 하면.

(1) 这可如何是好？　= 怎么办
이제 어떻게 하면 좋지？

(2) 无论如何，我都应该把这件事解释清楚。 = 怎样
어쨌든, 나도 이 일을 분명하게 해명해야 한다.

0948 >> * 如今　rújīn

명 지금. 오늘날. = 眼下

(1) 如今，中国的情况和几年前不一样了。 = 目前
오늘날, 중국의 상황은 몇 년 전과 달라졌다.

(2) 如今的年轻人，观念早就改变了。 = 现在
지금의 젊은이들은 관념이 일찌기 바뀌었다.

0949 >> 如愿　rú yuàn

동 원하는 대로 되다. // 如愿以偿(소원 성취하다)

经过多年的努力，我如愿考上了北京大学。 = 符合愿望
여러해의 노력을 거쳐, 내가 원하는 대로 북경대학에 합격했다.

0950 >> 入门儿　rùménr

동 입문하다. 기초를 터득하다. 문하생이 되다.

(1) 她弹钢琴刚入门儿，最近进步不小。 = 刚开始 = 掌握了基本的技巧
그녀가 피아노 치기에 입문한지 얼마 안 되는데, 요즘은 많은 진보를 보인다.

(2) 弟弟进画画班才两个月，画刚入门儿。 = 画得有点意思
남동생은 그림 그리기 반에 들어간지 겨우 2개월 밖에 안됐기에, 그림은 이제 막 기초를 터득한 정도다.

0951 >> ** 若干　ruògān

명 약간. 어느 정도. 조금.

为了整顿社会治安，政府将采取若干措施。 = 一些
사회치안을 바로잡기 위해, 정부는 약간의 조치를 취할 것이다.

0952 >>

若无其事　ruò wú qí shì

〈成〉 아무 일도 없었던 것처럼 시치미를 뚝 떼다. 아무렇지도 않은 듯이 태연스럽다.

他做错了事，还若无其事，真让人生气。 = 好像没有事
그가 잘못을 해 놓고서, 여전히 아무 일 없는 것처럼 시치미를 떼니, 정말 사람 화나게 한다.

0953 >>

若有若无　ruò yǒu ruò wú

〈成〉 있는 것도 같고 없는 것도 같다. 확실하지가 않다. = 似有似无

他对她的感情总是若有若无。 = 时有时无 = 不确定
그는 그녀에 대한 감정이 늘 확실치 않다.

시험에 꼭 나오는 HSK 단어 · 숙어

0954 >>

* 撒谎　sā huǎng

동 〈口〉 거짓말을 하다. 허튼 소리를 하다. = 说谎

(1) 父母从小教育我们不能撒谎。 = 说假话
　　부모님은 어려서부터 우리가 거짓말을 못하게 교육하셨다.

(2) 你又没见到，根本就是在撒谎。 = 瞎说
　　그렇다고 당신이 보지도 않았으면서, 순전히 헛소리네.

0955 >>

三班倒　sānbāndǎo

명 삼교대 근무(아침, 점심, 저녁 세 파트로 나누어 교대로 작업함)
我们工厂三班倒，怎么能保证每天上课？
우리공장은 3교대로 일하는데 어떻게 매일 수업을 올 수 있다고 보장하겠어요?

0956 >> 三天打鱼，两天晒网　　sān tiān dǎ yú, liǎng tiān shài wǎng

〈成〉 사흘 간 고기를 잡고 이틀 간 그물을 말리다. 하다 말다 하다. 작심삼일.

像你这样三天打鱼，两天晒网的，啥事也干不成。＝ 时断时续，不能坚持
당신처럼 이렇게 하다 말다 한다면, 어떤 일도 해낼 수 없다.

0957 >> 三长两短　　sān cháng liǎng duǎn

〈成〉 뜻하지 않은 변고가 생기다. (주로 사람의 죽음을 말함.)

(1) 你要是有个三长两短，家里人会很难过的。＝ 出了问题
　　당신에게 무슨 일이 생기면, 집안 사람들은 매우 슬퍼할 겁니다.

(2) 她一直担心丈夫会有个三长两短，可厄运还是降临了。＝ 死了
　　그녀는 줄곧 남편에게 어떤 뜻하지 않은 변괴가 생길까 걱정해 왔는데, 결국 화는 오고야 말
　　았다.

0958 >> * 三番五次　　sān fān wǔ cì

🅜 여러 번. 누차. 거듭.

(1) 你三番五次犯错误，让我怎么原谅你？＝ 很多次
　　네가 여러 번 잘못을 했는데, 내가 어떻게 너를 용서하겠니?

(2) 他三番五次的来说情，我只好原谅他了。＝ 多次
　　그가 거듭 와서 통사정해서, 나는 용서하는 수밖에 없었다.

0959 >> 三好学生　　sān hǎo xuésheng

🅜 모범생. (건강·학습·작업의 세 방면에서) 우수한 학생.

每到期末，班里都要评选三好学生。＝ 优秀的学生
매번 학기말이 되면, 반에서 모범생을 뽑아야 한다.

0960 >> 三思而后行　　sān sī ér hòu xíng

〈成〉 여러 번 생각한 후에 실행한다. 신중하게 행동한다.

这件事情关系重大，你要三思而后行。＝ 做事时要多考虑
이 일은 사안이 중대하니 당신은 잘 생각한 후에 실행해야만 합니다.

0961 >>

三天两头儿　sān tiān liǎng tóur

〈口〉 사흘이 멀다하고. 뻔질나게. 자주.

(1) 她身体不好，三天两头儿生病。 = 经常 = 常常
　　그녀는 몸이 좋지않아 자주 병이 난다.

(2) 他们家三天两头儿下馆子。 = 几乎每天
　　그 집 식구들은 사흘이 멀다하고 음식점에 간다.

0962 >>

☆

三下五除二　sān xià wǔ chú èr

〈口〉 일이나 동작이 민첩하다[재빠르다].

(1) 他三下五除二就把活干完了。 = 迅速
　　그는 재빠르게 일을 다 끝마쳤다.

(2) 他三下五除二就把乱糟糟的房间整理好了。 = 形容做事及动作敏捷利索
　　그는 재빠르게 엉망진창인 방을 정리했다.

0963 >>

☆

嫂子　sǎozi

명 형수. 아주머니.

我的嫂子是一名护士。 = 哥哥的太太
나의 형수는 간호사다.

0964 >>

闪电式　shǎndiànshì

명 번개같이.

恋爱两个月后，他俩闪电式结婚了。 = 很快的意思
연애 두달 후, 그들 두 사람은 번갯불에 콩 구워먹듯 결혼했다.

0965 >>

☆

善于　shànyú

명 〈善于 + 동사〉 …에 능하다. …를 잘하다. // 善于做工作(일하는 데 탁월하다.)

(1) 做为班长，要善于团结同学。 = 会
　　반장 노릇을 하려면 급우들 단결을 잘 시켜야한다.

(2) 他善于与上司搞好关系。 = 擅长
　　그는 상사와의 관계를 잘 처리하는데 능하다.

0966 >>

伤　shāng

동 ① (감정을) 상하게 하다. 상처를 입히다.　② 방해하다. 지장을 주다.　명 상처.

(1) 这一摔，机器伤到要害了。 = 损坏
이렇게 집어던져 기계가 파손 당했다.

(2) 我们是好朋友，别为这点小事伤感情。 = 伤害
우리들은 좋은 친구이니, 이런 작은 일로 감정 상하지 말자.

(3) 这块玉质地很好，有一点暇疵，也无伤大雅。 = 妨碍
이 옥은 재질이 매우 좋아, 약간의 흠이 있어도 우아함에는 지장이 없다.

0967 >>

伤(了)和气　shāng (le) héqi

동 감정을 상하게 하다.

他俩为分房的事，伤了和气。 = 破坏了友情
그들 둘은 방 배정 일로 감정이 상했다.

0968 >>

** 伤脑筋　shāng nǎojīn

동 골치 아프다. 골머리를 썩히다. 애를 먹다.

(1) 他从小就很淘气，很让父母伤脑筋。 = 头疼
그는 어려서부터 장난이 심해서, 부모님을 골치 아프게 했다.

(2) 期末考试让每个学生都很伤脑筋。 = 费心思 = 费头筋
기말고사가 매 학생들을 모두 골치 아프게 했다.

(3) 这么伤脑筋的事也只有交给他办才放心。 = 事情难办
이렇게 골치 아픈 일도 단지 그에게 맡겨 처리하게 하면 안심이 된다.

0969 >>

赏心悦目　shàng xīn yuè mù

〈成〉 아름다운 경치를 감상하면 마음이 즐겁다.

北海的景色真是让人赏心悦目。 = 形容很美的事物，看上去让人觉得身心舒服
북해의 풍경은 정말 사람들로 하여금 마음을 즐겁게 한다.

0970 >> ★ 上 shàng

동 ① (일정한 정도, 수량에) 이르다. 달하다. ② (잡지나 신문에) 게재하다. 등재하다. 싣다. ③ (요리를) 내놓다. ④ 가다. 등장하다. 오르다. 형 ① 〈上 + 수사 + 양사〉 수…달하는. // 上万人(수만이나 되는 사람들. 수만이 넘는 사람들.) ② 지난. // 上(个)月(지난 달.) // 上次(지난번.) ☞ 下

(1) 你的事迹已经上报了。 = 登载
　　너의 업적은 이미 신문에 실렸다.

(2) 这次示威的人有上百万人。 = 达到
　　이번에 시위한 사람은 100만 명에 달한다.

(3) 先生，是先上汤还是先上菜呢？ = 端上来
　　선생님, 탕을 먼저 내올까요 아니면 요리를 먼저 내 올까요?

(4) 昨天，有上万人参加了义务劳动。 = 超过
　　어제 만 명이 넘게 의무노동에 참가했다.

(5) 他一月的收入有上万元。 = 近
　　그의 한달 수입은 만원에 달한다.

0971 >> ★ 上火 shàng huǒ

동 ① 성내다. 화내다. ② 내열이 나다.

(1) 他总是为工作的事上火。 = 生气
　　그는 늘 업무로 화를 낸다.

(2) 他说话不注意，惹得父亲很上火。 = 发脾气
　　그는 말하는데 부주의해서, 아버지를 화나게 했다.

(3) 桔子不要多吃，容易上火。 = 引起内热
　　귤을 많이 먹지 마세요, 속에 열이 나기 쉽습니다.

0972 >> 上了岁数 shàng le suìshù

〈口〉 나이가 많아지다. // 上年纪的人(노인) = 上岁数的人 = 老年人

人一上了岁数，就容易唠叨。 = 到了老年
사람은 나이가 들면, 잔소리하기가 일쑤다.

0973 >>

上马　　shàng mǎ

동 (비교적 큰 사업이나 공사를) 시작하다.

这项工程已经上马两三个月了。 = 开始 = 实施
이번 공정은 이미 시작한지 2, 3달이 되었다.

0974 >>

上岁数的人　　shàng suìshù de rén

명 연세가 많은 사람. 노인 = 上年纪的人

公共汽车上，要给上岁数的人让位儿。 = 老年人
버스에서는 연세가 많은 사람에게 자리를 양보해야 한다.

0975 >> *

捎　　shāo

동 가는[오는] 길에 갖고 가다[오다]. - 顺便

他回老家，我让他给我家人捎封信回去。 = 带
그가 고향에 돌아가는데, 나는 그로 하여금 가는 길에 우리가족들에게 편지를 가져다 주게 했다.

0976 >> *

少不了　　shǎobuliǎo

동 ① 없어서는 안 된다. 반드시 필요하다. ② …하지 않을 수 없다. …피할 수 없다. = 免
不了 ③ 매우 많다. ▶ 少(없어지다. 부족하다.) = 缺少

(1) 我们以后少不了打搅您。 = 难免会
우리들이 앞으로 당신을 귀찮게 하지 않을 수 없네요.

(2) 中国人过中秋节少不了月饼。 = 不能缺少
중국인이 추석을 보내는데 월병은 없어서는 안 된다.

(3) 你是我们的介绍人，结婚时少不了请你吃饭。 = 一定会
당신이 우리를 소개한 사람이니, 결혼때 반드시 당신에게 한턱내겠습니다.

(4) 冬天很冷，暖气绝对少不了。 = 需要
겨울이 추워서, 난방기가 절대로 필요합니다.

0977 >> ☆ **少走了很多弯路** shǎo zǒu le hěnduō wānlù

〈口〉 고생을 훨씬 덜 했다. = 少费许多周折

她从小就很听父母的话, 少走了很多弯路。 = 少费很多工夫
그녀는 어려서부터 부모님 말을 잘 들어서 샛길로 빠지지 않았다.

0978 >> ** **舍不得** shěbude

동 (헤어지기) 아쉽다. 섭섭하다. 아까워하다.

(1) 他们家生活困难, 连肉都舍不得吃。 = 因节俭不做
    그들 집은 생활이 어려워서 고기 먹는 것조차 아까워한다.

(2) 新买的衣服, 她一直舍不得穿。 = 因节俭而少做或不做
    새로 산 옷을 그녀는 줄곧 아까워서 못 입는다.

(3) 明天就要回学校了, 真舍不得爸爸妈妈啊! = 不忍分离
    내일이면 학교로 돌아 가야합니다, 정말 아버지, 어머니랑 헤어지고 싶지 않아요!

0979 >> ☆ **设计** shèjì

동 ① 설계하다. 디자인하다. // 盖房设计(주택 건축 설계) ② (음모를) 꾸미다. 계획하다.

(1) 你这是成心设计我。 = 谋害
    당신이 이러는 것은 고의로 나를 노린 것이다.

(2) 盖房子之前, 要设计好图纸。 = 规划
    집을 짓기 전에 도면 설계를 잘해야 합니다.

0980 >> ** **摄影** shèyǐng

동 촬영하다. // 摄影展(촬영전. 사진전.)

他酷爱摄影, 拍了不少有价值的照片。 = 照相
그는 촬영하는 걸 몹시 좋아해서, 적잖은 가치가 있는 사진을 찍었다.

0981 >> **谁也不比谁差** shéi yě bù bǐ shéi chà

〈口〉 누구와 비교해도 차이가 나지 않는다. 다 비슷비슷하다.

能考上这所大学的人, 谁也不比谁差。 = 大家都差不多
이 대학에 합격할 수 있는 사람은 누구와 비교해도 떨어지지 않는다.

0982 >> 谁也说服不了谁　　shéi yě shuōfúbuliǎo shéi

〈口〉 서로가 모두 자기의 주장만 고집하다.

争论了半天，他俩谁也说服不了谁。= 双方都坚持自己的意见
한참을 논쟁했는데 그들 두 사람은 서로가 모두 자기 주장만 고집한다.

0983 >> 谁知道　　shéi zhīdao

〈口〉 누가 알겠는가? 아무도 모른다.

(1) 大家都以为他去度假了，谁知道他今天又来上班了。= 没料到
모두들 그가 휴가 보내러 간 줄 알았지, 그가 오늘 또 출근할거라곤 아무도 짐작 못했다.

(2) 这是别人家里的事，谁知道呢？= 没有人知道
이건 남의 집안 일인데, 누가 알겠습니까?

0984 >> * 深　　shēn

영 ① 난해하다. 어렵다. 심오하다.　② 깊다.　③ (색깔이) 짙다.

(1) 她涉世不深。= 社会经验丰富。
그녀는 세상 물정을 잘 모른다.

(2) 他吃水很深。= 贪财
그는 재물을 심하게 탐한다.

(3) 这本书太深了，我读不懂。= 难懂
이 책은 너무 심오해서 나는 읽어도 이해가 안 된다.

0985 >> * 深浅　　shēnqiǎn

명 ①깊이.　② 분별. 분수.

小孩子说话不要这么不知深浅，会让人觉得很没礼貌。= 深度
아이가 말할 때 이렇게 분별 없이 해선 안 돼, 다른 사람이 버릇 없다고 생각할 거야.

0986 >> 慎　　shèn

동 삼가다. 신중하다.

他不慎落入了敌人的圈套。= 小心
그는 신중하지 않아서 적의 함정에 빠졌다.

0987 >> ** 慎重　shènzhòng

(형) 신중하다.

他做事十分慎重，从不做没有把握的事。　= 谨慎　= 稳重
그는 일을 하는 게 매우 신중해서, 자신이 없는 일은 결코 하지 않는다.

0988 >> ** 神气　shénqì

(동) 뽐내다. 우쭐대다.　(형) 생기가 있다.　(명) 표정. 기색.

(1) 爸爸年轻时长得可神气啦!　= 英俊潇洒
　　아버지가 젊었을 땐 정말 잘 생기셨네요!
(2) 同样是"公主"，她那么神气，我就那么"扁"，气死我了!　= 得意
　　같은 '公主'인데, 그녀는 그렇게 의기양양하고, 나는 이렇게 '기죽어 있으니', 기분 나빠 죽겠다.

0989 >> 什么水平呀　shénme shuǐpíng ya

〈口〉 수준은 무슨? 무슨 수준이 있겠어?

她还是大学毕业呢! 处理问题什么水平呀?　= 指做事做得不好
그녀는 그래도 대학을 졸업했는데, 일 처리하는게 영 아니네?

0990 >> * 生怕　shēngpà

(동) …할까 몹시 무서워하다. …할까 두려워하다.

他年龄太小，父母生怕他会上当受骗。　= 担心
그는 나이가 너무 어려 부모님은 그가 속고 사기 당할까봐 몹시 걱정한다.

0991 >> 胜负　shèngfù

(명) 승부. 승패.

这次比赛，一定要分出个胜负。　= 胜败
이번 시합은 반드시 승패를 가려내야 한다.

0992 >>

省事　shěng shì

형 편리하다. 간단하다.　동 수고를 덜다.

(1) 每件事都要认真，不能图省事。 = 方便
매사 모든 일에 열심이어야 한다, 편한걸 추구해서는 안 된다.

(2) 她可不是个不省事的人。 = 不喜欢多管闲事，不喜欢挑起事端
그녀는 절대 따지기를 좋아하지 않는 사람이 아니다.

0993 >>

失调　shītiáo

동 균형을 잃다. ⇔ 平衡

最近降雨失调，给农作物带来很大损失。 = 失去平衡
최근 강우량이 일정하지 않아 농작물에 큰 손실을 가져왔다.

0994 >> ☆

失业　shī yè

동 직장을 잃다. 실직하다. = 没有了工作

他失业后，一直没找到合适的工作。 = 丢掉工作
그는 실직 후, 계속 적합한 일을 찾지 못했다.

0995 >>

失足青年　shīzú qīngnián

명 비행(非行) 소년.

我们要尽量给失足青年改过自新的机会。 = 犯罪的青年
우리들은 최대한 비행소년에게 잘못을 뉘우치고 새 사람이 될 기회를 주어야 한다.

0996 >> *

十全十美　shí quán shí měi

〈成〉 완벽하다. 완전 무결하여 나무랄 데가 없다. = 完美无缺

他做事总是追求十全十美。 = 完美
그는 일하는데 있어서 언제나 완전무결하기를 추구한다.

0997 >>

十数载　　shí shù zài

명 십 수년.

他俩已经结婚十数载了，感情还是那么好。= 10几年
그들 두 사람은 이미 결혼한 지 십 수년이 되었는데 서로의 감정은 변함없이 좋다.

0998 >>

十之八九　　shí zhī bā jiǔ

부 〈成〉 십중팔구. 대체로. 거의.

(1) 看样子，他十之八九不会按约定来。= 很可能
　　보아하니, 그는 십중팔구 약속에 맞춰 오지 않을 것이다.

(2) 这所学校的学生，十之八九都能考上大学。= 大部分
　　이 학교 학생은 거의 다 대학에 합격할 수 있다.

0999 >>

时不时(地)　　shí bù shí de

부 종종. 자주.

(1) 尽管工作忙，他还时不时地回家探望父母。= 经常
　　비록 일이 바쁜데도, 그는 자주 부모님을 뵈러 집에 간다.

(2) 他时不时去书店逛逛，买些新到的书。= 时常
　　그는 종종 서점에 가서 둘러보며, 새로 나온 책들을 산다.

1000 >> ** 时机　　shíjī

명 시기. 기회. // 好时机

(1) 他很能把握时机，所以升迁得很快。= 机会
　　그는 기회를 잘 잡아서, 승진이 매우 빠르다.

(2) 他不失时机地做起了服装生意。= 机会
　　그는 기회를 놓치지 않고 옷 장사를 시작했다.

1001 >>

时尚　　shíshàng

명 시대의 풍조.

年轻的女孩子都喜欢追逐时尚。= 当时的风尚
젊은 여자들은 모두 시대의 풍조를 쫓기를 좋아한다.

1002 >>

时兴　shíxīng

동 (일시적으로) 유행하다.

这种款式的鞋是今年最时兴的，每天能卖出十几双。= 流行
이런 스타일의 신발은 올해 가장 유행하는 것이라서, 매일 십여 켤레를 팔 수 있다.

1003 >>

识得　shíde

형 인식하여 알고 있다. 식별하다.

她都这么大了，还不识得好坏，真让人担心。= 识别
그녀가 벌써 이렇게 컸는데, 아직 좋고 나쁨을 인식하지 못하니, 정말 사람을 걱정하게 한다.

1004 >> ☆

实际　shíjì

형 현실적이다. 구체적이다. // 脱离实际(실제에서 벗어나다.)

(1) 他这个人很实际。= 现实 = 讲眼前的利益
　　그는 매우 현실적이다.

(2) 我们做任何决定都要符合实际。= 现实
　　우리가 어떠한 결정을 하든 다 현실에 부합해야 한다.

1005 >> ☆

实践　shíjiàn

명 동 실천(하다). 이행(하다). = 实行

我们要把学到的知识投入到实践当中去。= 实际行动
우리는 배운 지식을 실천에 옮겨야 한다.

1006 >>

实力　shílì

명 실력. 힘.

我自己修理自行车，相信我有这个实力。= 本领
나는 직접 자전거를 수리하는데, 나에게 이런 실력이 있다고 믿는다.

1007 >> ** **实施**   shíshī

🅝🅥 실시(하다). // 深入实施(깊이 있게 실시하다.)

新婚姻法将于下个月正式实施。 = 实行
새 혼인법은 다음달에 정식으로 실시됩니다.

1008 >> ☆ **实事求是**   shí shì qiú shì

〈成〉 사실에 근거하여 바르게 처리하다.

我们做任何事都应该实事求是, 不能脱离实际。 = 符合实际
우리는 어떤 일을 하든 다 사실에 근거하여 바르게 처리해야 하지 사실에서 벗어나면 안된다.

1009 >> ☆ **实在**   shízài

🅑 확실히. 참으로. 사실은. 🅕 진실 되다. 충실하다. 확실하다.
◀ 实在 shízai (① 성실하다. 착실하다. 꼼꼼하다. ② 싸다. 저렴하다.)

(1) 他为人处事很实在。 = 诚恳踏实 = 真实= 老实
　　그는 사람됨과 일 처리에 매우 꼼꼼하다.
(2) 你这么不孝敬父母, 实在不该原谅! = 的确
　　너는 이렇게 부모님께 불효하니, 정말 용서해서는 안 된다.

1010 >> **实在人**   shízai rén

🅝 성실한 사람.

他是个实在人, 你们就别再蒙他了。 = 老实人
그는 성실한 사람이니, 당신들은 다시는 그를 속이지 마세요.

1011 >> ☆ **使**   shǐ

🅥 …에게 …하도록 하다.

(1) 他这样做着实使我很感动。 = 让
　　그가 이렇게 해서 참으로 나를 감동하게 했다.
(2) 这件事我做得尽量使大家都满意。 = 令
　　이 일은 내가 최대한 모두가 만족하게끔 했다.

1012 >> ★ 事 　shì

명 ① 일. ② 사고. 사건.

妈，放心吧，爸爸不会有事的，说不定过一会儿就回来。 = 意外的事
엄마, 안심하세요, 아버지는 아무 일 없을 거예요, 아마도 좀 있으면 돌아오실 지도 모르잖아요.

1013 >> 事后 　shìhòu

명 사후. 일이 발생한 후.

凡事要事前考虑周全，不要事后后悔。 = 事情发生以后
어떤 일이든 사전에 빈틈없이 고려하여 사후에 후회하지 마세요.

1014 >> 事后诸葛亮 　shìhòu Zhūgé Liàng

사건이 끝나고 나서 큰소리 치다. 소 잃고 외양간 고치기. 사후약방문

前些时候为什么不早说，事后诸葛亮谁不会做？
좀 미리 왜 일찍 얘기하지 않았니, 일이 끝나고 나서 큰소리치는 거야 누가 못해?

1015 >> ☆ 事实 　shìshí

명 사실.

事实证明，我当时的判断是正确的。 = 实际情况
나의 당시의 판단이 정확했다는 것이 사실로 증명되었다.

1016 >> 事与愿违 　shì yǔ yuàn wéi

〈成〉일이 뜻대로 되지 않다. = 不如意 ⇔ 称心如意

本来他有机会进入决赛的，没想到事与愿违，他在小组赛中受了伤，不能参加比赛了。
= 事情的结果和原来的想法相反
원래 그는 결승전에 오를 기회가 있었는데, 뜻밖에 일이 뜻대로 되지 않았다. 그가 조별경기에서
다쳐서, 경기에 참가하지 못하게 되었다.

1017 >> * 释 shì

(동) 놓다. 놓아두다. 석방하다.

他对朋友送的这件礼物，爱不释手。= 放开
그가 친구에게 준 이 선물이 마음에 들어 손에서 놓지를 않는다.

1018 >> 释怀 shìhuái

(동) ① (애증·슬픔 등을) 가슴속에서 지워버리다.(주로 부정문에 쓰임.)
② 마음을 털어놓고 친근해지다.

(1) 对于他的初恋情人，他多年来一直无法释怀。= 忘怀
그의 첫사랑에 대해서, 그는 여러 해 동안 줄곧 가슴속에서 지워버릴 방법이 없었다.

(2) 由于一时疏忽而使公司蒙受很大损失，这件事令他一直无法释怀。= 放心
일시의 소홀로 인하여서 회사에 큰 손실을 입혔는데, 이 일은 그에게 줄곧 마음을 놓을 수 없게 했다.

1019 >> 收拾 shōushi

(동) ① 정리하다. // 好好收拾了一番(한차례 잘 정리했다.) ② 수리하다. ③〈口〉혼내주다. 죽이다. 처리하다.

(1) 她每周末在家收拾屋子。= 整理
그녀는 매 주말에 집에서 방 정리를 한다.

(2) 你的屋子太乱了，好好收拾一下。= 整理
당신의 방은 너무 엉망이니, 잘 정리를 좀 하세요.

(3) 这匹马不太老实，你去收拾收拾它吧。= 整治
이 말은 그다지 얌전하지 않으니, 당신이 가서 혼 좀 내주시오.

1020 >> 手笔 shǒubǐ

(명) 친필의 문장이나 글씨.

这文章一看就知道是王明作家的手笔。= 亲手作的文章或写的字
이 문장은 보자마자 王明 작가의 친필이란 걸 알았다.

1021 >>

手头不算宽裕　shǒutóu bú suàn kuānyù

〈口〉 주머니 사정이 넉넉한 편이 아니다.

最近手头不算宽裕, 所以我很节省。 = 没有足够的钱
요즘 주머니 사정이 넉넉한 편이 아니어서, 나는 아주 절약한다.

1022 >>

手足无措　shǒu zú wú cuò

〈成〉 몹시 당황하여 어찌할 바를 모르다. = 不知所措

这件事急得他手足无措。 = 不知该怎么办才好
이 일은 그가 어떻게 해야 좋을지 모를 정도로 속 태우게 했다.

1023 >>

✱✱ 守　shǒu

동 ① 지키다. 간호하다. 돌보다.　② (법을) 지키다. 준수하다.

(1) 做人一定要守信。 = 遵守
　　사람 노릇하려면 반드시 신용을 지켜야 한다.

(2) 你放心走吧, 家里由我守着就行了。 = 看
　　넌 걱정말고 가라, 집안은 내가 돌보면 된다.

(3) 母亲生病后, 她一直守在身边寸步不离。 = 看护
　　어머님이 병이 난 후, 그녀는 계속 곁에서 조금도 떠나지 않고 간호했다.

1024 >>

受到　shòudao

동 …을 받다. // 受到照顾(보살핌을 받다.) ▶ 收到(편지를 받다.)

(1) 一下飞机, 他们就受到热烈欢迎。 = 得到
　　비행기를 내리자마자, 그들은 뜨거운 환영을 받았다.

(2) 受到您长期的照顾, 十分感激。 = 接受
　　당신의 오랜 보살핌을 받고서, 매우 감격했습니다.

1025 >>

竖起大拇指　shùqǐ dà mǔzhǐ

〈口〉 엄지손가락을 위로 치켜세우다.

他工作很出色, 同事们都竖起大拇指赞扬他。 = [表示赞扬]
그는 일하는 게 훌륭해서, 동료들 모두가 엄지손가락을 들어서 그를 칭찬했다.

1026 >> ★ 数　　shǔ

图 ① 손꼽(히)다. 두드러진 축에 들다. // 数他最好(그가 최고로 손꼽히다.)
　　② 세다. 하나하나 계산하다.

(1) 班里的同学，数他最淘气。 = 比较起来最突出
　　반의 학우들 중 그가 장난이 가장 심한 것으로 손꼽힌다.

(2) 单位里的人中，数他最忙。 = 比较起来最突出
　　직장내의 사람 중에 그가 제일 바쁘다고 손꼽을 수 있다.

(3) 这许多人中要说能干，也就数他了。 = 比较起来最突出
　　이 수많은 사람들 중에서 능력 있는 사람이라면 또한 그를 손꼽는다.

1027 >> 数得着　　shǔdezháo

图 …축에 들다. 손꼽히다. ⇔ 数不着

(1) 他的工作成绩在全校都是数得着 的。 = 非常优秀者之一
　　그의 근평은 전교에서 손가락 안에 든다.

(2) 他是知名画家，在全国也是数得着 的。 = 突出
　　그는 지명도 있는 화가이고, 전국에서도 손꼽힌다.

1028 >> 数一数二　　shǔ yī shǔ èr

〈成〉일 이등을 다투다. 뛰어나다. 손꼽히다. = 前一二名

(1) 全班同学中，他的成绩是数一数二的。 = 特别好
　　전체 반 학우들 중에서 그의 성적은 일 이등에 손꼽힌다.

(2) 要说他的工作能力是在公司里数一数二的大能人。 = 最突出
　　그의 업무 능력을 말한다면 회사 내에서 손꼽히게 능력 있는 사람이다.

(3) 他的长跑速度在整个体育组里都是数一数二的。 = 非常突出
　　그의 장거리 경주 속도는 전체 체육과 내에서도 일 이등에 손꼽힌다.

1029 >> ☆ 甩　　shuǎi

图 ① 떨쳐버리다. 떼어놓다. (누구에게) 채이다.　② 흔들다. 휘두르다. 던지다.

他被女朋友甩了，心情很糟糕。 = 抛弃
그는 여자친구에게 차여서 마음이 엉망이다.

1030 >> ＊ 帅 shuài

> 영 멋지다. // 写得真帅(글씨를 정말 멋지게 쓴다.)

(1) 他长得很帅，有不少追求者。 = 漂亮
그는 멋지게 생겨서 쫓아다니는 사람이 적지 않게 있다.

(2) 看看他的钢笔字，多帅！ = 好
그의 펜글씨를 봐라, 얼마나 멋진지!

1031 >> 双职工 shuāngzhígōng

> 명 맞벌이 부부. ⇔ 单工

他俩是双职工，平时谁都没有时间照顾孩子。 = 夫妇都工作
그들 두 사람은 맞벌이 부부라서 평상시에 누구도 아이들을 돌볼 시간이 없다.

1032 >> ☆ 顺便 shùnbiàn

> 부 …하는 김에.

你经过书店时，请顺便替我买一张地图。 = 利用机会
네가 서점을 지나가는 김에 나대신 지도 한 장만 사다오.

1033 >> 瞬时 shùnshí

> 명 식간에. 잠깐 동안. = 一下子

那个人影只一闪，瞬时消失了。 = 短时
그 사람의 그림자가 단지 스쳐 지났을 뿐 순식간에 사라져버렸다.

1034 >> ＊ 说 shuō

> 동 ① 꾸짖다. 야단치다. // 说了他们一顿.(그들을 한차례 꾸짖었다.) ② 말하다. 공연하다. ③ 중매하다. 소개하다.

(1) 我打算给你说个对象。 = 介绍
나는 너에게 애인을 소개해 줄 생각이다.

(2) 妈妈总是说我不努力学习。 = 责备
엄마는 늘 내가 열심히 공부하지 않는다고 야단치신다.

(3) 今年的晚会让他说一段相声吧！ = 表演

올해의 파티에서 그에게 만담 한 대목을 공연하게 하자.

(4) 你生病了，即使不来上班，也没人说你。 ＝ 责备
너는 병이 났으니 설령 출근하지 않더라도 널 야단칠 사람은 없다.

(5) 这次题太难，考不好老师也不会说我们的。 ＝ 批评
이번 문제는 매우 어려워서 시험을 잘못 보더라도 선생님은 우리를 꾸짖지는 않을 것이다.

1035 >> ** 说不定　shuōbudìng

동 단언하기 어렵다.　부 아마…일지 모른다.

这次招聘会上，说不定能找到满意的工作呢！ ＝·也许
이번 초빙회에서 아마 만족스러운 일을 찾을 수 있을지도 모른다.

1036 >> 说不过去　shuōbuguòqù

동 이치[경우]에 어긋나다.

复习了这么久，再考不及格就说不过去了。 ＝ 不合情理
이렇게 오래 복습했는데도 재시험에서 불합격하면 말이 안 된다.

1037 >> 说不过他　shuōbuguò tā

동 말로는 그를 이길 수 없다. ▶ 喝不过他(술로는 그를 이길 수 없다.)
　　▶ 打不过他(싸움으로는 그를 이길 수 없다.)

他能说会道，我们谁也说不过他。 ＝ 他最能说
그는 말주변이 좋아서 우리들 누구도 말로서 그를 이길 수는 없다.

1038 >> 说不上　shuōbushàng

동 단언할 수 없다. 분명히 말할 수 없다. // 说不上理解(이해했다고 말할 수 없다.)

(1) 我和他关系一般，说不上是好朋友。 ＝ 谈不上
나와 그는 보통 관계이지 친한 친구라고는 할 수는 없다.

(2) 我和他说不上熟悉，点头之交而已。 ＝ 算不上
나와 그는 잘 안다고 할 수 없고 그저 인사나 하는 사이일 뿐이다.

1039 >>

说大话　　shuō dàhuà

동 허풍을 떨다. 큰소리 치다.

他没有真本事，就会说大话。= 吹牛
그는 본 실력은 없고, 단지 허풍만 떨 줄 안다.

1040 >>

说得有鼻子有眼　　shuō de yǒu bízi yǒu yǎn

〈口〉 꾸며서 하는 이야기가 진짜 같다. 말하는 것이 그럴듯하다.

影子都没有的事，一到她嘴里，就说得有鼻子有眼的。= 把虚构的故事说得很逼真
그림자도 없는 일이 그녀의 입에 가서는 곧 사실처럼 돼버린다.

1041 >>

说话　　shuō huà

부 곧. 이내. 즉시.

(1) 他已经在路上了，说话就到。= 马上
　　그는 이미 오는 중이니 곧 도착한다.

(2) 他已五十五岁了，说话就退休。= 很快就要
　　그는 이미 55세라서 곧 퇴직한다.

1042 >>

说话间　　shuō huà jiān

부 어느 사이에. 어느덧.

说话间，他已经做了好几道题了。= 那会儿的同时
어느덧 그는 벌써 여러 문제를 풀었다.

1043 >>

说话算数　　shuō huà suàn shù

〈口〉 한 말은 책임져야 한다. = 说话算话 ⇔ 说话不算数

只有说话算数，才能赢得他人的信任。= 说到做到
자신이 한 말에 책임을 져야만 비로소 타인의 신임을 얻을 수 있다.

1044 >> 说急就急　shuō jí jiù jí

〈口〉무척 성질이 급하다.

他脾气不好，说急就急。= 很容易急
그의 성질은 나빠서, 무척 급하다.

1045 >> 说来说去　shuōlái shuōqù

동 자꾸 번복해서 말하다. 이랬다저랬다 하다.

(1) 就这么一件小事，他总是说来说去。= 反复说
　　겨우 이런 작은 일에 그는 항상 이랬다저랬다 한다.

(2) 说来说去，还不是一样白费口舌。= 再怎么说
　　이러고 저러고 해봤자 마찬가지야 입만 아프지.

1046 >> 说起来　shuōqǐlái

동 말을 하자면. // 说起话来(말하기 시작하다.)

这两个老太太一说起来就没完没了。= 开始说
이 두 분의 할머니께서는 일단 말을 시작하면 한도 끝도 없다.

1047 >> 说三道四　shuō sān dào sì

〈成〉제멋대로 지껄이다. 이것저것 마구 말하다. = 说五道六

(1) 你总是在别人背后说三道四，这种习惯很不好！= 说别人闲话
　　너는 항상 남 등뒤에서 이것저것 마구 말하는데 이런 습관은 매우 좋지 않아!

(2) 大家都讨厌他，因为他老喜欢说三道四。= 议论别人
　　사람들은 모두 그를 싫어한다, 왜냐하면 그는 항상 남을 헐뜯는 것을 좋아하기 때문이다.

1048 >> 说闲话　shuō xiánhuà

동 ① 뒤에서 남을 험담하다. ② 한담하다.

(1) 有意见当面提，别在背后说闲话。= 议论别人
　　의견이 있으면 직접적으로 얘기해야지 뒤에서 남을 험담하진 마라.

(2) 他把背后说闲话当作一大乐事。 = 讽刺
그는 뒤에서 남을 헐뜯는 것을 큰 낙으로 여긴다.

(3) 背着老板到处说闲话，小心被炒鱿鱼啊。 = 说不满意的话
사장 몰래 돌아다니며 험담하면 해고당할지 모르니 조심해라.

1049 >> 说嘴 shuōzuǐ

동 ① 자만하다. 허풍치다.　② 말다툼하다. 언쟁하다.

你先别说嘴，我们要看你的实际行动。 = 夸口
먼저 자만하지 마라, 우리는 너의 실제 행동을 봐야겠다.

1050 >> * 私营 sīyíng

명 동 민영(하다). ⇔ 公营 // 私营商店(민영상점)

这是一家私营公司，是两年前他父亲自己办的。 = 私经营
이것은 하나의 민영회사인 데, 2년 전에 그의 아버지가 직접 창설한 것이다.

1051 >> ** 思索 sīsuǒ

동 사색하다. 깊이 생각하다.

我一直在苦苦地思索着这个问题，但没得到答案。 = 思考
나는 줄곧 이 문제를 열심히 생각했지만, 대안을 찾을 수 없었다.

1052 >> 死活 sǐhuó

부 ① 여하튼. 이유 불문하고.　② 한사코. 기어코.

他的父母死活不答应这桩婚事。 = 无论如何
그의 부모는 한사코 이 결혼을 승낙하지 않았다.

1053 >> 四处 sìchù

명 사방. 도처.

为了给他讨回公道，父母四处奔走。 = 到处
그에게 공정한 결과가 돌아오게 하기 위해, 부모는 사방으로 뛰어다녔다.

1054 >> "四二一"的家庭结构　　"sì èr yī" de jiātíng jiégòu

삼대가 함께 사는 가정구조. (祖父母, 外祖父母, 父母, 独生子女)

"四二一"的家庭结构使中年人负担很重。 = 夫妻双方都是独生子女组成的三代同堂的家庭

'421'의 가족구조는 중년층으로 하여금 부담을 가중시켰다.

1055 >> ☆ 似乎　　sìhū

부 마치 …인 것 같다.

(1) 这个人我以前似乎见过。 = 仿佛
　　이 사람은 내가 이전에 마치 만난 적이 있는 것 같다.

(2) 雨似乎小点儿了，我们出发吧。 = 好像
　　빗줄기가 좀 가늘어진 것 같으니 우리 출발하자.

1056 >> ＊ 送　　sòng

동 ① 전송하다. 배웅하다. // 欢送(환송하다.)　② 보내다. 주다.

临行前，亲友都来机场送他。 = 送行
출발하기 전에 친한 친구들이 모두 공항에 와서 그를 배웅했다.

1057 >> 搜查　　sōuchá

동 (용의자를) 수사하다. = 搜寻

到今天为止，已经派了二十几名警察进行搜查罪犯的工作。 = 寻找
오늘에 이르기까지 이미 20여 명의 경찰관을 파견하여 범행수사를 진행하였다.

1058 >> ＊ 算　　suàn

동 ① 추측하다. 예상하다.　② …으로 여기다. …으로 치다.　③ 포함하다. 계산하다. //
　　算上我四个人(나를 포함해서 네 사람.)　④ 그만두다.

(1) 今天这顿饭算我的。 = 由……来付钱
　　오늘 이 음식값 내가 계산할게.

(2) 这么长时间了，我算着他该来了。= 推测
이렇게 오랜 시간이 지났지만 나는 그가 당연히 올 거라고 추측한다.

(3) 你刚才在点人的时候是不是没有把小金给算进来？= 包括
너 방금 사람을 셀 때 小金을 계산에 넣지 않은 것 아냐?

1059 >> ☆ **算了** suànle

〈口〉그만두다. 됐다. = 得了

(1) 算了，你把这些都拿走吧！= [表示让步]
됐다, 이것들 모두 가져가라.

(2) 我男朋友说我们之间就算了吧。= 分手
나의 남자친구가 우리 사이 그만 끝내자고 말했다.

(3) 这件事过去了就算了，大家谁也别追究了。= 已经决定作罢
이 일은 지난 일이니 관두자, 모두들 그 누구도 추궁하려 하지 마라.

(4) 这次考试不及格也算了，反正题出得太难了。= 不去管它
이번 시험에 불합격해도 상관없어, 어쨌든 문제를 너무 어렵게 냈더라고.

1060 >> ** **算是** suànshi

(동) …인 셈이다. …으로 치다. // 算是劳逸结合(노동과 휴식의 결합인 셈이다.)

这件小礼物算是我的一点心意，你就收下吧。= 当作
이 자그마한 선물은 저의 작은 성의입니다, 받아주십시오.

1061 >> ☆ **随** suí

(동) ① 닮다. 비슷하다. ② 마음대로…하게 하다. …를 따르다. ▶ 随手(하는 김에 …하다.) = 顺便 (삽) ①…일지라도. …하더라도. ② 어떠한 …라도. 아무리 …라도.

(1) 什么时候走随你。= 跟随 = 随便
언제 갈지는 당신 마음대로 하세요.

(2) 她的长相就随她父亲。= 像
그녀의 외모는 그녀의 아버지를 닮았다.

(3) 这么多衣服，随你挑。 = 任凭
이렇게 옷이 많으니 마음대로 골라라.

(4) 三年前，她随父亲来到北京。 = 跟随
3년 전, 그녀는 아버지를 따라 북경에 왔다.

(5) 随你怎么说，反正我想不通。 = 不管
네가 어떻게 말하든 간에 어차피 나에게는 통하지 않는다.

(6) 爷爷过世才一年，奶奶就随他去了。 = 追随
할아버지가 돌아가신 지 겨우 일년만에 할머니도 할아버지를 따라 돌아가셨다.

1062 >> **琐事**　suǒshì

명 사소한 일. 자질구레한 일.

这些日常琐事要分散她很多精力。 = 零碎的小事
이러한 일상소사들이 그녀의 많은 힘을 빼앗는다.

1063 >> * **索性**　suǒxìng

부 차라리. 아예.

反正今天干不完，索性明天再接着干。 = 干脆
어쨌든 오늘 다 못하니, 차라리 내일 다시 이어서 하자.

시험에 꼭 나오는 HSK 단어·숙어

1064 >> **他得顾我们俩的嘴**　tā děi gù wǒmen liǎ de zuǐ

〈口〉그는 우리 둘의 생활고를 책임져야 한다.

他怎么能不工作呢？ 他得顾我们俩的嘴。 = 他必须给我们挣饭吃
그는 어찌 일을 안 할 수가 있지? 그는 우리 둘의 생활고를 책임져야 하는데.

1065 >>

他只是一个孩子，别跟他生气
tā zhǐ shì yī gè háizi, bié gēn tā shēng qì

〈口〉어린애한테 너무 화내지 마라[살살 타일러라].

他只是一个孩子，别跟他生气，别批评得太重了。= 往轻里说
그는 단지 애야, 너무 화내지 말고, 너무 심하게 야단치지마라.

1066 >>

** 踏实　　tāshi

영 ① 안정하다. 평온하다. = 安稳 // 睡得踏实(평온하게 잔다. 달콤하게 잔다.)
　　② 착실하다. 실질적이다.

(1) 他这人很踏实。= 实在 = 诚恳
　　그 사람은 매우 착실하다.

(2) 结婚后，她觉得踏实了。= 安定
　　결혼 후 그는 안정감을 느꼈다.

1067 >>

☆ 太差了　　tài chà le

너무 차이가 난다. 형편없다

这次比赛你的表现太差了。= 不好
이번 시합은 네가 너무 못했다.

1068 >>

☆ 太淡了　　tài dàn le

너무 싱겁다. // 有点儿太淡(약간 싱겁다.)

这里的菜太淡了，不合我的口味。= 不够咸
이곳의 요리는 너무 싱거워서 내 입맛에 안 맞는다.

1069 >>

谈不上　　tánbushàng

동 …라고 까지 말 수 없다. 말할 것까지 없다. (사실과 너무 동떨어져서) 말이 안 된다. = 说不上

我和他只见过几次面，谈不上交情好。= 不能说
나와 그는 단지 몇 번 봤을 뿐, 서로 친하다고 할 수는 없다.

1070 >>

谈得来　tándelái

동 말이 서로 통하다. = 能一起谈话 // 住得来(거주할 만하다) // 处得来(서로 지낼 만하다)

他们俩是好朋友，很谈得来。= 能说到一起去，有共同语言
그들 두 사람은 친한 친구라 말이 잘 통한다.

1071 >>

谈何容易　tán hé róngyì

말처럼 쉬운 것이 아니다. ⇔ 轻而易举

(1) 要我做一桌菜，谈何容易。= 很不容易
　　내가 요리 한 상 차리는 것이 말처럼 쉬운 것이 아니다.

(2) 这问题太复杂，解决起来谈何容易。= 很不容易
　　이 문제는 매우 복잡해서 해결하자면 말처럼 쉬운 것이 아니다.

1072 >>

掏腰包　tāo yāobāo

〈口〉 자기 돈으로 비용을 지불하다.

每次吃饭都是他掏腰包，真让我们过意不去。= 花钱
매번 밥을 먹는데 항상 그가 주머니를 터니 우리는 정말 미안하다.

1073 >> *

讨价还价　tǎo jià huán jià

〈成〉 값을 흥정하다.

(1) 在市场买菜，讨价还价是难免的。= 与小贩商量价格
　　시장에서 채소를 살 때 값을 흥정하는 것은 불가피하다.

(2) 经过讨价还价，他以100万买下了这幢房子。= 与对方讨价
　　흥정을 거쳐, 그는 100만원에 이 집을 샀다.

1074 >> *

特别　tèbié

부 각별히. 유달리. 특히. 형 특별하다. 남다르다. 특이하다.

夏天的时候，白天变得特别长。= 格外
여름에는 낮 시간대가 특히 길어진다.

1075 >> * 特意　tèyì

부　특별히. 일부러. = 专门 = 专程

他特意坐飞机回来探望老师。 = 特地
그는 일부러 비행기를 타고 돌아와서 선생님을 찾아뵈었다.

1076 >> ☆ 提倡　tíchàng

동　제창하다. 주창하다.

国家提倡每一个公民都要节约用水。 = 主张
국가는 국민 각자가 모두 용수를 절약해야 된다고 주장한다.

1077 >> ☆ 体会　tǐhuì

동　체득하다. 체험하다.

(1) 上大学这几年，他体会到了离开父母的滋味。 = 感受
　　대학에 다니는 요 몇 년간 그는 부모님과 떨어져있는 느낌을 맛봤다.

(2) 回去后，每个人把这次参加大会的体会写个报告上来。 = 心得
　　돌아간 후에 사람들마다 이번 대회에 참가해서 받은 느낌을 보고서로 써 올렸다.

1078 >> ** 体面　tǐmiàn

형　① (얼굴이) 아름답다. 보기 좋다.　② 떳떳하다. 면목이 서다.

(1) 他这么一打扮，显得体面多了。 = 精神
　　그는 이렇게 분장하니까, 더 멋져보이더라.

(2) 这么做根本就没有顾及体面。 = 面子 = 身份
　　이렇게 하면 근본적으로 체면이 서지 않는다.

(3) 欧洲旧式的宫廷舞会要求所有的来宾都得穿上体面的礼服。 = 不失身份
　　유럽 고풍의 궁전무도회는 모든 내빈에게 반드시 격식 있는 예복을 입기를 요구한다.

1079 >> * 天地　　tiāndì

명 ① (활동범위의) 세계. 세상. 경지.　② 하늘과 땅. 천지. // 广阔的天地(광활한 세상)

(1) 这个天地对他来说还是太小了。= 范围
　　이 세계가 그에게는 아직 너무 작다고 할수 있다.

(2) 新的工作给了他更多的施展才华的天地。= 空间
　　새 직업은 그에게 더욱 많은 재능을 발휘할 수 있는 공간을 제공하였다.

1080 >> 天各一方　　tiān gè yī fāng

〈成〉 서로의 차가 현저하다. 천양지차(天壤之差)이다. = 天差地远

毕业后，我们天各一方，没有机会见面。= 相隔极远
졸업 후, 우리는 각자의 길을 가서 만날 기회가 없었다.

1081 >> 天经地义　　tiān jīng dì yì

〈成〉 절대불변의 진리.

照顾年迈的父母是天经地义的事。= 应该做的 = 合情合理的
연로하신 부모님을 돌보는 것은 절대불변의 진리이다.

1082 >> 天下第一关　　tiānxià dì yī guān

명 천하의 첫 번째 관문.

山海关号称天下第一关。= 它最雄伟
산해관은 천하제일관이라 칭해진다.

1083 >> 天真　　tiānzhēn

명 ① 유치하다. 단순하다.　② 천진하다. 순진하다. = 幼稚

(1) 他天真地认为，人都是很善良的。= 单纯
　　그는 천진하게도 사람들은 모두 매우 선량하다고 여긴다.

(2) 父母担心他太天真，到社会上被他人欺骗。= 头脑简单
　　부모는 그가 너무 순진하여, 사회에서 남에게 속을까 걱정한다.

1084 >>

☆ 添　tiān

(동) 더하다. 보태다. 덧붙이다. // 添麻烦(폐를 끼치다. 성가시게 하다.)

(1) 你只会给我添麻烦。 = 增加
　　당신은 단지 내게 폐만 끼치는군요.

(2) 请再给他添碗饭，看他饿的。 = 加
　　그에게 밥 한 그릇을 더 주세요, 그가 배고파 보이는군요.

(3) 他的路费不够了，你能给他添点钱吗？ = 加
　　그의 여비가 부족하니, 당신이 그에게 돈을 좀 보태줄 수 있나요?

1085 >>

☆ 甜　tián

(형) ① 말을 달콤하게 하다.　② (생활이) 즐겁다. 행복하다. 편안하다.

(1) 她的嘴很甜，很讨大家的喜欢。 = 会说好听的话
　　그는 말을 달콤하게 해서 사람들에게 많은 사랑을 받는다.

(2) 收到他的礼物，她心里甜极了。 = 甜蜜
　　그의 선물을 받고, 그녀는 속으로 매우 행복했다.

1086 >>

甜头　tiántou

(명) ① 좋은 점. 이득.
　　② 단맛. ▶ 苦头(쓴맛) ▶ 看头(볼만한 것) ▶ 吃头儿(먹을 맛. 식욕.)

他尝到了努力工作的甜头，他被评为了优秀工作者。 = 好处
그는 열심히 일한 보람을 맛보았다. 그는 우수 노동자로 평가되었다.

1087 >>

听而不闻　tīng ér bù wén

〈成〉 듣고도 못들은 척하다. = 充耳不闻 ⇔ 洗耳恭听

(1) 他对国家大事，听而不闻。 = 不关心
　　그는 국가대사에는 관심이 없다.

(2) 跟他说了都没用，他从来都是听而不闻。 = 听了和没听见一样,
　　그와 얘기해봐야 모두 소용없다. 그는 언제나 듣고도 못 들은 척 한다.

1088 >>

听你的　tīng nǐ de

〈口〉네 말을 듣겠다. 네 말에 따르겠다.

这件事我不能做主，都听你的。= 由你决定
이 일은 내가 결정할 수 없으니 모두 네 말에 따르겠다.

1089 >>

* # 挺　tǐng

부 매우. 아주. 대단히. // 挺不满意(대단히 만족스럽지 못하다.)

(1) 你今天穿的这套衣服挺漂亮的。= 很
당신이 오늘 입은 이 옷은 매우 아름답다.

(2) 他对这样的工作安排挺不满意的。= 十分
그는 이렇게 작업 안배된 것에 대해 상당히 불만스럽다.

1090 >>

挺好　tǐng hǎo

매우 좋다. = 很好

他聪明伶俐，是个挺好的孩子。= 不错
그는 총명하고 영리한 매우 좋은 아이이다.

1091 >>

** # 通常　tōngcháng

명 형 일반(적으로). 보통(으로). 통상(적으로). = 平常

妈妈通常五点半下班。= 一般
어머니는 보통 5시 반에 퇴근한다.

1092 >>

** # 通顺　tōngshùn

형 (문장이) 매끄럽다. 순탄하다.

这是谁写的文章，语言这么不通顺？= 流畅
이것은 누가 쓴 문장이기에 말이 이렇게 매끄럽지 못하지?

1093 >>

通通　tōngtōng

[부] 모두. 전부. = 统统 // 通通留下!(모두 남아라.)

临走前, 她把家具通通卖了。 = 全部
떠나기 전에 그녀는 가구를 전부 팔았다.

1094 >>

同行　tóngháng

[명] 업종이 같은 사람. 같은 일을 하고 있는 사람. = 同党

我叔叔也是老师, 跟你爸爸是同行。 = 做同一种工作的人
나의 삼촌도 선생님으로 너의 아버지와 같은 일을 한다.

1095 >>

** 统统　tŏngtŏng

[부] 모두. 전부. = 通通

这次考试, 统统不及格。 = 全部
이번 시험에서 모두 불합격했다.

1096 >>

* 痛快　tòngkuài

[형] ① 마음껏 놀다. ② 통쾌하다. 기분 좋다. 후련하다. 시원시원하다.

(1) 这次郊游, 玩得真痛快。 = 高兴
　　이번 소풍은 매우 재밌게 놀았다.
(2) 老同学难得聚会, 要喝就喝个痛快。 = 尽兴
　　옛 학우들이 어렵게 모였는데 마시려면 신나게 마시자.

1097 >>

痛痛快快地　tòngtongkuàikuàide

[부] 통쾌하게. 시원스럽게. 속시원하게.

有什么事就痛痛快快地说出来吧。 = 直截了当
무슨 일이 있으면 속시원하게 얘기해봐라.

1098 >>

头儿　　tóur

명 ① 대장. 책임자. 수령. 두목.　② 끝. 꼭대기. // 一直走到头儿。(똑바로 끝까지 가라.)

他是我们单位的头儿。 = 领导
그는 우리 기관의 책임자이다.

1099 >>

** ## 头脑　　tóunǎo

명 ① 두뇌. 의식. // 要有清醒的头脑(정신을 바짝 차려야 한다.)　② 수뇌. 지도자.

(1) 他头脑很灵活。 = 脑筋
　　그는 머리 회전이 매우 빠르다.

(2) 他很有经济头脑，是个经商的人才。 = 意识
　　그는 매우 경제적인 머리가 있는 금융계의 인재이다.

1100 >>

头痛　　tóutòng

명 두통.　동 머리[골치]가 아프다. = 头疼

(1) 英语的语法很让我头痛。 = 感到为难 = 发愁
　　영어의 문법은 나를 매우 머리 아프게 한다.

(2) 他总是纠缠我，我很头痛。 = 感到为难
　　그는 늘 나를 귀찮게 해서, 나는 매우 머리가 아프다.

(3) 他的孩子不听话，很让他头疼。 = 为难和讨厌
　　그의 아이는 말을 안 들어서, 그를 매우 머리 아프게 한다.

(4) 数学让他觉得很头痛。 = 觉得不容易做
　　수학은 그를 매우 머리 아프게 한다.

1101 >>

头头是道　　tóu tóu shì dào

〈成〉 말이나 행동이 하나하나 지당하다. ⇔ 漏洞百出

这件事他分析得头头是道。 = 很有条理
이번 일은 그의 분석이 정확했다.

1102 >> 头一天   tóu yī tiān

명 첫째 날. // 头一次(첫번째) = 第一次

上班头一天, 她就迟到了。 = 第一天
출근 첫째 날, 그녀는 지각했다.

1103 >> ☆ 突出   tūchū

형 두드러지다. 뛰어나다. 특출 나다. 동 돌출하다. 툭 튀어나오다.

(1) 他在遗传学方面的成绩很突出。 = 显著
　　그는 유전학 방면에서의 성적이 매우 뛰어나다.

(2) 在一大群人中, 穿黄衣服的他显得很突出。 = 显眼
　　무리 중에서 황색 옷을 입은 그가 눈에 뜨인다.

1104 >> ☆ 突击   tūjī

동 단기간에 총력을 기울여 성과를 얻다. 벼락치기로 하다.

快要考试了, 他在家突击复习。 = 集中力量迅速提高
곧 시험이라서 그는 집에서 복습하는데 총력을 기울였다.

1105 >> ☆ 图   tú

명 계획. 의도. 동 바라다. 희망하다. 도모하다.

(1) 做这种事没什么可图的。 = 追求
　　이런 일을 하는 것은 어떠한 목적은 없다.

(2) 他这么卖力地帮助我们, 总得有个图。 = 目的
　　그가 이처럼 힘껏 나를 돕는 것은 반드시 목적이 있어서이다.

(3) 你图的是什么我应该知道, 因为我理解你。 = 想得到
　　니가 바라는 것이 무엇인지 내가 당연히 알지, 왜냐하면 나는 너를 이해하기 때문이다.

1106 >> ☆ 土   tǔ

형 촌스럽다. 구식이다. 향토색이 짙다. // 土气 (촌티, 촌스럽다) = 不时髦
명 흙. 토지. 땅.

城里人总是嘲笑乡下人很土, 认为他们很落后。 = 跟不上时代
도시인들은 늘 시골 사람들이 매우 촌스럽다고 비웃고 그들은 매우 낙후되었다고 여긴다.

1107 >> 团团转　tuántuánzhuàn

동　① 허둥지둥하다. 이리 뛰고 저리 뛰다. 쩔쩔매다.　② 빙글빙글 돌다.

这些天忙得她团团转。= 很忙 = 非常忙碌
요 며칠 간 그녀는 정신 없이 바빴다.

1108 >> 团圆饼　tuányuánbǐng

명　월병.

(1) 八月十五这一天，按习俗要吃团圆饼。= 它象征着团圆
　　8월 15일 이 날은 풍속에 따라 모여서 월병을 먹는다.

(2) 奶奶在中秋节给孩子们每人一个团圆饼。= 月饼
　　할머니는 중추절에 아이들에게 각각 월병을 하나씩 주었다.

1109 >> * 推销　tuīxiāo

동　판촉 하다. 판로를 확장하다.

这种款式的录音机过时了，推销不出去。= 销售
이런 스타일의 녹음기는 시대가 지나서 팔리지 않는다.

1110 >> * 退　tuì

동　(관직·직장에서) 물러나다. 탈퇴하다.

原来他是这儿的领导，现在早就退了。= 离开岗位
알고 보니 그는 이곳의 지도자였는데 지금은 벌써 물러났다.

1111 >> 拖泥带水　tuō ní dài shuǐ

〈成〉 일하는 것이 시원스럽지 못하다. (말·글 등이) 질질 끌다. = 拖拖拉拉

(1) 他这个人办事不麻利，总是拖泥带水。= 做事不干脆，不爽快
　　그 사람은 일을 처리하는 것이 신속하지 못하고 늘 질질 끈다.

(2) 你这人老是拖泥带水，为什么不干脆点呢？= 做事不周到，不圆满
　　너는 늘 일하는 것이 시원스럽지 않는데 왜 좀더 시원스럽게 하지 않니?

1112 >> ** 妥当　tuǒdang

(형) 타당하다. 알맞다. 적당하다.

我觉得这样做比较妥当。 = 适当
나는 이렇게 하는 것이 비교적 타당하다고 생각한다.

시험에 꼭 나오는 HSK 단어·숙어

1113 >> 外人　wàirén

(명) ① 외부인. ② 남. 타인. 제삼자. = 没有亲友关系的人

这个宣传计划别和外人说。 = 圈外的
이 선전 계획을 외부인에게 말하지 마라.

1114 >> ** 外祖父　wàizǔfù

(명) 외조부. 외할아버지. = 姥爷

小明的外祖父是一位非常有名的学者。 = 母亲的父亲
소명의 외할아버지는 매우 유명한 학자이다.

1115 >> ** 外祖母　wàizǔmǔ

(명) 외조모. 외할머니. = 姥姥

小时候，他在外祖母家长大。 = 母亲的母亲
어릴 때, 그는 외할머니 집에서 자랐다.

1116 >> ** 丸　wán

(양) 〈수사 + 丸 + 명사〉 알. (알약을 세는 단위.)

这种治脚伤的药每天吃两丸，连续吃五天。 = 颗
발의 상처를 치료하는 이런 약을 매일 두 알씩 5일간 계속 먹는다.

1117 >> * **完全**　wánquán

(부) 완전히. 전혀. 전적으로.

经过三个月的努力，这项工程终于完全结束了。 = 全部
3개월의 노력을 거쳐서 이 공사는 마침내 완전히 끝났다.

1118 >> **晚点**　wǎn diǎn

(동) (차·선박·비행기 따위가) 연착하다. = 误点 ⇔ 准点

飞机晚点了，可能两个小时后才能到达。 = 推迟到达
비행기가 연착해서 아마 두어 시간 후에야 도착할 수 있을 것이다.

1119 >> * **万**　wàn

(부) 절대로. 매우. 극히. (수) 만(万).

我万没想到，他会出卖朋友。 = 绝对
나는 그가 친구를 배신할 줄은 절대로 몰랐다.

1120 >> **万不得已**　wàn bù dé yǐ

〈成〉 부득이하다. 어찌할 수 없다. = 迫不得已

不到万不得已的时候，我不向别人借钱。 = 实在没有办法
어쩔 수 없는 상황이 아니면, 나는 다른 사람에게 돈을 빌리지 않는다.

1121 >> ** **万万**　wànwàn

(부) 절대로. 결코.

(1) 这次机会很重要，你万万不能放弃。 = 千万
　　이번 기회는 매우 중요하니, 너는 결코 포기해선 안 된다.
(2) 外面太冷了，你万万不可以让孩子出去。 = 无论如何
　　밖이 너무 추우니, 너는 절대로 아이들을 밖에 내보내서는 안 된다.

1122 >> ** 万一　　wànyī

🔵 혹시. 만일. 만약. = 倘若 = 极小的可能性

(1) 万一有失误就来不及了。 = 假如
만일 실수가 생기면 손쓸 틈이 없을것이다.

(2) 你还是带上伞吧，万一下雨怎么办呢？ = 要是
너는 아무래도 우산을 가져가는 것이 좋겠어. 만일 비가 오면 어쩔 거야?

1123 >> 往返　　wǎngfǎn

🔵 왕복하다. 오가다. // 往返票(왕복표) = 来回票

如果坐飞机，汉城到南京往返也只需要四个小时。 = 来回
만약 비행기를 타면 서울에서 南京을 왕복하는데는 단지 4시간이 걸린다.

1124 >> * 往日　　wǎngrì

🔵 옛날. 지난 날. = 往昔

现在人们的生活不同往日，都富裕起来了。 = 从前
요즘 사람들의 생활은 옛날과 같지 않아, 모두 부유해졌다.

1125 >> * 往事　　wǎngshì

🔵 지난 일. // 辛酸的往事(슬프고 괴로웠던 옛 일.)

我总是回忆起小时的往事。 = 过去的事情
나는 늘 어렸을 적의 옛일을 추억하곤 한다.

1126 >> 忘乎所以　　wàng hū suǒ yǐ

〈成〉 너무 흥분하거나 우쭐하여 자기 주제를 잊어버리다. = 忘其所以

(1) 不要取得一点成绩就忘乎所以，要谦虚。 = 很高兴，兴奋
성적을 조금 더 받았다고 우쭐하지 말고 겸손해라.

(2) 他听到那个消息，已经忘乎所以了。 = 什么都顾不上了，也不知该怎么
그는 그 소식을 듣고, 이미 흥분해서 자기 주제를 잊어버렸다.

1127 >>

忘年之交　wàng nián zhī jiāo

〈成〉나이 차이를 초월하여 친하게 지내는 사이.

我和老局长因为都喜欢钓鱼，成了忘年之交。= 年龄差别大的朋友
나와 노국장은 모두 낚시를 좋아하기 때문에 친한 사이가 되었다.

1128 >>

★ 为　wéi

동 ① …이다. ② …이 되다. …으로 삼다.

(1) 汉城为我国首都。= 是
서울은 우리나라의 수도이다.

(2) 这次长跑的距离为一万米。= 是
이번 장거리 경주의 거리는 만 미터이다.

1129 >>

★ 为　wèi

신 ① 〈为 + 사람 + 동사〉…을 위하여. …에게. ② 〈为……而……〉…때문에.
③ 〈为……所……〉…에 의하여 …가 되다.

(1) 他生病期间，妈妈每天为他送饭。= 给
그가 병 걸려있는 동안 어머니는 매일 그에게 밥을 가져다주었다.

(2) 夕阳为天边的云彩镶上了一道金边儿。= 给
석양은 하늘가의 구름에 금테를 둘러주었다.

1130 >>

★★ 为难　wéinán

동 (어떤 요구로 인해) 난처하다[하게 하다]. 곤란하다[하게 하다]. = 感到难以应付 //
感到很为难(매우 난처하다.)

(1) 她总是要求特殊照顾，让领导很为难。= 难办
그녀는 늘 특별한 배려를 요구해서 책임자를 매우 곤란하게 한다.

(2) 你就别为难他了，他才几岁呀！= 给……出难题
너는 그를 난처하게 하지 마라, 그는 이제 몇 살 밖에 안되잖아.

1131 >> ** 为首的　wéishǒude

명 선두에 있는 사람. 머리로 삼은 것. ▶ 为首(우두머리로 삼다. 선두로 하다.)

(1) 最胖的那个是那群人中为首的。= 带头的
제일 뚱뚱한 저 사람은 저 무리중의 우두머리이다.

(2) 大家排成了几队，为首的是几个队的队长。= 走在前面的
사람들은 몇 팀을 구성하였고, 선두에 선 사람은 이 몇 팀의 대장이다.

1132 >> 为数　wéishù

수를 헤아려 보면. 그 수량. // 为数不少(그 수가 적지 않다.)

到目前到止，患这种疾病的人为数不多。= 从数量上看
지금까지 이런 질병을 앓는 사람은 그 수가 많지 않다.

1133 >> ** 未必　wèibì

부 반드시 …한 것은 아니다. 꼭 …라고 할 수 없다. // 未必同意(반드시 동의했다고 할 수 없다.)

(1) 有钱的人未必拥有快乐。= 不一定
부유한 사람이 꼭 행복하다고는 할 수 없다.

(2) 今天他很忙，未必参加这个会议。= 不一定
오늘 그는 매우 바빠서, 이 회의에 반드시 참가한다고 할 수 없다.

(3) 这项工程耗时很多，未必能被批准。= 不见得
이 공사에 소요되는 시간은 매우 많아서 허가되리라고 보이지는 않는다.

1134 >> ☆ 未来　wèilái

명 미래. ⇔ 过去

当人年轻时，总是将自己的未来设计得很美好。= 将来
사람이 젊을 땐, 줄곧 자신의 미래를 아름답게 설계한다.

1135 >> ** 位于　wèiyú

동　…에 위치하다.　▶ 〈生于 + 연도[날짜]〉(…에 태어나다.)

这个小岛位于西湖的正中央。 = 位置处在
이 작은 섬은 서호의 정 중앙에 위치해 있다.

1136 >> ** 味儿　wèir

명　① 음미. 묘미. 흥취. 정취.　② 맛.

(1) 他长得真有味儿。 = 魅力
　　그는 매우 매력 있게 생겼다.

(2) 他的京剧唱得还真有那么点味儿。 = 耐人寻味 = 韵味
　　그의 경극 창은 역시 정말 그렇게 운치가 있을 수 없다.

1137 >> * 文盲　wénmáng

명　문맹(자). 글을 모르는 사람.

扫盲活动在农村开展后，不少文盲都能读书看报了。 = 不识字的成年人
문맹퇴치 운동이 농촌에서 전개된 후, 적지 않은 문맹들이 모두 책을 읽고 신문을 볼 수 있게 되었다.

1138 >> * 文雅　wényǎ

형　(말·행동 따위가) 상냥하고 예절바르다.

他的女朋友很文雅，很有气质。 = 有品位 = 举止得体
그의 여자친구는 아주 품위가 있고, 소질이 있다.

1139 >> ☆ 闻　wén

동　① 듣다.　② 냄새를 맡다.

(1) 关于他的新闻，我早有耳闻。 = 听
　　그의 소식에 관해서는, 내가 벌써 들은바 있다.

(2) 他闻此消息，高兴得跳起来。 = 听说
　　그는 이 소식을 듣고서 기뻐서 펄쩍 뛰었다.

1140 >>

＊＊ **闻名**　　wénmíng

형 유명하다. 이름을 날리다. // 闻名中外(중국과 외국에 이름이 알려지다.)

(1) 中国茅台闻名海内外。 = 驰名
　　중국의 茅台는 국내외에서 이름이 알려졌다.

(2) 闻名世界的三大男高音歌手即将来华举办演唱会。 = 有名气
　　세계에 이름난 3대 테너 가수가 곧 중국에 와서 공연을 거행할 것입니다.

1141 >>

问不出来　　wènbuchūlái

동 물을 수 없다. 알아낼 수 없다.

他最近情绪低落，我始终问不出来什么原因。 = 询问不到
그는 요즘 기분이 가라앉아서 나는 시종 무슨 이유인지 물을 수 없었다.

1142 >>

问长问短　　wèn cháng wèn duǎn

〈成〉 꼬치꼬치 캐묻다. 이것저것 묻다.

他一见到我就热情地问长问短。
그는 나를 만나자마자 다정하게 이것저것 물어보았다.

1143 >>

＊ **问题**　　wèntí

명 ① 사고나 곤란한 일. 의외의 사건.　② 번거로운 일. 문젯거리.　③ 문제.

(1) 你脑子出问题了是不是？ = 毛病
　　당신 머리에 문제가 생긴 거죠?

(2) 停水停电给我们的生活带来了一些问题。 = 麻烦
　　단수단전은 우리들의 생활에 약간의 문젯거리를 가져왔다.

(3) 你放心，儿子考上大学是不会有问题的。 = 困难或意外
　　당신 걱정 마세요, 아들이 대학에 붙는데는 문제없을 겁니다.

(4) 清洁工人一罢工，城市的卫生成了大问题。 = 困难或意外

청소부가 파업하자 도시의 위생이 큰 문젯거리가 되었다.

(5) 这件事我安排得很周全，不会出什么问题的。 = 困难或意外
이 일은 내가 빈틈없이 짰으니 무슨 문제는 없을 것이다.

1144 >> 我说什么来着　　wǒ shuō shénme lái zhe

〈口〉 내가 뭐라고 그러던. 내가 뭐라고 그랬니.(반문의 어기를 나타냄)

(1) 刚才我说什么来着？ = 我说了什么
방금 내가 뭐라고 그랬지?

(2) 我说什么来着，早晚要出事，现在果真出事了。 = 我说过，并且说对了
내가 뭐라고 그러던, 조만 간에 사고가 날거라고 했잖아, 지금 과연 사고가 났잖아.

1145 >> 无度　　wúdù

형 무절제하다.

他这个人非常奢侈，花钱无度。 = 没有节制
그는 매우 사치하고, 무절제하게 돈을 쓴다.

1146 >> ** 无法　　wúfǎ

동 …할 방법이 없다. …할 수 없다.

他无法接受父亲去世的事实。 = 没有办法
그는 아버지가 돌아가신 사실을 받아 들일 수 없었다.

1147 >> * 无非　　wúfēi

부 단지 …에 불과하다. 틀림없이. 다름이 아니라.

他这么辛苦地工作，无非是为了多赚点钱。 = 只不过
그가 이렇게 고생해서 일하는 것은 단지 돈을 많이 벌려고 하는 것이다.

1148 >> ** 无可奈何　wú kě nàihé

〈成〉어찌할 도리가 없다. 어찌할 수 없다. // 无可奈何地朝我笑(어쩔 수 없이 나를 향해서 웃음 짓다.)

面对这么大的自然灾难，我们人类无可奈何。 = 没有办法
이런 큰 자연재해를 직면하면 우리 인류는 어찌할 도리가 없다.

1149 >> * 无聊　wúliáo

형 ① (저작·언행이)무의미하다.　② 무료하다. 심심하다.

你这人真无聊，只会玩，书都不看。 = 没意义　= 没品位
당신은 정말 할 일없군, 단지 놀기만 하고, 책도 보지 않고.

1150 >> ** 无情　wúqíng

형 봐주지 않다. 무정하나. 사정없나. 무사비하나.

他这人很无情，兄弟落难了，也不肯伸出帮一把。 = 不留情
그는 부정하게 형제가 어려움에 빠졌는데도 손을 뻗어 도와주려 하지 않는다.

1151 >> ** 无所谓　wúsuǒwèi

동 ① 상관없다. 관계없다. 아무래도 좋다.　② …라고 말할 수 없다.

成绩好不好，他都无所谓。 = 不在乎
성적이 좋든 좋지 않든, 그는 상관하지 않는다.

1152 >> 无谓　wúwèi

형 의미가 없다. 가치가 없다.

为小事争吵，真是无谓。 = 没意义
사소한 일로 다투는 건 정말 의미가 없다.

1153 >>

无暇　wúxiá

동 틈[짬. 겨를]이 없다.

他现在正忙着出国呢，无暇参加老同学的聚会。= 没有时间
그는 현재 출국하느라 바빠서 옛 동창들의 모임에 참가할 시간이 없다.

1154 >>

** 五成　wǔchéng

명 5할. 50%. ☞ 成

这桩买卖成交后，他能得到五成的回扣。= 50%
이번 거래가 성립된 후, 그는 50%의 리베이트를 받을 수 있다.

1155 >>

五湖四海　wǔ hú sì hǎi

〈成〉 전국 각지.

他喜欢旅游，足迹遍布五湖四海。= 指全国各地
그는 여행하기를 좋아해서 전국각지에 발자취를 남겼다.

1156 >>

物色到　wùsèdào

동 물색해 내다. 찾아내다.

眼看就要开机了，还没有物色到合适的女主角呢。= 找到
곧 촬영에 들어가는 데, 아직 적당한 여주인공을 물색하지 못했다.

1157 >>

☆ 误会　wùhuì

명 동 오해(하다). // 产生误会(오해가 생기다.) // 错误的理解(잘못된 이해.)

两个人不经常沟通，就容易产生误会。= 误解
두 사람이 자주 교류를 하지 않으면 쉽게 오해가 생긴다.

시험에 꼭 나오는 HSK 단어 · 숙어

1158 >>

昔日　xīrì

명 옛날. 이전. = 从前

看到他的照片，昔日的情景又浮现在眼前。 = 以前
그의 사진을 보니, 옛날의 정경이 다시 눈앞에 떠오른다.

1159 >>

惜　xī

동 ① 아까워하다. 아쉬워하다.　② 소중히 여기다. 아끼다. // 不惜生命(목숨을 아끼지 않다.)

(1) 两人惺惺相惜。 = 珍惜
　　두 사람은 서로 아끼고 동정한다.

(2) 他完全是个守财奴，惜金如命。 = 吝惜
　　그는 완전히 수전노라서, 재물을 목숨처럼 여긴다.

(3) 为了保护她，他不惜舍弃自己的生命。 = 珍惜
　　그녀를 보호하기 위해, 그는 자신의 생명도 아까워하지 않는다.

1160 >>

惜福　xīfú

동 자기 신분에 맞지 않은 사치를 삼가다. 분수에 맞게 처신하다.

今天的生活来之不易，我们要惜福呀！ = 珍惜幸福
오늘날과 같은 생활은 쉽게 오지 않으니, 우리는 사치를 삼가고 분수에 맞게 처신해야 한다.

1161 >>

稀薄　xībó

형 (공기 · 안개 따위가) 엷다. 희박하다.

山顶上空气很稀薄，最好带上氧气瓶。 = 密度小
산 정상은 공기가 매우 희박해서 산소 통을 가지고 가는 것이 좋을 것이다.

1162 >> 稀罕　xīhan

영 희한하다. 드물다. = 希罕　동 소중히 여기다. 진기하게 여기다.

(1) 这种南方的水果在北方很稀罕。 = 少有新奇
이런 남방의 과일은 북방에서는 매우 보기 드물다.

(2) 小明很稀罕爸爸送他的那辆玩具汽车。 = 喜欢
小明은 아버지가 그에게 선물한 장난감 자동차를 소중하게 여긴다.

1163 >> ** 喜爱　xǐ'ài

동 (취미로서) 좋아하다. ⇔ 讨厌

李小姐对小孩子喜爱得不得了。 = 喜欢
미스 李는 아이들을 엄청 좋아한다.

1164 >> * 喜欢　xǐhuan

동 좋아하다. 애호하다.

他很喜欢写作, 几乎把课外时间全用在写小说上了。 = 喜爱
그는 글 쓰기를 좋아해서 거의 수업외 시간을 전부 소설 쓰기에 사용한다.

1165 >> ** 喜悦　xǐyuè

명 희열. 기쁨. = 高兴 // 心中荡漾着成功的喜悦(마음에 성공의 기쁨이 넘치고 있다.)

考试终于结束了, 大家的脸上都露出喜悦之情。 = 愉快
시험이 마침내 끝났다, 모두의 얼굴에는 모두 기쁨의 마음이 드러났다.

1166 >> 洗尘　xǐchén

동 잔치를 베풀어 먼 데서 온 사람을 환영하다.

我准备了宴席, 给朋友洗尘。 = 设宴欢迎远道而来的人
나는 연회를 마련해서 친구에게 여독을 풀어주었다.

1167 >>

瞎话　xiāhuà

명 거짓말. ⇔ 真话

他这个人很诚实，从不说瞎话。= 假话
그는 성실해서 이제껏 거짓말을 하지 않았다.

1168 >>

瞎说　xiāshuō

동 말을 함부로 하다. 허튼 소리하다. = 胡说

没有事实依据，不要随便瞎说。= 没有根据地乱说
사실 근거 없이 마음대로 말을 함부로 하지 마라.

1169 >>

瞎指挥　xiā zhǐhuī

멋대로 지휘하다. 아무렇게나 지휘하다.

他根本不懂管理方法，就会瞎指挥。= 胡乱指挥
그는 관리방법 자체를 아예 몰라서, 멋대로 지휘할 줄만 안다.

1170 >>

下不来台　xiàbulái tái

동 ① 무대에서 내려올 수 없다.　② 수습하기 어렵다. 난처해하다. 곤혹을 느끼다. 이도
저도 못하다.

(1) 他当众开我的玩笑，让我下不来台。= 尴尬
　　그는 대중 앞에서 나를 웃음거리로 만들어 나를 난처하게 했다.

(2) 被人揭穿了心思，他觉得下不来台。= 难为情
　　사람들에 의해서 생각이 폭로되어, 그는 곤혹 감을 느꼈다.

(3) 你让他下不来台，他很不高兴。= 丢面子
　　당신이 그를 난처하게 하여, 그는 기분이 나쁘다.

1171 >>

下海　xià hǎi

동 ① 원래의 직업을 포기하고 장사를 하다.　② 프로로 전향하다.

改革开放以后，有不少知识分子下海经商了。= 经商
개혁개방 이후 적지 않은 지식인들은 원래의 직업을 포기하고 사업을 했다.

1172 >>

下马　xià mǎ

(동) ① 도중에 그만두다. 중지하다. = 半途而废　② 말에서 내리다.

工程才干了一半就下马了，机器堆在那儿都快生锈了也没人管。= 停止
공사를 겨우 절반정도 이루어졌는데 중지되어 기계들이 그곳에 쌓여 모두 녹쓰는 데도 아무도 상관 않는다.

1173 >>

** 嫌　xián

(동) 싫어하다. 꺼리다. 불만스럽다.

(1) 要想大家都满意，就别嫌麻烦。= 怕
　　모두 다 만족하게 하고 싶다면 귀찮은걸 마다하지 말아라.
(2) 没有人会嫌弃自己的母亲。= 讨厌
　　자신의 어머님을 싫어하는 사람은 없을 것이다.
(3) 妈妈嫌这衣服颜色太亮。= 不满意
　　엄마는 이 옷 색상이 너무 밝아서 불만이다.

1174 >>

** 闲话　xiánhuà

(명) 불평. 잡담. 험담. 한담. 쓸데없는 말. = 不满意的话

她很注意自己的言行，以免别人说闲话。= 不利于名誉的的话
그녀는 자신의 언행을 주의해 다른 사람이 험담하는걸 피해야 한다.

1175 >>

☆ 闲着　xiánzhe

(동) 할 일이 없다. 한가하다. // 闲着没事(한가해서 할 일이 없다.)

(1) 因为没找到工作，她每天在家闲着。= 没事做
　　직업을 구하지 못해서, 그녀는 매일 집에서 할 일이 없다.
(2) 你有事就找我，反正闲着也是闲着。= 没事干
　　당신은 일이 있으면 나를찾으세요, 어쨌든 할 일도 없어서 한가하니

1176 >> ☆

显得　xiǎnde

동 …처럼 보이다. (어떤 상황이) 나타나다. 드러나다.

雨中的泰山比平时更显得壮观。 = 表现出
빗속의 泰山은 평상시보다 더욱 장관이다.

1177 >>

显眼　xiǎnyǎn

형 ① 눈에 띄다. 시선을 끌다. 뚜렷하다. ② 모양이 좋다.

她穿这套衣服，站在人群中很显眼。 = 明显
그녀가 이 옷을 입고 군중 속에 서 있으니 눈에 확 띈다.

1178 >> ☆

显著　xiǎnzhù

형 현저하다. 뚜렷하다. // 效果日益显著(효과가 갈수록 뚜렷하다.)

经过几个月的强化练习，他的汉语水平有了显著提高。 = 明显
몇 개월 동안의 강화 훈련을 통해, 그의 중국어 실력은 현저하게 향상되었다.

1179 >>

鲜为人知　xiǎn wéi rén zhī

〈成〉아는 사람이 적다[드물다].

这一历史事件中，有不少鲜为人知的内幕。 = 很少人知道
이 역사적 사건 속에는 사람들이 잘 모르는 내막이 많다.

1180 >> **

现成的　xiàn chéng de

명 이미 준비된 것. 이미 만들어 놓은 것. // 现成的衣服(기성복)

她每天不用做饭，去饭馆吃现成的。 = 准备好了的
그녀는 매일 밥을 하지 않고 식당 가서 사 먹는다.

1181 >>

现吃现摘　xiàn chī xiàn zhāi

때가 되면 따서 먹다. 그때그때 따서 먹다.

我家的蔬菜都是现吃现摘，很方便。 = 吃的时候摘
우리 집은 채소를 그때그때 따먹어서 편리하다.

1182 >> ☆ **现代化**　xiàndàihuà

명 동 현대화(하다).

为了实现现代化操作，工厂从国外进口了新设备。= 先进
현대화 공정을 이루기 위해, 공장은 새로운 설비를 외국에서 들여왔다.

1183 >> ☆ **现实**　xiànshí

명 형 현실(적이다).

(1) 你的想法太脱离现实，没有什么意义。= 客观情况
네 생각은 현실과 너무 동떨어져서 아무런 의의가 없다.

(2) 他这个人非常现实，从来没有不切实际的想法。= 实际
그는 매우 현실적이라 실질적이지 못한 생각은 결코 않는다.

1184 >> **现眼**　xiàn yǎn

동 창피를 당하다. 체면을 잃다.

(1) 真没想到，他这回又现眼了。= 出丑
그는 이번에도 또 창피를 당하리라고는 생각지도 못했다.

(2) 别给我丢人现眼了，还不快回家去。= 丢脸
나를 사람들한테 창피 당하게 하지말고 어서 집에 안 돌아가.

1185 >> **现状**　xiànzhuàng

명 현상. 현재의 상황. 현 상태.

就现状来看，她还不具备考名牌大学的实力。= 目前的情况
현 상태로 볼 때 그녀는 아직 명문대학에 시험 볼만큼 실력을 갖추지 못했다.

1186 >> ☆ **相当**　xiāngdāng

형 ① 적합하다. 알맞다.　② 비슷하다. 필적하다.　부 꽤. 상당히. 무척.

(1) 两个实力相当。= 均衡 = 不相上下
둘의 실력이 비슷하다.

(2) 钢琴演奏相当精彩。 = 十分
　　피아노 연주가 대단히 훌륭하다.

(3) 妈妈做的菜相当合我口味。 = 非常
　　엄마가 만든 음식은 내 입맛에 딱 맞다.

(4) 这件工作还没有找到相当的人员。 = 合适
　　이 일에 적합한 사람을 아직 찾지 못했다.

(5) 这次演出相当成功，获得了一致好评。 = 比较
　　이번 공연은 꽤 성공적이어서 좋은 평을 얻었다.

1187 >> ☆ **相似**　　xiāngsì

（동） 닮다. 비슷하다.

他们俩是双胞胎，长得很相似。 = 相像
그들 둘은 쌍둥이라 생김새가 비슷하다.

1188 >> ★ **香**　　xiāng

（형） ① 달콤하다. 향기롭다.　② (음식이) 맛이 좋다.

(1) 这种茶的味道很香。 = 味道好
　　이런 차는 맛이 향기롭다.

(2) 别打扰他，他睡得正香呢！ = 睡得踏实 = 沉稳舒服
　　그를 귀찮게 하지마, 얼마나 곤히 자고있냐!

1189 >> **想不通**　　xiǎngbutōng

（동） 이해할 수 없다. 납득할 수 없다. // 想通 (이해하다. 납득하다.)　▶ 想不开 (생각을
떨쳐버리지 못하다. 단념하지 못하다.) = 不如意的事在心里摆脱不了

他为什么欺骗我，我怎么也想不通。 = 不理解
그가 왜 나를 속이려는지, 나는 도저히 이해할 수 없다.

1190 >> ☆ **响应**　　xiǎngyìng

（명）（동） 호응(하다). 응답(하다).

组长的号召得到了大家的响应。 = 支持
조장의 호소는 모두의 호응을 얻었다.

1191 >>

* 向　xiàng

(부) 지금까지. 이전부터. 처음부터. 줄곧.　**(전)** 〈向 + 방위사 + 동사〉…로 향하여.

他就是这么小气，向不如此。 = 来 = 一向
하여튼 그는 이렇게 옹졸하다니, 여태껏 안 그랬는데.

1192 >>

** 向来　xiànglái

(부) 여태까지. 지금까지. 줄곧. // 向来如此(지금까지 줄곧 이와 같았다.)

她向来都很整洁，这是她的习惯。 = 从来
그녀는 지금까지도 단정하고 반듯한데, 이는 그녀의 습관이다.

1193 >>

* 像……等　xiàng……děng

…와 같은 것 등.

(1) 他会的乐器很多，像钢琴、小提琴等全都拿手。 = 等
　　그는 다룰 줄 아는 악기가 많다, 피아노, 바이올린 등에 모두 능숙하다.
(2) 这家健身房的设施很全，像跑步机、拉力器等什么都有。 = 比如
　　이 헬스클럽의 시설은 잘 갖추어져서, 러닝머신 엑스밴드 등 모든 다 있다.

1194 >>

消暑　xiāo shǔ

(동) ① (음식으로) 더위를 식히다. ② 피서하다. 더위를 가시게 하다.

喝点冰水消消暑吧！这天气热得人都要蔫了。 = 解渴
얼음물 좀 마시고 더위를 식혀봐! 이런 날씨에는 더워서 돌아가시겠다.

1195 >>

消闲　xiāo xián

(동) 심심풀이로 시간을 보내다. 한가한 시간을 보내다.

现在人们假日消闲的方式越来越多。 = 消遣
현대인들이 휴일을 보내는 방법이 갈수록 다양해진다.

1196 >>

小便 xiǎobiàn

동 소변을 보다.

(1) 请不要随地小便。 = 撒尿
아무 곳에나 소변보지 마시오.

(2) 他离开教室去小便了。 = 方便一下
그는 교실을 떠나 소변보러 갔다.

1197 >>

小大人 xiǎodàrén

명 비교적 성숙한 아이.

他很懂事，像个小大人似的。 = 比较成熟的小孩
그는 철이 들어서 애어른 같다.

1198 >> ☆

小伙子 xiǎohuǒzi

명 젊은이. 총각.

当年的小男孩一转眼就长成小伙子了。 = 青年男子
당시의 조그만 사내 아이가 눈 깜짝할 새 청년으로 자랐다.

1199 >>

小看 xiǎokàn

〈口〉 동 얕보다. 깔보다. 무시하다. = 轻视

你可别小看他，他很有学问。 = 看不起
너는 그를 얕보지 마라, 그는 매우 학식 있는 사람이야.

1200 >>

小两口 xiǎoliǎngkǒu

명 젊은 부부. ▶ 两口子[儿](부부 두 사람) ▶ 两口人(두 식구) ▶ 老两口儿(노부부)

(1) 这小两口刚结婚，感情好得很。 = 年轻的夫妻
이 신혼 부부는, 사이가 매우 좋다.

(2) 小两口没日没夜赚钱，日子越过越红火。 = 小夫妻
신혼 부부가 밤낮 없이 돈을 벌어, 날이 갈수록 번창한다.

1201 >>

小气　xiǎoqi

형　① 인색하다.　② 옹졸하다. 도량이 좁다.

(1) 为这么点小事就生气，你也太小气了。　= 心胸狭窄 = 吝啬
　　이런 작은 일에 화를 내다니, 그도 참 속이 좁구나.

(2) 他很小气，每次一起吃饭都不掏钱。　= 舍不得拿出
　　그는 너무 인색해서, 매번 같이 밥을 먹어도 돈을 안 낸다.

1202 >>

小气鬼　xiǎoqìguǐ

명　인색한 놈. 쫀쫀한 놈. = 吝啬鬼

你别向他借钱，他是个小气鬼。= 花钱过分仔细的人
너 그에게 돈 빌리지 마라, 그는 쫀쫀한 놈이야.

1203 >>　☆

晓得　xiǎode

동　알다. = 懂 = 明白

我整天跑来跑去，都不晓得藏哪儿好。= 知道
내가 종일 왔다갔다 뛰어다녀도, 어디에 숨기면 좋을지 모르겠다.

1204 >>　★

笑　xiào

동　① 비웃다. 조소하다. = 讥笑　② 웃다.

你穿这么过时，别人会笑你的。= 笑话
너 이렇게 촌스럽게 입으면, 다른 사람이 비웃을 걸.

1205 >>　☆

笑话　xiàohua

동　웃음거리가 되다. 비웃다. 조롱하다.

他怕考试不及格会被同学们笑话。= 嘲笑
그는 시험에 떨어지면 동기들이 비웃을까 겁난다.

1206 >> 斜对门   xiéduìmen

명 건너편. 옆쪽. = 斜对

(1) 她们俩关系很好，原来住在斜对门。 = 在对面的旁边
그녀 둘의 관계가 좋은데, 알고 보니 건너편에 산데.

(2) 我们就住斜对门，每天都一起上学。 = 邻居
우리는 바로 옆에 살아서, 매일 학교에 같이 간다.

1207 >> 谢什么   xiè shénme

〈口〉고맙긴 뭘! 뭐가 고마워!

咱们是多年的老朋友了，帮你这么点小忙谢什么。 = 就不用谢了
우린 오랜 친구 사인데, 이런 작은 도움에 고맙긴 뭘.

1208 >> 心病   xīnbìng

명 ① 말 못할 사연. 속사정. ② 화병. 울화병.

(1) 女儿的婚姻不幸福，这一直是她的一块心病。 = 不愿告诉人的痛苦
딸의 결혼이 불행한 것이, 줄곧 그녀의 화병이 되었다.

(2) 儿子多年不回家，是老人一块心病。 = 心理最大的不如意
아들이 여러 해 집에 돌아오지 않아, 노인의 화병이 되었다.

1209 >> ☆ 心得   xīndé

명 깨달음. 체득. 체험. 느낌. 소감.

(1) 今天有个先进工人来这里介绍他的心得。 = 经验
오늘 선진 기술자가 이곳에 와서 그의 경험을 알려주었다.

(2) 他这次考试得了满分，老师让他把学习心得介绍给大家。 = 感受
그가 이번 시험에 만점을 받자, 선생님은 그의 학습체험을 모두에게 소개하게 하였다.

1210 >> 心计   xīnjì

명 계책. 지모. 책략. 속셈. = 城府

你要提防他，他很有心计。= 计谋
그는 계략이 뛰어나니, 너는 그를 경계해야 한

1211 >> 心里凉(了)半截   xīnli liáng (le) bànjié

〈口〉무척 실망하다.

(1) 听到他比赛输了的消息，我心里凉了半截。= 很失望
　　그가 시합에서 졌다는 소식을 듣고, 나는 무척 실망했다.

(2) 一听妈妈的口气，他心里凉了半截。= 信心失了大半
　　엄마의 말투를 듣자, 그는 대단히 실망했다.

1212 >> 心里像碰倒了五味瓶   xīnli xiàng pèngdǎo le wǔwèipíng

〈口〉심정이 아주 복잡하다. 만감이 교차하다.

看到当年的将军落魄到这种境地，他的心里像碰倒了五味瓶，很不是滋味。= 心情很复杂
당시 장군이 이러한 지경에까지 빠진 것을 보고, 그는 속으로 만감이 교차하여 기분이 좋지 않았다.

1213 >> ** 心思   xīnsi

명 생각. 심정. 기분. 마음.

(1) 人家忙着呢，哪有心思和你开玩笑。= 心情
　　남은 바빠 죽겠는데, 무슨 기분으로 너와 농담하겠어.

(2) 她不愿和别人说话，我们都不知道她的心思。= 想法
　　그녀는 다른 사람과 말하길 원치 않으니, 우리도 그녀의 생각을 모르겠다.

1214 >> * 心眼儿   xīn yǎnr

명 ① 내심. 마음속. 마음씨. = 心灵 // 打心眼儿里高兴(마음속으로부터 기쁘다.)
　　② 지혜. 판단력. // 有心眼儿(판단력이 있다.)

(1) 她有些小心眼儿。 = 心胸 = 气量
그녀는 속이 좀 좁다.

(2) 看到你取得这么好的成绩， 我打心眼儿里替你高兴。 = 内心
네가 이렇게 좋은 성적을 얻은 걸 보니, 내가 내심 너만큼 기쁘다.

1215 >> ** 心意　xīnyì

명 성의. 마음. 정성. // 表达心意(성의를 표시하다.)

这件礼物不值什么钱， 只是我的一点心意。 = 意思
이 선물은 값어치는 없지만, 나의 작은 성의일 뿐입니다.

1216 >> 心直口快　xīn zhí kǒu kuài

〈成〉 성격이 시원스럽고 솔직하여 입바른 소리를 잘하다. 성격이 직선적이다. 할 말이 있으면 바로 한다.

(1) 他心直口快， 说话从来不绕弯子。 = 说话很直率
그는 성격이 직선적이라, 결코 빙빙 돌리지 않고 말한다.

(2) 他这心直口快的性格使他拥有不少朋友。 = 有话就说
그의 시원하고 솔직한 성격은 그에게 적잖은 친구를 갖게 했다.

(3) 我就是因为心直口快得罪了不少人。 = 性情直爽
나는 입바른 소리를 잘하여 많은 사람에게 잘못 보였다.

1217 >> 欣然　xīnrán

부 기꺼이. 흔쾌히. 선뜻. = 欢然

我送她的礼物， 她欣然接受了。 = 高兴地
내가 그녀에게 준 선물을 그녀는 흔쾌히 받았다.

1218 >> * 新房　xīnfáng

명 신(혼)방. = 洞房

(1) 结婚那天， 有闹新房的习俗。 = 结婚住的房子
결혼 당일에는 신방을 방해하는 풍속이 있다.

(2) 为了结婚， 他把三间房子腾出来做新房。 = 新婚夫妇住的房间
결혼을 위해, 그는 방 세 칸을 비워 신혼 방으로 만들었다.

1219 >> 新娘　xīnniáng

명 신부. ⇔ 新郎

结婚那天，新娘打扮得很漂亮。= 刚结婚的女性
결혼 당일, 신부는 아름답게 분장했다.

1220 >> * 新人　xīnrén

명 신랑 신부. = 新郎和新娘

参加今天集体婚礼的有十对新人。= 刚结婚的夫妻
오늘 집단 혼례에 참가한 신랑신부가 열쌍이 되었다.

1221 >> ☆ 新鲜　xīnxiān

형 ① 신기하다. 보기 드물다.　② 신선하다. 싱싱하다.

他从农村刚到城市，看什么都觉得新鲜。= 新奇
그는 농촌에서 막 도시로 와서, 무엇을 보아도 신기하다.

1222>> 新鲜事　xīnxiānshì

명 신기한 것. 새로운 것. 보기 드문 것. 희귀한 것. = 稀罕 = 希罕

他在外闯荡这几年，什么新鲜事没见过? = 少见的事
그는 밖으로 돌며 지낸 요 몇 년간, 무슨 별난 일을 안 겪었겠는가?

1223 >> * 兴　xīng

동 ① 유행하다. 성행하다. // 兴穿旗袍(치파오[중국 전통 여성복]을 입는 것이 유행이다.)　② 허가하다.(주로 부정문에 쓰임)

(1) 今天兴穿肥裤子。= 流行
오늘날 헐렁한 바지를 입는 게 유행이다.
(2) 就兴你这样，我为什么不行 ? = 允许 = 准许
너는 되는데, 나는 왜 안 되지?

1224 >> ** 兴趣　xìngqù

명 관심. 취미. 흥미.

她兴趣很广泛，美术、音乐、体育等等她都非常喜欢。= 爱好
그녀의 취미는 광범위해서, 미술, 음악, 체육 등등을 모두다 좋아한다.

1225 >> * 行　xíng

형 ① 유능하다. 훌륭하다. 대단하다.　② 좋다. 괜찮다.

(1) 他可真行，一笔生意就赚上百万。= 能干
그는 정말 유능해서, 장사 한 건에 백만 원은 거뜬히 번다.

(2) 骑车去太慢了，我们改坐火车行吗？= 可以
자전거를 타고 가면 너무 느리니, 우리 기차로 갈아타고 갈래요?

1226 >> 行百里者半九十　xíng bǎi lǐ zhě bàn jiǔ shí

백 리를 가려는 사람이 구십 리를 반으로 잡는다. (무슨 일이나 처음은 쉽고) 끝마무리가 어려우니 일의 완성 직전까지는 마음을 놓아서는 안 된다.

快跑到终点时，他跌倒了，没拿到名次，真是行百里者半九十啊！= 不坚持到底就等于白做
결승점에 거의 다 가서, 그는 넘어져서, 등수에 들지 못했다, 정말 끝까지 가봐야 안다더니!

1227 >> ☆ 形成　xíngchéng

동 형성하다. 이루다. // 形成写日记的风气(일기 쓰는 풍조가 형성되다.)

经过班干部们的努力，这个班级形成了良好的学习风气。= 养成
학급 간부들의 노력으로, 이 학급은 아주 좋은 학습 풍토가 형성되었다.

1228 >> 醒目　xǐngmù

동 눈에 띄다. 두드러지다.

这家饭馆的招牌很醒目，离很远都能注意到。= 显眼
이 식당의 간판은 눈에 띄어서 멀리서도 주의를 끌 수 있다.

1229 >>

幸免　xìngmiǎn

동 다행이 모면하다.

他家遭受火灾了，他因出差幸免遇难。= 侥幸地避免
그의 집이 화재를 입었지만, 그는 출장으로 인해 난리를 모면했다.

1230 >>

袖珍　xiùzhēn

형 소형의 포켓형의. = 迷你 ⇔ 大型

他家的小狗是袖珍型的，只有拳头那么大。= 小巧
그의 집 강아지는 조그마한데, 발만 커다랗다.

1231 >>

须眉　xūméi

명 ① 남자.　② 수염과 눈썹.

我们单位的女强人很多，干起工作来，巾帼不让须眉，都很能干！= 男人
우리 직장은 대단한 여성이 많아, 일을 하면, 여자라도 결코 남자에게 지지 않고, 모두 일을 잘한다.

1232 >>

**宣告　xuāngào

동 선포하다. 선고하다. 알리다.

1949年10月1日，毛主席在天安门宣告，中华人民共和国成立了。= 宣布
1949년 10월1일, 모주석은 천안문에서 중화인민 공화국의 성립을 선포했다.

1233 >>

☆选择　xuǎnzé

동 선택하다. 고르다.　▶ 选修(선택하여 배우다.)

他选择这份工作完全是出于个人的喜爱。= 挑选
그는 이번 일을 완전히 개인적 기호에 따라 선택했다.

1234 >> * 学　xué

동 ① 흉내내다. 모방하다.　② 배우다. = 学习

(1) 他学青蛙叫学得很像。 = 模仿
　　그는 청개구리의 울음소리를 똑같이 흉내낸다.

(2) 他学鸭子走路的样子学得很像。 = 模仿
　　그는 오리 걸음걸이를 똑같이 흉내낸다.

1235 >> 学到手　xué dào shǒu

동 숙련되게 장악하다.

只要肯下功夫，再难的技艺也能学到手。 = 熟练掌握
공을 들이기만 한다면, 더 어려운 기술도 숙련시킬 수 있다.

1236 >> 学问真到家　xué wèn zhēn dào jiā

〈口〉 학문이 정말 높은 수준에 달하다. ☞ 到家

(1) 他学问真到家，在全国是数一数二的。 = 达到很高水平
　　그의 학문은 대단히 높아, 전국에서 1,2등을 다툰다.

(2) 他在唐宋文学方面的学问真到家，没有什么问题能问倒他。 = 非常有学问
　　그는 당송문학방면에서의 학문 수준이 높아, 어떠한 문제도 막힐 것이 없다.

1237 >> ** 询问　xúnwèn

동 문의하다. 질문하다.

灾难发生后，上级领导挨家挨户询问受灾情况。 = 打听
재난 발생 후, 상급 지도자는 집집마다 일일이 재난 상황을 알아보았다.

1238 >> 巡视　xúnshì

동 순시하다. 순찰하며 다니다.

不好意思，市长到工厂巡视去了，有事请说，我会转告他的。 = 到各处察看
죄송합니다, 시장님은 공장에 순시하러 가셨습니다, 일이 있으시으면 말씀해 주십시오, 제가 전해
드리겠습니다.

■ 아래의 각 단문 중 빈 칸에 들어갈 적합한 한자를 보기에서 골라 써 넣어보세요.

보기

□ 文盲	□ 时兴	□ 体面	□ 现实	□ 无非	□ 人情	□ 往返
□ 说得有鼻子有眼		□ 热门	□ 实事求是	□ 事	□ 谁知道	
□ 释怀	□ 数一数二	□ 心眼儿	□ 搜查	□ 事与愿违	□ 热	□ 问题
□ 万万	□ 闻名	□ 心里像碰倒了五味瓶		□ 神气	□ 三长两短	
□ 像……等	□ 喜悦	□ 心得	□ 任	□ 无情	□ 显著	
□ 宣告	□ 时不时地	□ 学问真到家	□ 形成	□ 须眉	□ 我说什么来着	
□ 行百里者半九十		□ 巡视	□ 学到手	□ 土		

1. 90年代以来，大学生当中继续着一股出国____。

2. 今年毕业生中，计算机专业仍是各单位招聘的____。

3. 受了他这么多帮助，找个合适的机会还还____吧。

4. ____你怎么说，我也不会放弃我应有的这份权利。

5. 她一直担心丈夫会有个____，可厄运还是降临了。

6. 大家都以为他去度假了，____他今天又来上班了。

7. 同样是"公主"，她那么____，我就那么"扁"，气死我了！

8. 尽管工作忙，他还____回家探望父母。

9. 这种款式的鞋是今年最____的，每天能卖出十几双。

10. 我们做任何事都应该____，不能脱离实际。

11. 妈，放心吧，爸爸不会有____的，说不定过一会儿就回来。

12. 本来他有机会进入决赛的，没想到____，他在小组赛中受了伤，不能参加比赛了。

13. 由于一时疏忽而使公司蒙受很大损失，这件事令他一直无法____。

14. 要说他的工作能力是在公司里____的大能人。

15. 影子都没有的事，一到她嘴里，就____的。

16 到今天为止，已经派了二十几名警察进行   罪犯的工作。

17 欧洲旧式的宫廷舞会要求所有的来宾都得穿上   的礼服。

18 城里人总是嘲笑乡下人很 ，认为他们很落后。

19 外面太冷了，你   不可以让孩子出去。

20 如果坐飞机，汉城到南京   也只需要四个小时。

21 扫盲活动在农村开展后，不少   都能读书看报了。

22   世界的三大男高音歌手即将来华举办演唱会。

23 这件事我安排得很周全，不会出什么   的。

24   ，早晚要出事，现在果真出事了。

25 他这么辛苦地工作，   是为了多赚点钱。

26 他这人很   ，兄弟落难了，也不肯伸出帮一把。

27 考试终于结束了，大家的脸上都露出   之情。

28 经过几个月的强化练习，他的汉语水平有了   提高。

29 他这个人非常   ，从来没有不切实际的想法。

30 这家健身房的设施很全， 跑步机、拉力器 什么都有。

31 他这次考试得了满分，老师让他把学习   介绍给大家。

32 看到当年的将军落魄到这种境地，他的   ，很不是滋味。

33 看到你取得这么好的成绩，我打   里替你高兴。

34 快跑到终点时，他跌倒了，没拿到名次，真是   啊！

35 经过班干部们的努力，这个班级   了良好的学习风气。

36 我们单位的女强人很多，干起工作来，巾帼不让   ，都很能干！

37 1949年10月1日，毛主席在天安门   ，中华人民共和国成立了。

38 他在唐宋文学方面的   ，没有什么问题能问倒他。

39 不好意思，市长到工厂   去了，有事请说，我会转告他的。

40 只要肯下功夫，再难的技艺也能   。

1239 >>

巡诊　xúnzhěn

명 동 순회진료(하다).

张医生不在，昨天开始巡诊去了，要下个星期才回医院。 = 去各处为病人看病
장의원은 어제 순회진료를 가서 안계시고, 다음주에나 병원으로 돌아오십니다.

시험에 꼭 나오는 HSK 단어 · 숙어

1240 >>

丫头　yātou

명 ① 딸. 따님. = 千金　② 계집애.

他家有三个丫头，一个小子。 = 女儿
그의 집에는 세 명의 딸과 한 명의 아들이 있다.

1241 >>

** 压制　yāzhì

동 압제하다. 억누르다. 억제하다.

大家都不想在这儿干下去了，这儿太压制人才了！ = 限制发展
모두들 여기서 일하고 싶어하지 않는다, 이곳은 인재를 너무 억압한다!

1242 >>

严冬　yándōng

명 엄동. 시련. = 困境

高考落榜，他迎来了人生中的第一个严冬。
대학입시에 낙방하고서, 그는 인생의 첫 번째 시련을 맞이했다.

1243 >> ☆ 严肃   yánsù

영 ① (표정·분위기 등이) 엄숙하다.   ② (태도가) 진지하다.

(1) 她这个人哪儿都好，就是太严肃了。 = 不爱笑
그녀는 다른 건 다 좋은데, 문제는 너무 엄숙하다.

(2) 这是严肃文学，可不是开玩笑的。 = 正规 = 雅
이것은 진지한 문학이지, 결코 농담거리가 아니다.

1244 >> 严严实实   yányanshíshí

영-중첩 빈틈없다. 엄밀하다. 야무지다. ⇨ 严实

(1) 她把秘密严严实实埋在心里了。 = 严密不透风
그녀는 비밀을 마음속에 깊이 묻어두었다.

(2) 她感冒了，外出时妈妈给她穿得严严实实的。 = 严密不透风
그녀는 감기가 걸려, 외출 시에 엄마가 옷을 촘촘히 입혀주었다.

1245 >> 俨然   yǎnrán

영 ① 흡사 …와 같다. 완전히 …이다.   ② 위엄이 있다. 장엄하다.

(1) 他说起话来俨然是个干部。 = 好像
그가 말하는 것이 흡사 간부 같다.

(2) 他那读书时忘我的神态，俨然是一个老学究。 = 完全是
그는 독서할 때면 그 무아지경에 빠진 듯한 모습이, 완전히 노학자 같다.

1246 >> 眼红   yǎnhóng

영 ① 시샘하다. 부러워하다.   ② 혈안이 되다. 눈에 핏발이 서다.

(1) 他自己没能力，看到别人被提升就眼红。 = 眼热
그는 능력도 없으면서, 다른 사람이 승진하는 걸 보면 시샘한다.

(2) 她总是眼红别人有钱有车，这种思想不好！ = 非常羡慕而忌妒
그녀는 돈 있고 차있는 다른 사람을 언제나 부러워하는데, 이런 생각은 좋지 않다.

1247 >> ** 眼看　　yǎnkàn

무 곧. 순식간에. 이제.　동 눈으로 보고 있다.

(1) 眼看新春佳节就要到来了。 = 很快地
　　봄이 이제 곧 도래한다.

(2) 火车眼看就要开了，他怎么还不来。 = 马上
　　기차가 곧 떠날텐데, 그는 어째서 아직 안 오지.

(3) 眼看着两个孩子都大了，要为他们考虑人生大事了。 = 目前
　　두 아이도 곧 성인이 되니, 그들의 결혼을 고려해 봐야한다.

1248 >> 掩盖不了　　yǎngàibuliǎo

동 덮어 감출 수 없다. 숨길 수 없다.

他说的都是事实，谎言掩盖不了事实。 = 遮不住
그가 한말은 모두 사실이다, 거짓말로 사실을 숨길 순 없다.

1249 >> ☆ 仰　　yǎng

동 ① 머리를 쳐들다. 위로 올려다 보다. // 仰头看了看钟(머리를 쳐들고 시계를 한번
　　보았다.)　② 우러러보다. // 久仰(존함은 오래 전부터 들었습니다.)

(1) 久仰大名。 = [表示尊敬]
　　존함은 오래 전부터 들었습니다.

(2) 他很高，和他说话时，头都要往上仰。 = 扬起
　　그는 키가 커서, 그와 말할 때, 머리를 들고 올려다 봐야한다.

1250 >> ☆ 养　　yǎng

동 ① 휴양하다. 요양하다. // 安心养病(마음놓고 요양하다.)　② 기르다. 양육하다.

(1) 他二十多岁了，还靠父母养着　 = 供养
　　그는 20살이 넘었는데도, 아직 부모에게 의지하고 있다.

(2) 他受了重伤，已经休了长假在家养着。 = 休养
　　그는 중상을 입어서, 벌써 집에서 장기 휴가를 내어 휴양하고 있다.

1251 >> ☆ 样 yàng

앙 〈수사 + 样 + 명사〉 종류. 가지. // 一样商品(한가지 상품) ▶ 一样高(똑같이 키가 크다.)

这种补品是从十样中草药中提取出来的。 = 种
이 보양 식품은 10종의 한방 약초에서 추출한 것이다.

1252 >> 腰包 yāobāo

명 전대. 지갑.

每次请客他都不掏腰包，可真小气。 = 钱包
식사 대접 때마다 그는 지갑을 꺼내지 않는다, 정말 인색하다.

1253 >> 腰包鼓鼓 yāobāo gǔgǔ

〈口〉지갑에 돈이 가득하다.

别看他腰包鼓鼓，其实挣得都是不易之财。 = 钱包里有很多钱
그 사람 주머니가 두둑하다고 보지 마라, 사실 그가 번 것은 모두 어렵게 모은 재물이다.

1254 >> 咬耳朵 yǎo ěrduo

〈口〉귀엣말을 하다.

他们俩总是在一起咬耳朵，不知说什么悄悄话呢！ = 凑近耳边低声说话
그들 둘은 언제나 귓속말을 해서, 무슨 은밀한 말을 하는지 모르겠다.

1255 >> ★ 要 yào

소능 ① 〈要 + 동사 + 了〉막 …하려 하다. …할 것이다. (임박한 상황을 나타냄)
② 〈要 + 동사〉마땅히 …해야 한다. …하려고 하다. …해야겠다.
③ 〈주어 + 要 + 不 + 동사〉만약 …하지 않는다면. // 你要不去，他也不去。
(네가 만약 가지 않으면, 그도 안 간다.) ▶〈不要 + 동사〉…하지 마라 =〈别 + 동사〉

동 〈要 + 명사〉…을 원하다. …을 요구하다. 필요하다.
▶ 要不是(yào bú shì) (…이 아니었다면.)

(1) 你要愿意去就一起去吧。= 要是
　　당신이 가길 원한다면 같이 가시오.

(2) 这几天太累了，要好好休息。= 应该
　　요 며칠 너무 피곤해서, 잘 쉬어야 한다.

(3) 就要下雨了，大家抓紧时间回家吧！= 将要
　　비가 오려고 하니, 모두들 빨리 집에 돌아가라!

(4) 要不是你催，我的钱包能丢吗？= 如果
　　네가 급하게 굴지 않았다면, 내 지갑을 잃어버렸겠냐?

1256 >> ** 要不然　yàobùrán

[접] 그렇지 않으면.

(1) 一定要尽早解决这个问题，要不然后面的事就麻烦大了。= 否则
　　반드시 조기에 이 문제를 해결해야 한다, 그렇지 않으면 뒷일이 골치 아파진다.

(2) 你必须珍惜你现在所拥有的一切，要不然到失去的时候你就该后悔了。= 不然
　　당신은 지금 당신이 가진 모든 것을 아껴야 해요, 그렇지 않으면 잃고 나서 당신은 후회할 거예요.

1257 >> 要多贵有多贵　yào duō guì yǒu duō guì

〈口〉많이 비싸봐야 얼마나 비싸겠느냐? 별로 비싸지 않을 것이다.

这个国家的水果卖得要多贵有多贵? = 贵得不能再贵了
이 나라의 과일이 비싸봐야 얼마나 비싸려고?

1258 >> ☆ 要紧　yàojǐn

[형] ① 중요하다.　② (병이) 중하다. 심하다. 엄중하다.

(1) 他的伤不要紧，没伤着过头。= 严重
　　그의 상처는 괜찮고 심하게 다치지 않았다.

(2) 别再生气了，身体要紧，别气坏了。= 重要
　　그만 화내세요, 건강이 중요하니, 심하게 화내지 마세요.

(3) 你努力工作固然好，但更要紧的是工作。= 重要
　　당신이 열심히 일하는 것도 좋지만, 더 중요한 건 일이에요.

1259 >> * 要命　yàomìng

- 형 〈동사 + 得 + 要命〉…할 정도로 심하다. 죽을 지경이다. (상태가 극에 달했음을 나타냄) // 不要命(죽고 싶나!) = 找死
- 동 남을 곤란하게 하다. 애를 태우다.

(1) 南京夏天热得要命。 = 过度
　　남경의 여름은 지독하게 덥다.

(2) 我渴得要命，很想喝水。 = [程度达到极点]
　　나는 목말라 죽을 지경이다, 너무 물이 마시고 싶어.

(3) 你不要命了，着火了还不往外逃。 = 找死
　　너 죽고싶으냐, 불이 났는데 어서 밖으로 도망 안 가.

1260 >> * 要是　yàoshi

- 접 만일…이라면. 만약…하면. = 万一 = 倘若

我要是有足够的钱，就去旅游。 = 如果
내가 만약 충분한 돈이 있으면, 여행갈 텐데.

1261 >> 要数　yào shǔ

…를 들 수 있다. …를 꼽을 수 있다. ☞ 数

(1) 政府了解到，老百姓最关心的要数住房问题。 = 要算是
　　정부는 백성들이 최대 관심사로 꼽는 것이 주거문제라는 것을 이해했다.

(2) 所有的孩子当中，妈妈最疼爱的就要数弟弟了。 = 要算是
　　모든 아이들 중에서, 어머니가 가장 귀여워하는 아이로는 동생을 꼽을 수 있다.

1262 >> 也得会　yě děi huì

…하더라도…할 줄 알아야 한다.

这项技术虽然很难，作为技术员你也得会呀！ = 也应该会
이 기술은 비록 어렵지만, 기술자로서 당신도 할 줄 알아야 한다.

1263 >>

★ 一　　yī

（수）① 한. 하나. ② 어떤. ③ 온. 전. 모두. 내내. // 一上午(오전 내내) // 一晚上(저녁 내내) ④〈一……就……〉…하자마자. …하기만 하면.

上海的一所大学座落在南京路旁。= 某
상해의 한 대학은 남경로 옆에 위치하고 있다.

1264 >>

一把好手　　yī bǎ hǎo shǒu

（명）① 재능[능력]이 있는 사람. = 一把手　② 제1인자. (직장의) 최고 책임자. = 第一把手

(1) 他是单位里的一把手。= 最高领导
　　그는 부서에서 1인자다.

(2) 爷爷是炒菜的一把好手。= 很有能力
　　할아버지는 요리하는데 재주가 있으시다.

(3) 他在修电器方面是一把好手。= 很能干
　　전자제품을 수리하는데 그는 아주 뛰어나다.

(4) 他是车间的一把好手。= 能力很强
　　그는 작업장의 재주꾼이다.

(5) 要说制作网页，他可是一把好手。= 在某方面有高超技艺的人
　　홈페이지 제작을 들라면, 그가 최고다.

1265 >>

★ 一般　　yībān

（형）① 보통이다. 일반적이다. // 一般的认识(일반적인 인식)　② 같다. 비슷하다. = 一样 // 一般漂亮(똑같이 예쁘다.)　③ 서로 고집을 부리다.

(1) 你别和小孩子一般见识。= 一样
　　너는 어린애처럼 보지 말아라.

(2) 他长得很一般，但性格很好。= 普通
　　그는 평범하게 생겼지만, 성격은 참 좋다.

(3) 一般，六月份江南进入雨季。= 通常
　　일반적으로, 6월경에 강남은 우기에 든다.

(4) 下雨天不要站在树下，这是一般的常识。= 普通
　　비 오는 날에는 나무아래에 서 있지마, 이건 일반적 상식이야.

1266 >> * **一辈子** yíbèizi

명 한평생. 일생. // 下半辈子(남은 반평생)

爷爷这一辈子从没享过什么福。 = 一生
할아버지는 한평생 아무런 복을 누리지 못했다.

1267 >> **一带** yídài

명 일대.

在珠江路一带，经常聚集着一些卖盗版光盘的外地人。 = 附近
주강로 일대는, 항상 해적판 CD를 파는 외지인들이 모여있다.

1268 >> * **一旦** yídàn

명 일단. 만약.

你一旦制定了计划，就要严格执行。 = 如果
당신이 일단 계획을 정했으면, 엄격히 집행해야 한다.

1269 >> **一地** yídì

명 온 땅. (땅바닥) 여기 저기.

他一不小心，将饭洒了一地。 = 满地
그는 조심하지 않아, 밥을 온 바닥에 쏟았다.

1270 >> * **一定** yídìng

부 반드시. 꼭. 형 어느 정도의. 상당한.

(1) 放学后他一定会去图书馆。 = 必然
방과 후 그는 반드시 도서관에 갈 것이다.

(2) 后天请你们全家一定来作客。 = 务必
모레 당신의 전 가족을 초대할 테니 꼭 오세요.

(3) 空气的湿度和降雨的大小有一定的关系。 = 相当
공기의 습도와 강수량의 많고 적음은 상당한 관계가 있다.

(4) 我们相处了三年，我对他有一定的了解。 = 相当
우리는 3년을 알고 지내어서 나는 그에 대해 어느 정도 이해를 한다.

1271 >> 一番　yìfān

수 - 양 한 번. 한 차례. = 一次 = 一趟

这次我们的足球队进入了决赛，我们要好好庆祝一番。 = 一回
이번에 우리 축구팀이 결승에 올랐으니, 우리는 한차례 신나게 축하해야겠다.

1272 >> 一分价钱一分货　yī fēn jià qián yī fēn huò

〈口〉싼게 비지떡이다. 그 값에 상응하는 물품. = 一分钱一分货

(1) 到底"一分价钱一分货"，这衣服穿了三年还完好如初。 = 东西好，价格就高
역시 "물건값을 한다더니,"이라 더니, 이 옷은 3년을 입었는데 아직 새 옷 같다.

(2) 俗话说"一分价钱一分货"，买东西时不能只贪图便宜。 = 东西不好，价格就低。
속담에 "싼 게 비지떡이다"라고 하잖아, 쇼핑할 때 싼 것만 찾아서는 안 돼.

1273 >> * 一概　yígài

부 전부. 모두. 일률적으로.

(1) 关于经济方面的事情她一概不知。 = 全部
경제 방면의 일은 그녀는 전혀 모른다.

(2) 所有人下课后一概到礼堂集中。 = 没有例外
모든 사람이 수업이 끝난 후 모두 강당으로 모였다.

1274 >> * 一干二净　yī gān èr jìng

〈成〉깨끗이. 모조리. 깡그리.

一考完试，我就把复习过的课文忘得一干二净。 = 一点不剩
시험이 끝나자마자, 나는 복습한 본문을 깡그리 잊어버렸다.

1275 >> 一个　yìge

형 한…같은… // 住在一个胡同(한 골목에 살다.)

我和他小时候住在一个四合院里。 = 同一个
나와 그는 어릴 때 한 사합원(북경의 전통주택)에 살았었다.

1276 >>

一个半季度　yīge bàn jìdù

4개 월 반.

我们学校一个半季度进行一次大型考试。 = 四个半月
우리 학교는 4달 반마다 한차례 큰 시험을 본다.

1277 >>

一个半月　yīge bànyuè

1개 월 반. 45일.

他的病一个半月就要到医院复查一次。 = 45天
그의 병은 1달 반에 한번씩 병원에 가서 재검사를 해야한다.

1278 >>

一个劲儿地　yīgejìnrde

🔵부 계속. 시종일관. 줄곧. 한결같이. ☞ 向来

(1) 不知她有什么高兴事，在那儿一个劲儿地笑。 = 不停地
　　그녀에게 무슨 기쁜 일이 있는지, 그곳에서 계속 웃었다.

(2) 妈妈在马路对面一个劲儿地朝我招手。 = 不间断
　　어머니는 큰길 건너편에서 계속 나에게 손을 흔드신다.

(3) 虽然雨下得很大，他还是一个劲儿地往前赶。 = 一直
　　비록 비가 많이 왔지만, 그는 그래도 한결같이 앞으로 나아간다.

1279 >>

＊一贯　yīguàn

🔵부 일관되게. 🔵형 (주장이) 일관되다.

他那个人一贯好吃懒做，今天这是怎么啦？ = 一向
그는 줄곧 먹기만 하고 일하기 싫어했는데, 오늘 이게 어떻게 된 거야?

1280 >>

一棍子打死　yīgùnzi dǎsǐ

일격에 요절내다. 전면 부정하다. 다짜고짜로 치다.

无论他犯了什么错误，也不能一棍子打死。 = 完全否定
그가 어떤 잘못을 저질렀던 간에, 한방에 매도 할순 없잖아.

1281 >>

一晃就是四年　　yī huàng jiù shì sì nián

어느 새 4년이 지났다.

从大学毕业到现在，一晃就是四年。 = 形容时间过得很快
대학졸업에서 지금까지 시간이 순식간에 4년이 지났다.

1282 >>

一刻　　yīkè

명 ① 순간. 시각.　② 15분. 4분의 1.

(1) 刚见到他的那一刻我紧张得要死。 = 时候
　　막 그를 만났던 그 순간 나는 긴장되어 죽는 줄 알았다.

(2) 我们下午四点一刻在大学门口见面。 = 十五分
　　우리는 오후 4시 15분에 대학교 입구에서 만난다.

1283 >>

** 一口气　　yī kǒu qì

① 단숨에.　② 한 숨.　▶ 一口人(식구 한 사람.)　▶ 一口水(물 한 모금.)

(1) 他能一口气在水里呆十分钟。 = 不间断
　　그는 단숨에 물 속에서 10분을 머물수 있다.

(2) 他真的饿坏了，一口气吃了三碗饭。 = 不间断
　　그는 정말 배가 엄청 고파서, 단숨에 밥 세 공기를 비웠다.

1284 >>

** 一律　　yīlǜ

부 일률적으로. 한 가지로.

公共场合一律禁止吸烟。 = 没有例外
공공장소는 일률적으로 흡연을 금한다.

1285 >>

* 一切　　yīqiè

형 일체의. 모든.

为照顾老母亲，他放下了手头一切的工作。 = 所有
연로한 어머니를 돌보기 위해, 그는 모든 일에 손을 놓았다.

1286 >> ☆ 一生　yīshēng

명 일생. 평생. = 终生

爷爷这一生经历了很多坎坷。 = 一辈子
할아버지는 한평생 많은 어려움을 겪었다.

1287 >> ☆ 一时　yīshí

명 ① 한 때. 한 동안.　② 갑자기.　③ 잠시. 일시. 잠깐.

(1) 一时用不着这笔钱，存银行吧。 = 一下子
　　한동안 이 돈은 쓸데가 없으니, 은행에 넣자.
(2) 这么多钱，我一时拿不出来。 = 短时间内 = 很短的时间
　　이 많은 돈을 나는 일시에 내놓지 못한다.
(3) 一时糊涂，犯下了错误，他后悔得要命。 = 暂时
　　한순간 실수로 잘못을 저질러 그는 무척 후회한다.
(4) 你当替补只是一时的，下个月就能成为正式队员。 = 临时
　　당신이 후보역할을 하는 것은 잠시일 뿐 다음달이면 정식 선수가 될 수 있다.

1288 >> 一试　yī shì

한 번 시도하다. 시도해 보다. = 试试 = 试一下

这个方法有可行性，可以一试。 = 试一试
이 방법은 해 볼만하니, 한번 해봐라.

1289 >> * 一手儿　yī shǒur

명 재주. 솜씨.

(1) 师傅传授本领时总会留一手儿。 = 看家本领
　　사부가 기술을 전수할 때는 언제나 가장 중요한 비법만은 가르쳐 주지 않고 남겨 놓는다.
(2) 他在下象棋方面真有一手儿，还没见他输过呢。 = 本领 = 自己的一套
　　그는 장기 두는데 정말 재주가 있어서, 아직 그가 지는 것을 본 적이 없다.

1290 >>

一丝不苟　yī sī bù gǒu

〈成〉조금도 소홀히 하지 않다. 조금도 빈틈이 없다.

他对待工作一丝不苟的态度值得我们学习。 = 办事很认真
그의 일에 대한 빈틈없는 태도는 우리가 배울 만 하다.

1291 >>

☆ ## 一趟　yītàng

수 – 양 한 차례. 한 번. // 回去了一趟(왔다가 돌아갔다.)

我这几年里，只回过一趟故乡。 = 一次
나는 요 몇 년간, 고향에 단 한차례 다녀왔을 뿐이다.

1292 >>

一天到晚　yī tiān dào wǎn

〈成〉아침부터 밤까지. 온 종일.

(1) 他就知道一天到晚读书。 = 天天
　　그는 그저 온종일 책만 볼 줄 안다.

(2) 你一天到晚关在家里，别闷出病来。 = 成天
　　너는 온종일 집안에 갇혀 있으니, 병이나 나지 마라.

(3) 她是个忙人，一天到晚没有闲着的时候。 = 整天
　　그녀는 바쁜 사람이다, 온종일 한가할 때가 없다.

1293 >>

一味　yīwèi

부 그저. 오로지.

做为生产部门不能一味追求数量，商品的质量更重要。 = 单纯
생산부문으로서 오로지 수량만 따질 수는 없다, 상품의 질량이 더 중요하다.

1294 >>

一问三不知　yī wèn sān bù zhī

한번 물으면 세 번 모른다고 하다. 절대로 모른다고 말하다. 시치미를 뚝 떼다.

你一问三不知，肯定没好好复习。 = 什么问题都回答不出来
너는 물어도 물어도 모른다고만 하니, 복습을 잘 하지 않는 게 틀림없어.

1295 >>

一五一十地　　yī wǔ yī shí de

(부) 처음부터 끝까지. 낱낱이. 일일이.

他把这件事的经过一五一十地向公安部门汇报了。　= 很详细地
그는 이일의 경과를 낱낱이 공안부에 보고했다.

1296 >>

＊＊ ## 一系列　　yíxìliè

(형) 일련의. // 一系列的问题(일련의 문제)

今年，摩托罗拉公司推出了一系列的新款手机。　= 一连串
금년에, 모토로라사에선 일련의 새 휴대폰 모델을 내놓았다.

1297 >>

＊＊ ## 一下儿　　yíxiàr

(수량)〈동사 + 一下儿〉잠시. 한 번. 좀.
(부)〈一下儿 + 형용사〉순간. 삼시. 갑자기. 단번에. // 灯一下儿又亮了。(전등이 갑자기 밝아졌다.)

(1) 灯闪了一下儿，随后就灭了。　= 一次
　　전등이 한번 번쩍 하곤, 곧 꺼졌다.

(2) 你在这儿等一下儿，我马上就回来。　= 一会儿
　　너 여기서 잠깐 기다려라, 나 곧 돌아올게.

(3) 请你把刚才说的话再解释一下儿，我们都还没有听懂。　= 一遍
　　방금 한 말을 다시 한번 설명해 주시겠어요, 우리는 아직 알아듣지 못했습니다.

1298 >>

☆ ## 一下子　　yíxiàzi

(부) 당장. 갑자기. 순간.

(1) 街上的灯一下子全熄了。　= 突然地
　　거리의 등이 갑자기 전부 꺼졌다.

(2) 他一下子从后面冲出来，吓了我一跳。　= 很快地
　　그가 갑자기 뒤에서 뛰어나와서, 나는 깜짝 놀랐다.

1299 >>

****** 一向　yīxiàng

🔵부 줄곧. 내내. 🔵명 요즘. 근래.

(1) 他一向不喜欢吃西餐。= 向来
그는 줄곧 양식 먹기를 좋아하지 않는다.

(2) 他性格孤僻，一向独来独往。= 从来
그는 성격이 외곬이라, 줄곧 혼자서만 지낸다.

1300 >>

****** 一行　yīxíng

🔵명 일행. // 参加团一行十五人(참가단 일행 15명) // 专家组一行16人(전문가 팀 일행 16명)

他们一行十人前往中国观光旅游。= 同行的一群人
그들 일행 10명이 중국으로 관광여행을 갔다.

1301 >>

一眨眼的工夫　yī zhǎ yǎn de gōngfu

눈 깜짝할 사이에.

时间过得真快，孩子们一眨眼的工夫就长大了。= 时间过得很快
시간은 정말 빨리 지나간다, 아이들이 눈 깜짝할 사이에 자랐다.

1302 >>

一抓一大把　yī zhuā yī dà bǎ

한번 쥐면 한 움큼이다. 무척 많다. 셀 수 없이 많다.

像他这种水平的人有很多，一抓一大把。= 很多很多
그와 같은 수준의 사람은 많아, 엄청나다고.

1303 >>

***** 依　yī

🔵전 〈依 + 명사 + 동사〉…에 의해서. …대로. …에 따라. // 依我的意见做(내 의견대로 해라.)

依我看，他这么晚不会再来了。= 按照
내가 보기에 그가 이렇게 늦게는 다시 오지 않을 꺼야.

1304 >> 依稀　yīxī

(형) 희미하다. 어렴풋하다.

今天雾很大，十米外只能依稀辨出对方衣服的颜色。 = 模糊
오늘은 안개가 심해서, 10미터 밖에서 어렴풋이 상대방의 옷 색깔을 구별할 수 있을 뿐이다.

1305 >> ** 仪表　yíbiǎo

(명) ① 풍채. 용모.　② 계기. 계량기.

(1) 她的男朋友仪表很出众。 = 长相
　　그녀의 남자친구는 용모가 출중하다.

(2) 公司聘人的时候很看重人的仪表。 = 人的外表包括容貌，风度等
　　회사가 직원을 모집할 때는 사람의 용모를 중시한다.

1306 >> ☆ 以　yǐ

(전) 〈以 + 명사 + 동사〉　① …에 따라. …대로.　② …로써. …을 가지고. // 以百分之
二的速度增长(2%의 속도로 성장하다)

这个厂的利润以每年20%的比率递增。 = 按照
이 공장의 이윤은 매년 20%의 비율로 빠르게 증가한다.

1307 >> * 以往　yǐwǎng

(명) 이왕. 예전. 과거.

(1) 老同学聚会，喜欢那彼此以往的事开玩笑。 = 过去
　　옛 학우들이 모이면, 피차간에 과거지사로 농담하기를 좋아한다.

(2) 以往过年，他都回家团聚，今年出差，只好在外面过年了。 = 以前
　　이전에 설을 쇨 때면, 그는 항상 집에 가서 가족과 모였는데, 올해는 출장 가느라, 밖에서 설
　　을 쇨 수밖에 없었다.

1308 >> * 以为　yǐwéi

(동) …하는 것으로 생각하다. …인 줄 알았다.

不要以为自己什么都懂，这个社会上有学问的人多着呢。 = 认为
자신이 무엇이든 다 안다고 여기지 말아라, 이 사회에는 학식 있는 사람들이 많이 있다.

1309 >>

** 义务　yìwù

명 ① (도리상의) 책임. 의무. // 自己应尽的义务(스스로가 마땅히 해야 할 의무)
② 무보수. 봉사.

(1) 孝敬老人是我们做儿女的义务。= 无偿责任
노인을 공경하는 것은 우리들 자녀 된 자로서의 의무이다.

(2) 星期六下午学生们义务劳动，不用上课了。= 不要报酬的
토요일 오후에 학생들은 의무 노동을 하여, 수업할 필요가 없게 되었다.

1310 >>

* 异　yì

영 ① 다르다.　② 이상하다. 기이하다.

这一组小瓷猫，形态各异，非常可爱。= 不相同
이 작은 도자기 고양이 세트는, 형태가 각기 다른데, 매우 귀엽다.

1311 >>

☆ 异常　yìcháng

부 대단히. 몹시. 매우.　영 이상하다. 심상치 않다.

(1) 今年冬天异常寒冷。= 特别
올해 겨울은 몹시 춥다.

(2) 医生检查说他的肠胃有异常。= 毛病
의사는 그의 장과 위를 검사하고 이상이 있다고 말했다.

1312 >>

异样　yìyàng

영 이상하다. 색다르다. 특별하다.　명 차이. 다른 점.

他今天有些异样，该不会是出什么事了呢？= 与往常情形不一样
그가 오늘 좀 이상한데, 무슨 일이 생긴 것은 아니겠지요?

1313 >>

* 意见　yìjiàn

명 ① 의견. // 意见很有道理(의견이 이치에 맞다.)　② 이의. 불만.

(1) 他对领导的决定很有意见。= 不满
그는 상사의 결정에 대하여 불만이 있다.

(2) 他给我们的工作提了很多好的意见。= 看法
그는 우리들의 일에 많은 좋은 의견을 제시해 주었다.

1314 >> ＊＊ **意识**　yìshí

🔵동 의식하다. 깨닫다.　🔵명 의식.

(1) 手术后半小时，他才恢复了意识。 = 知觉
　　수술 후 30분만에, 그는 비로소 의식을 회복했다.

(2) 很多人都没有关于防治牙健康的意识。 = 观念
　　많은 사람들이 모두 치아 예방치료에 관한 건강상식이 없다.

(3) 大家都讨厌她，可她一点儿也没意识到。 = 觉察
　　모두들 다 그녀를 싫어하는데, 그러나 그녀는 조금도 깨닫지 못한다.

1315 >> ＊ **意思**　yìsi

🔵명 ① 취미.　② 의미. 생각. 뜻.　③ 감사의 표시. 성의 표시. 성의.

(1) 联欢会上，主持人安排了很多有意思的游戏。 = 趣味
　　친목회에서, 주최자는 많은 재미있는 게임을 준비했다.

(2) 每天吃吃喝喝没有什么意思，不如抓紧时间多看点书。 = 意义
　　매일 먹고 마시는 것은 어떠한 의미도 없으니, 시간을 잘 이용하여 책을 많이 보는 것이 낫겠다.

(3) 你照顾我这么久，这盒蛋糕是我的一点儿意思，一定要收下。 = 心意
　　당신이 나를 이렇게 오랫동안 돌봐 주셨는데, 이 케이크는 나의 자그마한 성의이니, 반드시
　　받으셔야 합니다.

1316 >> ＊ **意思意思**　yìsi yìsi

〈口〉 작은 성의를 표시하다.

(1) 你把这块手表送给他，意思意思。 = 表示一点心意
　　당신은 이 손목시계를 그에게 선물해서, 작은 성의를 표시하세요.

(2) 你去给老板意思意思吧，或许对你升职有些帮助呢！ = 送钱
　　당신은 가셔서 사장님께 작은 성의를 표시하세요, 혹시 아나요 당신 승진에 도움을 줄지!

1317 >> ☆ **意外**　　yìwài

圏 의외이다. 뜻밖이다.

(1) 他来参加我的婚礼，真让我意外。= 没有想到
그가 내 결혼식에 참석한 것은, 정말 뜻밖이었다.

(2) 公司职员打电话来说老板在外地出意外了。= 遇到了事故 = 受伤或死
회사 직원이 전화해서 사장님이 외지에서 사고가 났다고 말했다.

1318 >> **意想不到**　　yìxiǎngbudào

圐 상상하지 못했다. 예기치 못하다. = 没想到

这次产品宣传会收到了意想不到的好效果。= 意外
이번 상품 발표회에서 예기치 못한 좋은 결과를 얻었다.

1319 >> **意中人**　　yìzhōngrén

圐 마음속으로 사모하는 이성.

他在上大学时，找到了自己的意中人。= 恋人
그는 대학에 다닐 때, 자기의 짝을 찾았다.

1320 >> **阴一阵，晴一阵**　　yīn yī zhèn, qíng yī zhèn

성질이 들쭉날쭉하다.

他的脸色阴一阵，晴一阵，让人琢磨不透。= 脾气不稳定，变化很快
그의 안색이 들쭉날쭉해서 사람으로 하여금 알 수 없게 한다.

1321 >> **引人注目**　　yǐn rén zhù mù

사람의 주목을 끌다.

在众多的女孩子中，她最引人注目。= 受人注意
많은 여자아이들 중에서, 그녀가 제일 사람의 주목을 끈다.

1322 >>

** 隐约 yǐnyuē

⑧ 희미하다. 분명하지 않다. 어렴풋하다.

我隐约听到有人在喊我的名字。 = 模糊
나는 어떤 사람이 나의 이름을 외치고 있는 것을 어렴풋이 들었다.

1323 >>

应届 yīngjiè

⑨ 본 기(本期)의. 당해연도의.(졸업생에게만 사용함)

今年的应届毕业生人数很多。 = 当年的
금년 본 기의 졸업생 수는 많다.

1324 >>

** 应 yìng

⑧ ① 대답하다. 승낙하다.　② 응하다. 받아들이다. // 应北京大学的邀请(북경대학의
초청에 응하다.)　▶ 应该 yīnggāi (당연히 …해아 한다.)

(2) 你既然已经应了人家，就不能反悔了。 = 答应
너는 이왕 이미 사람들에게 승낙했으니, 마음을 돌릴 수 없게 되었다.

(2) 应北京大学的邀请，主席出席了它的百年校庆。 = 受
북경 대학의 초청을 받아, 주석은 개교 100주년 기념식에 참석했다.

1325 >>

** 应付 yìngfu

⑧ ① 대충 넘어가다. 얼버무리다. 어물쩍하다. // 应付过去(어물쩍 지나가다.)
② 대처하다. 대응하다.

(1) 最困难的事情由我来应付。 = 对付
제일 곤란한 일은 내가 맡는다.

(2) 这次考试很重要，你怎么能随便应付呢。 = 凑合
이번 시험이 중요한데, 너는 어떻게 대강 넘어가려 하니.

(3) 他应付了几件麻烦事，就赶紧回家了。 = 处理
그는 몇 건의 귀찮은 일을 처리하고서, 서둘러 집으로 갔다.

1326 >> 应选 yìngxuǎn

（동） 경선에 참가하다.

这次市长的应选人共计五名。 ＝ 参加选拔
이번 시장 경선에 참가한 사람은 도합 5명이다.

1327 >> * 英俊 yīngjùn

（형） ① 잘생기다. 준수하다. 멋있다.　② 재능이 뛰어나다.

她的男朋友长得非常英俊。 ＝ 好看
그녀의 남자친구는 매우 멋지게 생겼다.

1328 >> ** 迎 yíng

（동） 맞다. 영접하다.
（선） 〈迎 ＋ 명사 ＋ 동사〉 …을 향하여. …쪽으로. ＝ 朝 ＝ 冲 // 迎头赶上(선두를 따라잡다.)

运动会上，操场两侧的彩旗迎风招展。 ＝ 顺着
운동회에서, 운동장 양쪽의 오색기가 바람에 펄럭인다.

1329 >> ☆ 硬 yìng

（부） 억지로. 무리하게. 굳이. 한사코.
（형） ① (의지가) 굳다. (태도가) 완강하다.　② 단단하다.

(1) 美国在海湾战争问题上表现得很硬。 ＝ 强硬
　　미국은 걸프전 문제에서 강하게 나왔다.

(2) 他的态度很硬，我看他是不会轻易改变主意的。 ＝ 坚决 ＝ 固执
　　그의 태도가 완강해서, 나는 그가 쉽게 주장을 바꾸지 않을 것이라 본다.

1330 >> 硬朗 yìnglang

〈口〉（형） ① (노인이) 정정하다. 건강하다.　② (말이)강하다. 힘있다.

(1) 爷爷说他很硬朗，登山没问题。 ＝ 健康结实
　　할아버지께서는 당신이 정정하셔서, 등산도 문제없다고 말씀하신다.

(2) 他已经七十岁了,身体还是硬朗。 ＝ 健康 〔老年人身体很不错〕
　　그는 이미 70세가 되었으나, 몸은 아직 건강하다.

1331 >> **硬是**　yìngshì

부 ① 참으로. 실로.　② 굳이. 억지로. 한사코.

(1) 你硬是要去的话，我也不拦你。 = 非要
　　당신이 굳이 가야한다면, 저도 당신을 막지 않겠습니다.

(2) 他不顾父母的反对，硬是报考了体校。 = 坚持
　　그는 부모님의 반대에 아랑곳하지 않고, 끝까지 체대시험에 응시했다.

1332 >> **硬着头皮**　yìngzhe tóupí

부 ① 억지로. 무리하게.　② 할 수 없이. 염치 불구하고.

你要负起责任，已经做了的事，只好硬着头皮做到底，你懂不懂？ = 排除困难坚持
당신은 책임을 져야해요, 이미 시작한 일이니 무리해서라도 끝까지 해야해요, 알겠습니까?

1333 >> ★ **用**　yòng

명 ① 용도. 쓸모.　② 비용.　**동** ① 쓰다. 사용하다.　② 먹다. 마시다.

(1) 你这个没用的家伙！ = 本事
　　너 이 쓸모 없는 놈아!

(2) 那本书对我多少还有点儿用。 = 用处
　　저 책은 나에게 다소나마 쓸모가 있다.

(3) 这台收音机太旧了，早就没什么用了。 = 用处
　　이 라디오는 너무 오래돼서, 벌써 아무 소용도 없게 되었다.

1334 >> **用不上**　yòngbushàng

동 사용할 수 없다. = 用得上

他在大学中所学的专业在现在的工作中用不上。 - 无法使用 - 派不上用场
그가 대학에서 배운 전공이 지금의 일에서는 써먹을 수가 없다.

1335 >> ☆

用不着　yòng bu zháo

(동) …할 필요가 없다. …필요하지 않다. = 不用

(1) 天又不热，用不着开空调。 = 不需要
날이 덥지도 않은데, 에어컨을 가동할 필요가 없다.

(2) 你没有犯错误，用不着向他道歉。 = 没有必要
당신이 잘못한 것이 없으면, 그에게 사과할 필요가 없습니다.

(3) 用不着客气，在阿姨家就像在自己的家里一样！ = 不必
사양할 필요 없이, 아주머니 댁에 있으면서 자기 집에 있는 것처럼 지내라.

1336 >> ☆

用功　yònggōng

(동) ① 열심히 공부하다. ② 힘쓰다. 노력하다.

他学习很用功，成绩也很突出。 = 学习努力
그는 공부를 열심히 해서 성적도 뛰어나다.

1337 >> ★

尤其　yóuqí

(부) 특히. 더욱.

(1) 你要注意安全，尤其注意防火。 = 特别
당신 안전에 주의하세요, 특히 불조심에 신경 쓰고요.

(2) 他考上大学，尤其是妈妈很高兴。 = 特别
그가 대학에 합격해서, 특히 어머니가 기뻤다.

(3) 在学校各门课都要专心，英语尤其要花力气。 = 更
학교에서 각 과목에 모두 열중해야 하고, 영어는 더욱 힘을 써야한다.

1338 >> ☆

由　yóu

(전) 〈由 + 사람 + 동사〉…이[가]…한다. …에 의해서…하게 된다.

(1) 领导决定这项工程由我负责。 = 归给
상사는 이 공사를 내가 책임지는 것으로 결정했다.

(2) 由这条路过去，会少花许多时间。 = 经过 = 通过
이 길을 건너가면, 많은 시간을 아낄 수 있습니다.

1339 >> 由来　yóulái

명 유래. 내력.　**무** 원래부터.

(1) 这个古老的风俗由来已久。= 传下来
　　이 오래 된 풍속은 유래된 지 이미 오래되었다.

(2) 办公室里调来一名新同事，大家都很关心她的由来。= 来历
　　사무실에 새로운 동료가 한 명 전근왔는데, 모두들 다 그녀의 내력에 관심이 있다.

1340 >> **犹豫　yóuyù

동 주저하다. 망설이다. 머뭇거리다. = 迟疑不决

这是最后一次机会了，你就别再犹豫了。= 拿不定主意
이것은 마지막 기회이니, 당신은 더 이상 주저하지 마세요.

1341 >> *友情　yǒuqíng

명 우정. 우의.

我和她是初中同学，有很深厚的友情。= 友谊
나와 그녀는 중학교 동창이며, 두터운 우정이 있다.

1342 >> 有奔头　yǒu bēn tóu

동 희망이 있다. 장래성이 있다. = 有前途 = 出息

学好英语，进外资企业有奔头。= 有希望
영어를 잘 배워두면, 외국인 기업에 들어가는데 희망이 있다.

1343 >> **有出息　yǒu chūxi

동 장래성이 있다. 싹수가 있다.

(1) 他的大儿子很有出息，考上了名牌大学。= 有前途
　　그의 큰아들은 싹수가 있더니, 명문대학에 합격했다.

(2) 我们同学中就他最有出息，现在是方正集团的董事长。= 有成就
　　우리들 급우 중에 그가 제일 장래성이 있었는데, 현재 방정그룹의 이사장이다.

1344 >> ☆ 有的是　yǒude shì

얼마든지 있다. 많이 있다.

(1) 他家有的是钱，买辆车子算什么？ = 非常多
　　그의 집은 돈이 많은데, 차 사는 게 뭐 별거라고요?

(2) 我在北京有的是好朋友，可是深圳一个人也不认识。 = 有很多
　　나는 북경에는 친한 친구가 얼마든지 많은데, 그러나 심천에는 한 사람도 알지 못한다.

1345 >> 有经验　yǒu jīngyàn

동 경험이 있다. 경험이 매우 풍부하다.

他在市场调查方面很有经验，你要向他多请教。 = 经验很丰富
그는 시장조사 방면에 경험이 많으니, 너는 그에게 많이 가르쳐 달라고 하세요.

1346 >> ☆ 有空儿　yǒu kòngr

동 시간이 있다.

你要是有空儿，咱俩一块去探望老师吧。 = 有时间
당신이 만약에 시간이 있다면, 우리 둘이 함께 선생님을 찾아뵙시다.

1347 >> ☆ 有两下子　yǒu liǎngxiàzi

〈口〉 상당한 재능[능력]이 있다. 실적이 대단하다.

(1) 我别的不行，学习上倒还真的有两下子。 = 有些本领
　　나는 다른 것은 몰라도, 공부에서는 정말로 재능이 있다.

(2) 他修自行车有两下子，附近这一带没有不知道的。 = 有独到的才能
　　그가 자전거 수리하는데는 재능이 있어, 부근 일대에 모르는 사람이 없다.

1348 >> 有了明显的进步　yǒu le míngxiǎn de jìnbù

뚜렷한 발전이 있다.

经过一段时间的努力，他的学习有了明显的进步。 = 好转
일단의 시기의 노력을 거쳐, 그의 학습은 뚜렷한 발전을 보였다.

1349 >>

有数儿　　yǒu shùr

(영) 몇 안되다.　(동) 승산이 있다. 자신있다. 알다 ＝ 心里有数儿

(1) 只有有数的几个人会说英语。 ＝ 很少
　　단지 몇 안 되는 사람들만이 영어를 말할 줄 안다.

(2) 别看大家嘴上不说, 可心里有数儿。 ＝ 有把握
　　다들 아무 말 않는다고 여기지 마, 속으로는 다 자신을 가지고 있다고.

(3) 进入公司两个月后, 他心里基本有数了。 ＝ 了解情况
　　회사에 들어온 지 두어 달 후, 그는 속으로 기본적이나마 알게 되었다.

1350 >>

有喜了　　yǒu xǐ le

〈口〉 임신하다.

恭喜恭喜, 听说你的姐姐有喜了。 ＝ 怀孕
축하합니다, 듣자하니 당신의 누나가 임신했다더군요.

1351 >>

有心人　　yǒuxīnrén

(명) 포부있는 사람. 뜻을 품은 사람. // 世上无难事, 只怕有心人(마음만 먹으면 못할 일이 없다.)

(1) 只要你是有心人, 早晚会发现其中的破绽的。 ＝ 有毅力的人
　　단지 당신이 뜻만 있다면, 조만 간에 그 중의 결점을 발견할 수 있을 겁니다.

(2) 谁有困难他总会第一个发现, 确实是个有心人哪。 ＝ 细心
　　누군가 곤란이 있으면 그가 항상 제일 처음 발견하는데, 확실히 세심한 사람이야.

1352 >>　＊＊ 有眼光　　yǒu yǎnguāng

(동) 안목이 있다.

我们公司的经理用人很有眼光。 ＝ 有眼力
우리 회사의 사장님은 사람을 쓰는데 안목이 있다.

1353 >> ** 有益　yǒuyì

영 유익하다. 도움이 되다.

你照我的话去做吧，这样对你有益。 = 有利
당신은 나의 말대로 하세요, 이렇게 하면 당신에게 이익이 있을 것입니다.

1354 >> * 有意思　yǒu yì si

영 ① 재미있다.　② 마음에 들다.　③ 의미가 있다. 우습다. 웃긴다.

(1) 这部电影很有意思。 = 有趣
　　이 영화는 재미있다.
(2) 你没看出来小王对你有意思吗？ = 喜欢某人
　　당신은 소왕이 당신에게 마음이 있다는 것을 알아차리지 못했나요?

1355 >> 有意者　yǒuyìzhě

명 생각[마음]이 있는 사람.

我们公司贴出了招聘书，有意者最近会到人事部门面试的。 = 想做什么的人
우리 회사는 모집공고를 내걸었으니, 마음이 있는 사람이 근자에 인사부분에 면접 보러 올 것이다.

1356 >> 有朝一日　yǒu zhāo yī rì

언젠가는. = 总有一天

你对我这么好，有朝一日我会报答你的。 = 以后的某一天
당신이 나에게 이렇게 잘해주시니, 언젠가는 내가 당신에게 보답하겠습니다.

1357 >> ☆ 于　yú

전 ① 〈于 + 장소[시간]〉…에. …에서. // 生于汉城(서울에서 태어나다.)
　　② 〈于 + 명사[사람]〉…에. …에게. // 有利于(…에 유리하다.) // 不利于我们(우리
　　　들에게 불리하다.)
　　③ 〈형용사 + 于 + 명사〉…보다. // 强于他(그 사람보다 세다.) ▶ 于是(yúshì)(그래서)

(1) 小学生都知道万大于千。 = 比
초등학생도 만이 천보다 크다는 것을 다 안다.

(2) 中华人民共和国成立于1949年。 = 在
중화 인민 공화국은 1949년에 성립했다.

(3) 多喝水不但不会使你长胖，反而有利于减肥。 = 对
물을 많이 마시면 너를 살찌게 하지 않을 뿐만 아니라, 오히려 살 빼는데 유익하다.

1358 >> ☆ 与 yǔ

선 …와. …과. …와[과] 더불어. = 和

(1) 两人一见之下，很是相与。 = 投合 = 相处愉快
두 사람은 만나자마자, 의기투합했다.

(2) 我们与人相处时，要懂得谦虚和尊重。 = 跟
우리들은 사람과 함께 할 때, 겸허와 존중할 줄을 알아야 한다.

1359 >> 欲 yù

소동 〈欲 + 동사〉 ① 바라다. …하고 싶어하다. ② 바야흐로[곧] …하려 하다.

好了，故事明天再说了。欲知后事如何，且听下回分解。 = 想要
됐어요, 이야기는 내일 다시 합시다, 뒷일이 어떻게 됐는지 알고 싶으면 다음 번에 나누어듣지요.

1360 >> 预期 yùqī

동 예정하다. 예기하다.

这项工程预期三月份完工。 = 事先期望
이 공사는 3월 중 완공 예정입니다.

1361 >> ★ 原来 yuánlái

명 원래. 본래.

부 알고 보니 그랬었구나. (몰랐던 사실을 새로 알게 뇌었을 때 사용함.) // 〈原来…怪不得…〉(알고 보니 그랬었구나. 어쩐지 …하더라니.)

(1) 我原来没打算去北京的。 = 本来
　　나는 원래 북경에 갈 계획이 없었다.

(2) 原来老师今天生病了，怪不得没来上课。 = 没想到的情况
　　알고 봤더니 선생님이 병이 나셨군요, 어쩐지 수업하시러 오지 않으셨더라니!

(3) 原来外面在下大雪，怪不得天气这么冷。 = 没想到的情况
　　알고 보니 밖에 큰 눈 내렸구나, 어쩐지 날씨가 이렇게 춥더라.

1362 >> **缘故　yuángù

명 연고. 원인. 이유.

不知什么缘故，他突然间不高兴了，怎么问都一言不发。 = 原因
무슨 이유인지는 모르겠지만, 그가 갑자기 기분이 나빠졌는데, 아무리 물어봐도 한마디도 하지 않는다.

1363 >> *愿意　yuànyì

소동 〈愿意 + 동사〉 …하기를 바라다. 원하다. 동의하다.

(1) 我愿意怎么干就怎么干，别人管不着。 = 想
　　나는 내가 하고 싶은 데로 할거야, 다른 사람은 상관할 바가 아냐.

(2) 我并非不愿意陪你去，是因为有事去不了。 = 想
　　나는 결코 당신과 함께 가기를 원하지 않는 건 아닌데, 일이 있어서 갈래야 갈 수가 없습니다.

1364 >> 岳母　yuèmǔ

명 장모. ⇔ 岳父

他结婚后，和妻子住在岳母家。 = 妻子的母亲
그는 결혼 후, 아내와 장모님 댁에서 산다.

1365 >> ＊＊ **杂志**　zázhì

명 잡지.

市面上的杂志太多了，分不出哪种好。 = 期刊
세상에 잡지가 너무 많아서, 어떤 종류가 좋은지 구분해 낼 수가 없다.

1366 >> ＊＊ **再三**　zàisān

부 재삼. 거듭. 몇 번이고. // 再三叮嘱(재삼 신신당부하다.)

(1) 再三打扰你休息，实在抱歉。 = 一再
　　당신이 쉬시는데 거듭 방해해서, 정말 미안합니다.

(2) 出发前，妈妈再三嘱咐我注意安全。 = 一次又一次
　　출발 전에, 엄마는 몇 번이고 나에게 안전에 유의하라고 당부했다.

1367 >> ＊＊ **再说**　zàishuō

접 게다가. 또한. 동 생각해 본 뒤에 처리하다. …한 뒤에 정하다.

(1) 他不会不帮助你的，再说他还有求于你呢！ = 另一方面
　　그는 당신을 안 돕지는 않을 것이며, 또한 그 역시 당신에게 부탁할 겁니다.

(2) 这件事既然讨论不出什么结果，就等以后再说吧。 = 再考虑办理
　　이일은 이왕 아무런 결론을 못 내렸으니, 다음번에 다시 얘기 합시다.

1368 >> ＊ **在乎**　zàihu

동 ① 마음에 두다. 문제삼다. = 介意 // 不在乎(개의치 않는다. 상관없다.) ② …에 있
다. …에 달려있다. = 在于 // 去不去在于你。(가고 안 가고는 너한테 달려있다.)

(1) 她对自己的工作不太在乎，经常请假，早退。＝ 在意
　　그녀는 자신의 일에 대해서 그다지 신경쓰지 않고, 종종 휴가 내고, 조퇴한다.

(2) 他那么在乎你的感受，说明他真心喜欢你。＝ 重视
　　그가 그렇게 너의 느낌을 중요시하는 것은, 그가 진심으로 너를 좋아함을 말한다.

1369 >>　＊ **赞助**　　zànzhù

동　찬조하다. 후원하다.

这次运动会得到了多家知名企业的赞助。＝ 提供经费
이번 운동회는 많은 유명기업의 후원을 받았다.

1370 >>　**赞同**　　zàntóng

동　찬동하다. 지지하다.　▶ 赞成(찬성하다. 동의하다.)

很多家长还是赞同老师打自己的孩子的。＝ 支持
많은 가장들은 선생님이 자신의 아이를 때리는 데 여전히 찬성한다.

1371 >>　＊ **暂时**　　zànshí

명　잠시의. 잠깐의.

(1) 我暂时还拿不出这么多钱来。＝ 眼前 ＝ 当下
　　나는 바로 이렇게 많은 돈을 내놓지 못해요.

(2) 困难只是暂时的，对这一点我们要有信心。＝ 短时间
　　어려움은 잠시일뿐이다. 우리는 이 점에 대해 믿음이 있어야 한다.

1372 >>　**脏话**　　zānghuà

명　상스러운 말. 더러운 말. 욕지거리.　▶ 骂话(욕말)

这个孩子没有教养，满嘴的脏话。＝ 下流的话
이 아이는 교양이 없어서, 말끝마다 욕지거리다.

1373 >>

赃物　zāngwù

(명) 장물. (훔쳤거나 뇌물로 받은) 부정한 재물.

有一个学生听了法制课以后主动送还赃物，所以未受处分。 = 偷窃来的物品
한 학생이 법률과 제도라는 과목을 듣고서 스스로 장물을 돌려주어, 처벌받지 않았다.

1374 >>

** 糟　zāo

(형) ① 부패하다. 썩다.　② 잘못되다. 그르치다. 실패하다. // 糟了(망쳤다.망했다) = 惨
了　③ (몸이) 약하다.

(1) 目前的局面可以说是很糟。 = 混乱 = 不顺利
　　목하 상황이 어지럽다고 말할 수 있다.

(2) 整个行动全被他一个人搞糟了，他应该承担一切结果。 = 失败
　　전체 행동이 모두 그 한사람에 의해서 엉망이 되었으니, 그는 일체의 결과를 도맡아야 한다.

1375 >>

* 糟蹋　zāota

(동) 낭비하다. 망치다.

这么好的东西给他真是糟蹋了。 = 浪费
이렇게 좋은 물건을 그에게 주는 것은 정말 낭비이다.

1376 >>

☆ 遭到　zāodào

(동) (좋지 않은 일을) 만나다. 당하다. // 遭到了特大洪水(엄청나게 큰 홍수를 만났다.)

今年中国陕西遭到了洪水袭击。 = 遇到 = 碰到
올해 중국 섬서성은 홍수의 습격을 받았다.

1377 >>

** 遭遇　zāoyù

(명) 처지. 경험. 운명. 경우.(대개 불행한 상황에 쓰임.)
(동) (불행한 일을) 만나다. 부딪치다.

他一生的遭遇十分不幸。 = 经历
그 사람 일생의 처지는 매우 불행했다.

1378 >> ** 早晚   zǎowǎn

🔵 조만간. 언젠가.

(1) 作恶者早晚会得到报应的。 = 总有一天
　　 나쁜 일을 하는 사람은 조만 간에 인과응보를 받게 될 것이다.

(2) 你这么不小心，早晚会出事。 = 迟早
　　 당신 이렇게 조심하지 않으면 조만 간에 사고 날 것이다.

(3) 你出国留学，是早晚的事。 = 或早或晚
　　 당신 외국에 나가 유학하는 건 조만 간의 일이다.

1379 >> * 怎么   zěnme

🔵 왜. 어째서. 어떻게. = 为什么

(1) 他怎么了？整天闷闷不乐的。 = 出了什么事
　　 그 사람 왜 그래? 하루종일 풀이 죽어 답답하게 .

(2) 这个学生上课时怎么这么好动呢？ = 奇怪
　　 이 학생은 수업할 때 왜 이리도 움직여대는지?

1380 >> 怎么能看得懂   zěnme néng kàn de dǒng

〈口〉 어떻게 알아볼 수 있겠어? 알아 볼 수 없다.

你写得这么乱，我怎么能看得懂? = 看不懂
당신이 이렇게 엉망으로 써 놓았으니, 내가 어떻게 알아볼 수 있겠니?

1381 >> 乍   zhà

🔵 ① 방금. 갓. 처음에. ② 갑자기. 돌연히.

(1) 乍暖还寒的天气。 = 刚
　　 따뜻하다가도 추워지는 날씨.

(2) 你初来乍到，凡事都要小心点。 = 刚
　　 당신은 처음 막 왔으니, 모든 일에 다 조심해야 합니다.

1382 >> ** 扎实   zhāshi

영 ① 튼튼하다. 견고하다. = 结实   ② 성실하다. 착실하다. = 踏实

(1) 捆扎实一点，小心掉下来。 = 结实
잘 좀 묶어라, 떨어지지 않게 조심하고.

(2) 那些和古代有关的专业都要求学生有扎实的文献基础。 = 牢固
그런 고대와 관련된 전공은 모두 학생들에게 확실한 문헌적 기초를 요구한다.

1383 >> 展现   zhǎnxiàn

동 (눈앞에) 전개되다. 펼쳐지다.

这次运动会展现了我们班的精神风貌。 = 展示
이번 운동회에서 우리 반의 정신 풍모를 펼쳤다.

1384 >> 占便宜   zhàn piányi

동 ① (정당하지 못한 방법으로) 이익을 보다. 실속[잇속]을 차리다. // 占别人的小便宜
(약간의 이익을 다른 사람에게서 챙기다.)   ② 여자를 희롱하다. = 吃豆腐 ▶ 沾光
zhān guāng (덕을 보다. 은혜를 입다. 신세를 지다.)

(1) 他这个人很自私，就会占别人的便宜。 = 贪图
그 사람은 이기적이어서 다른 사람에게서 이익을 챙길 줄만 안다.

(2) 公车上总有一些坏蛋占女同志的便宜。 = 不规范 = 非礼
버스에서는 항상 어떤 나쁜 놈들이 여성들에게 점잖지 못한 짓을 한다.

1385 >> 战战兢兢   zhànzhanjīngjīng

〈成〉 전전긍긍하다. 두려움에 떨다.

他胆子小，一上战场就战战兢兢的。 = 害怕
그는 간이 작아서, 전쟁터에 나가면 두려움에 떤다.

1386 >> * 掌握 zhǎngwò

동 ① 파악하다. 정통하다. ② 장악하다. 주관하다.

(1) 他掌握着手下二十多个人。= 控制
   그는 20명 정도의 부하를 장악하고 있다.
(2) 我们已大体掌握了这个公司的情况。= 了解
   우리들은 이미 이 회사의 상황을 대략 파악했다.

1387 >> 长进 zhǎngjìn

동 (학문·품행방면에) 진보가 있다. 발전하다. 향상되다. ☞ 不长进 ▶ 进步 jìnbù
([학습방면이] 진보하다. 향상하다.)

经过老师的指点，她很有长进。= 进步
선생님의 지적을 통하여, 그녀는 매우 향상되었다.

1388 >> ** 着凉 zháo liáng

동 감기에 걸리다. = 感冒

他昨晚睡觉没盖好补子，着凉了。= 受凉
그는 어젯밤에 잘 때 이불을 덮지 않아서, 감기에 걸렸다.

1389 >> * 找 zhǎo

동 ① 자초하다. / 找麻烦(골칫거리를 만들다. 귀찮게 하다.) ② (잔돈을) 거슬러 주다.
// 我找你二十块钱。(거스름돈 20원입니다.) ③ 찾다. 구하다. ④ 부족한 것을 채우다.

(1) 你这次是存心来找我麻烦的。= 添
   너는 이번에 일부러 나를 귀찮게 하려고 온 거지.
(2) 去超市买东西，找回了二十多元钱。= 退回剩余的
   슈퍼마켓에서 물건을 사고, 20여원을 거슬러 받았다.

1390 >>

找个台阶下　　zhǎo ge táijiē xià

〈口〉빠져나갈 길을 찾다. 모면할 방도를 찾다.

他自觉理亏，马上给自己找个台阶下，不再坚持。= 说话时找一个借口或理由
그는 스스로 일리가 없다고 느껴지면, 바로 자신이 빠져나갈 길을 마련해 놓고는 더 이상 버티지
않는다.

1391 >>

** 照样　　zhàoyàng

🔵 여전히. 예전대로. = 照旧

那些看到红灯照样往前闯的人是在拿自己的生命开玩笑。= 依然
빨간 불을 보고도 여전히 앞으로 가는 그런 사람은 자기 목숨을 가지고 장난치는 것이다.

1392 >>

** 真棒　　zhēnbàng

정말 뛰어나다. 정말 훌륭하다. 정말 대단하다

她的舞跳得真棒，在场的观众没有不称好的。= 非常好
그녀의 춤 솜씨는 정말 대단해서, 그곳에 있던 관중들이 잘한다고 칭찬하지 않는 사람이 없다.

1393 >>

* 真的　　zhēnde

🔵 정말. (단독으로 사용할 수 있음.) *真(단독으로 사용 못함.) // 真好(정말 좋다.)

他没来真的是挺遗憾的。= 的确
그가 오지 않은 것이 정말 유감이다.

1394 >>

真格的　　zhēngéde

정말. 진실로. 실제로. = 真个的 // 动真格的(정말이더라. 정말 장난이 아니다)

这回他可是动真格的了，你没看见，老本都押上去了。= 实在的 = 认真的
이번에 그 사람은 정말 장난이 아니더군, 너는 본전까지 다 거는 걸 못 봤니.

1395 >> 镇定　zhèndìng

형 (긴박한 상황에서도) 침착하다. 냉정하다. 차분하다.　동 진정하다. 마음을 가라앉히다.

遇事一向镇定的领导竟然也一时慌了手脚。　= 冷静
일이 생기면 줄곧 침착했던 상사도 의외로 한순간 당황하여 실수를 했다.

1396 >> ☆ 正常　zhèngcháng

형 정상적이다.

(1) 你这人脑子有点不正常。　= 没有毛病
　　너의 머리는 좀 정상이 아니다.

(2) 每年到这个季节下雨是正常的。　= 符合规律
　　해마다 이 계절에 비가 오는 것은 정상이다.

1397 >> ** 正当　zhèngdàng

형 정당하다. 합리적이다.　◀ 正当 zhèngdāng (마침. 바로 그 때.)

这是正当要求，你不应该拒绝。　= 合理
이 요구는 정당하기에, 너는 거절해서는 안 된다.

1398 >> ☆ 正好　zhènghǎo

형 알맞다. 딱좋다.　부 마침. 때마침. // 来得正好(때마침 잘 왔다.)

(1) 收你二十块钱，正好啊。　= 刚好 = 恰好
　　당신에게 20원을 받으면, 딱 맞다.

(2) 你来得正好，刚要给你打电话呢。　= 正是时候
　　너 마침 잘 왔다, 막 너에게 전화하려던 참인데.

1399 >>

** 正面　zhèngmiàn

명 정면. 직접. // 没有正面回答(직접 대답하지 않았다.)
형 긍정적인. 올바른. 좋은. ⇔ 反面

(1) 这个人很可疑，他总是不正面回答问题。 = 直接
　　이 사람이 의심스러워, 그는 항상 질문에 직접적으로 대답을 하지 않아.

(2) 小说中有许多给人留下深刻印象的正面人物。 = 先进 = 好的
　　소설 중에는 사람들에게 깊은 인상을 주는 좋은 인물이 많이 있다.

1400 >>

正视　zhèngshì

동 직시하다. 똑바로 보다. 직시하다.

(1) 正视错误是每个人应该具备的勇气。 = 正确对待
　　잘못을 직시하는 것은 사람마다 마땅히 갖춰야 할 용기이다.

(2) 每当有困难时，我们要正视现实，不能采取逃避的方法。 = 面对
　　고난이 있을 때마다, 우리들은 현실을 직시해야지, 회피의 방법을 채택해서는 안 된다.

1401 >>

正宗　zhèngzōng

명 정통(파). 원조.

(1) 他说一口正宗的北京话。 = 纯正的
　　그는 정통한 북경말을 한다.

(2) 要想吃正宗狗不理包子，就要到天津去。 = 地道的
　　원조 구불리 만두가 먹고싶으면, 천진으로 가야한다.

(3) 这里的招牌上写着"正宗川菜"，其实全不是那么回事。 = 真正的
　　이곳의 간판에는 '원조 사천요리' 라고 쓰여져 있는데, 실은 전부 사실과 다르다.

1402 >>

知音　zhīyīn

명 지기. 친구. = 知己 // 找不到一个知音(나를 알아주는 친구를 찾을 수 없다.)

他把自己的同桌当成知音，无话不谈。 = 了解自己的朋友
그는 자신의 짝을 친구로 여기고, 하지 않는 이야기가 없다.

1403 >> 知足　zhīzú

동 만족할 줄 안다. 안분지족 하다.

妈妈对现在安定的生活很知足。 = 感到满足
어머니는 현재의 안정된 생활에 만족한다.

1404 >> ☆ 直　zhí

형 솔직하다. 시원시원하다. // 请直说吧。(직접 말씀하세요.) // 他嘴直，藏不住话。
(그는 솔직히 말하지 말을 숨기지 않는다.)

부 ① 곧장. 줄곧. 자꾸. ② 그야말로. 완전히. 실로.

(1) 有什么困难直说吧，别不好意思了。 = 直接
어려움이 있으면 솔직하게 말해라, 미안하게 생각하지 말고.

(2) 他嘴直，有说得不对的地方还请多原谅。 = 直爽
그는 직설적이니 잘못 말하는 부분이 있어도 이해하여 주십시오.

1405 >> 直截了当　zhíjié liǎodàng

〈成〉(언행이) 단순 명쾌하게. 단도직입적으로. 시원시원하게. = 开门见山 = 直说

一进门，他就直截了当地说明了来意。 = 简单爽快
문을 들어서자 마자 그는 단도직입적으로 온 이유를 설명했다.

1406 >> ☆ 值得　zhíde

동 …할 가치가 있다. = 犯得着 ⇔ 犯不着

(1) 这么好的衣服才卖一百元钱，很值得。 = 合算
이렇게 좋은 옷을 겨우 백 원에 팔다니 수지가 맞다.

(2) 美好的理想值得我们付出艰辛的劳动。 = 有价值
아름다운 이상은 우리가 힘든 노동을 할 가치가 있다.

(3) 这次交流会虽然花了我一个多星期的时间，但有收获很值得。 = 有意义
이번 교류회는 비록 내가 일주일 가량의 시간을 썼지만, 그러나 수확이 있어 그럴 가치가 있다.

1407 >>

值得一游　zhíde yì yóu

한번 구경해볼 가치가 있다.

北京的故宫值得一游。 = 值得游览
북경의 고궁은 한번 구경해 볼 만하다.

1408 >> ☆

职业　zhíyè

명 직업. // 一个具有诱惑力的职业(매력을 가진 직업)

(1) 参加比赛的都是职业球员。 = 专业的
시합에 참가한 사람은 모두 프로 선수들이다.

(2) 教师这个职业对于女孩子来说很合适。 = 工作
교사라는 직업이 여자에게는 적합하다고 말할 수 있다.

1409 >> ★

只好　zhǐhǎo

부 부득이. 할 수 없이. …할 수밖에 없다. = 只得

迫于他的压力，我只好把秘密说出来了。 = 不得不
그의 협박에 못이겨, 나는 할 수 없이 비밀을 말했다.

1410 >> ★

指　zhǐ

동 ① 의지하여. 의거하여. ② 기대하다. 희망하다. ③ 지적하다. 지도하다.

(1) 她丈夫很忙，所有的家务都指着她一个人干。 = 靠
그녀의 남편은 매우 바빠서, 모든 집안 일을 그녀 혼자 한다.

(2) 你多年纪大了，你弟弟还小，全家就指着你了。 = 依靠 = 盼望 = 寄希望于
당신의 아버지는 나이가 많고, 동생은 아직 어리니, 온 집안이 당신만 바라본다.

(3) 你们不能都指着我一个人，一个人的力量毕竟是有限的。 = 靠
너희들은 나 한사람에게만 의지해서는 안 된다, 한사람의 힘은 결국 한계가 있는 거야.

1411 >> * 制约　　zhìyuē

동　제약하다. 구속하다. // 制约经济发展(경제발전을 제약하다.)

(1) 资源短缺制约该国的进一步发展。＝ 限制
　　자원 결핍은 그 국가의 힘찬 발전을 제약한다.

(2) 交通的不便利制约了这一地区的发展。＝ 约束
　　교통불편이 이 지역의 발전을 제약한다.

1412 >> ☆ 质量太次　　zhìliàng tài cì

품질이 떨어지다. 품질이 좋지 않다.

这种电饭锅虽然便宜但质量太次。＝ 质量不好
이 전기 밥솥은 싸지만 품질이 좋지 않다.

1413 >> 中国通　　Zhōngguó tōng

명　중국통.

这个韩国人是中国通，他对中国文化了解得很多。＝ 对中国文化非常了解的人
이 한국인은 중국통이라서, 그는 중국문화에 대하여 많이 이해한다.

1414 >> ** 终生　　zhōngshēng

명　평생 ＝ 一辈子

他对我的恩情，我终生难忘。＝ 一生
그의 나에 대한 은혜와 정은, 평생 잊지 못한다.

1415 >> 终身大事　　zhōngshēn dàshì

명　종신대사. 결혼. 혼인.

婚姻是终身大事，一定要谨慎。＝ 婚姻
결혼은 종신대사이기에, 반드시 신중해야 한다.

1416 >> 重病人　zhòngbìngrén

명 중환자. // 病人(환자)

医院里的特护病房是为重病人准备的。 = 病得很厉害的人
병원 안의 특별병실은 중환자들을 위해서 준비한 것이다.

1417 >> ☆ 周到　zhōudào

명 주도면밀하다. 빈틈없다. 꼼꼼하다. 세심하다.

(1) 这家酒店的服务十分周到。 = 完备
　　이 술집의 서비스는 매우 세심하다.

(2) 她是个仔细人，考虑问题很周到。 = 全面
　　그녀는 세심해서, 문제를 매우 꼼꼼하게 고려한다.

(3) 这次旅游，导游对我们照顾很周到。 = 周全
　　이번 여행에서, 가이드는 우리들을 세심하게 돌보아 주었다.

1418 >> * 周围　zhōuwéi

명 주위. 사방.

她们家周围是一片麦地。 = 附近
그녀들의 집 주위는 보리밭이다.

1419 >> ☆ 逐渐　zhújiàn

부 점차. 차츰차츰. ▶ 逐步(한 걸음 한 걸음. 차츰차츰.[단계적인 변화가 있는 경우에 쓰임])

志愿献血的观念正逐渐为广大市民所接受。 = 渐渐
자원해서 헌혈하는 관념이 점차 많은 시민들에게 받아들여지고 있다.

1420 >> * 逐年　zhúnián

부 매년. 해마다.

这家公司的销售额在逐年增加。 = 一年一年地
이 회사의 판매액은 매년 증가하고 있다.

1421 >> ★ **主意** zhǔyì

명 의견. 방법. 생각. // 好主意(좋은 생각. 좋은 방법.) // 他拿主意。(그가 결정하다.)

(1) 你的主意不错，我们采纳了。 = 建议
너의 아이디어가 좋아서, 우리들이 채택했다.

(2) 事情太突然，他早就没了主意。 = 办法
일이 너무 갑작스러워서, 그는 일찌감치 방법이 없었다.

1422 >> **主宰** zhǔzǎi

동 주재하다. 지배하다. 명 주재자. 지배자.

(1) 他是这个地方的主宰。 = 统治者 = 支配者
그는 이곳의 지배자다.

(2) 我们要主宰自己的命运，不能任由他人支配。 = 支配
우리들은 자신의 운명을 지배해야 한다, 마음대로 타인에게 지배당할 수는 없다.

1423 >> ☆ **主张** zhǔzhāng

동 주장하다. 결정하다. 명 주장. 견해. 의견.

(1) 大会上，代表们纷纷提出了自己的主张。 = 观点
회의에서, 대표들은 잇달아 자신의 견해를 내놓았다.

(2) 今年结婚都主张节俭，不要铺张浪费。 = 提倡
올해 결혼은 모두 간소화를 주장하니, 겉치레로 낭비하지 말아야 한다.

1424 >> ★ **注目** zhùmù

동 주목하다. 주시하다.

(1) 世界杯期间，足球是最引人注目的项目。 = 注意
월드컵기간에 축구는 가장 사람들의 주목을 끄는 종목이었다.

(2) 海湾战争让世界人民注目中东。 = 关注
걸프전은 세계인들로 하여금 중동지역에 이목을 집중하게 했다.

1425 >> ＊ 注重　zhùzhòng

동 중시하다. 특별히 주의하다.

我们不能只注重一个人的外表，更要看他的才干。 = 重视
우리들은 한사람의 외모만을 중시해서는 안 되며, 그의 재능을 더 봐야 한다.

1426 >> ☆ 抓　zhuā

동 ① 책임을 지다.　② 강조하다. 역점을 두다. 특별히 주의하다.　③ 잡다. 쥐다. 긁다. 할퀴다.　④ 다투어 하다. 서둘러 하다. // 抓时间用功(시간을 다퉈서 공부하다.)

(1) 要善于抓住机会。 = 把握
　　기회를 잘 잡아야 한다.

(2) 这个厂的生产安全问题必须要抓了。 = 管
　　이 공장의 생산 안전 문제는 반드시 강조해야 한다.

1427 >> 拽　zhuài

동 잡아끌다. 잡아당기다.

我拽着他去喝咖啡。 = 拉
나는 그를 잡아끌고서 커피 마시러 갔다.

1428 >> 转眼　zhuǎnyǎn

부 눈 깜짝할 사이에. 순식간에.

刚才他还在这儿呢，转眼就不见了。 = 短时间内
방금 전만 해도 그는 이곳에 있었는데, 눈 깜짝할 사이에 사라졌다.

1429 >> 装扮　zhuāngbàn

동 ① 장식하다. 단장하다. 몸치장하다. = 打扮
　　② …인 체하다. // 装听不懂(못 알아듣는 체하다.)

五十周年国庆节前夜，整个大安门广场被装扮得格外漂亮。 = 装饰
50주년 국경일 전날 밤, 온 천안문 광장은 특히나 아름답게 꾸며졌다.

1430 >> **装不下** zhuāngbuxià

동 수용할 수 없다. = 装得下

五百人的会场来了六七百人，简直装不下了。 = 不能容纳
500인의 회장장에 6, 7백 명이 와서 전혀 수용할 수 없었다.

1431 >> ☆ **追** zhuī

동 쫓아다니다. 추구하다. // 一直追那个姑娘(줄곧 저 아가씨를 쫓아다녔다.)

(1) 他追女孩子很有一套。 = 追求
　　그는 여자를 쫓아다니는데 일가견이 있다.

(2) 他一直在追隔壁的女孩子。 = 求爱
　　그는 줄곧 옆집의 여자를 쫓아다니고 있다.

1432 >> * **追究** zhuījiū

동 추궁하다. 따지다. 규명하다. ▶ 追问(추궁하다. 캐묻다.)

这件事已经过去了，我就不追究是谁的责任了。 = 追查
이 일은 이미 지난 일이어서, 나는 누구의 책임인지 추궁하지 않으려 한다.

1433 >> ☆ **准** zhǔn

부 반드시. 틀림없이. // 准能做到(반드시 해낼 수 있다.)
동 허가하다. 허락하다. // 不准来(오는 것을 금지한다. 와서는 안 된다.)

(1) 无论是谁，骄傲自大准得失败。 = 肯定
　　누구든지 교만하고 자만하면 반드시 실패할 것이다.

(2) 包在我身上，我准把他带回来。 = 一定
　　나에게 맡겨, 나는 반드시 그를 데리고 돌아올 테니.

1434 >> ☆ **准时** zhǔnshí

명 정해진 시간. 정각. 정시.

今天的比赛因天气原因没有准时召开。 = 按时
오늘 시합은 날씨 때문에 정시에 열리지 않았다.

1435 >>

琢磨　zhuómó

동 생각하다. 사색하다.

她每做一件事前都要仔细琢磨半天。= 考虑
그녀는 모든 일을 하기 전에 세심하게 오랫동안 생각한다.

1436 >>

滋润　zirùn

형 ① 편안하다.　② 촉촉하다. 젖어있다.

他们夫妻是双职工，日子过得很滋润。= 舒服
그들 부부는 맞벌이를 하기 때문에 생활이 윤택해졌다.

1437 >> *

滋味(儿)　zīwèi(r)

명 ① 기분. 감정. 느낌.　② 맛.

(1) 失败的滋味可真不好受。= 感受
　　실패의 느낌은 정말 견디기 어렵다.

(2) 挨骂的滋味只有我自己知道。= 感觉
　　야단맞는 느낌은 단지 나 자신만이 안다.

1438 >> ☆

自然　zìrán

부 ① 물론. 당연히.　② 자연히. 저절로.

(1) 他是你哥哥，自然会帮助你的。= 当然
　　그는 너의 형이니, 당연히 너를 도와줄 것이다.

(2) 大自然的力量多么伟大啊。= 无生命的世界
　　대자연의 힘은 얼마나 위대한가.

(3) 女孩子都爱漂亮，我自然也不例外。= 当然
　　여자는 모두 아름다워지기를 좋아하는데, 나도 물론 예외는 아니다.

(4) 那是他第一次在电影中扮演角色，但演得很自然。= 不做作
　　그것은 그가 처음으로 영화에서 주연을 맡은 것인데도 연기가 매우 자연스럽다.

1439 >> **自在** zìzài

형 ① 편안하다. 안락하다. ② (zìzài) 자유롭다.

(1) 他一个人在外面住得很自在。 = 舒服
그는 혼자 밖에서 매우 편안하게 산다.

(2) 别人拿他开玩笑，他感到很不自在。 = 自由
다른 사람이 그를 놀리면, 그는 기분이 편치 않았다.

1440 >> **踪** zōng

명 발자취. 흔적. 종적. 행방. // 行踪不明(행적이 묘연하다.)

(1) 他的行踪一向很少有人知道。 = 去向
그의 행방을 아는 사람은 줄곧 매우 적다.

(2) 一会的工夫，他就跑得无影无踪了。 = 踪迹
짧은 시간에 그는 흔적도 없이 도망가 버렸다.

1441 >> ** **总** zǒng

부 ① 늘. 줄곧. 언제나. = 一向 = 经常 ② 반드시. 결국.

她感冒了，总流鼻涕。 = 一直
그녀는 감기에 걸려서, 계속 콧물이 흐른다.

1442 >> ** **总得** zǒngděi

조동 어쨌든[아무튼. 반드시] …해야 한다.

你是父母唯一的儿子，过春节总得回家看看。 = 必须 = 应该
너는 부모님의 유일한 아들이니, 설을 쇨 때는 반드시 집에 가 봐야한다.

1443 >> ★ **总是** zǒngshì

부 늘. 줄곧. 언제나. = 老是

他上班总是迟到，已经挨了不少批评了。 = 经常
그는 출근이 언제나 늦어서, 이미 야단을 많이 맞았다.

1444 >> * 走 zǒu

（동） ① 떠나다. // 为了钱就可能走。(돈을 위해서라면 떠날 수 있다.) ② 가다. 달아나다. // 往前走(앞쪽으로 가다.) ③ 걷다. // 走去(걸어가다.) // 走路(길을 걷다.)

你来晚了，他半个小时前已经走了。 = 离开
네가 늦게 왔어, 그는 30분전에 벌써 갔어.

1445 >> 走到一块儿 zǒu dào yīkuàir

〈口〉 결혼하다.

你和你爱人是不是因为京剧走到一块儿的？ = 结婚
당신과 부인은 경극 때문에 결혼한 것 아닌가요?

1446 >> 走红 zǒuhóng

（동） 인기가 있다. 환영을 받다. = 吃得开

(1) 她只演了一部电影就走红了。 = 出名
그녀는 단지 한편의 영화에 출연하고서 이름을 날리게 되었다.

(2) 卡通书在这一带很走红。 = 卖得多，卖得快了
만화책은 이 일대에서 매우 인기가 있다.

(3) 最近这种红色的T恤很走红，卖火了。 = 受欢迎
최근 이런 종류의 붉은 색 티셔츠는 인기라서, 불티나게 팔린다.

1447 >> ** 走后门(儿) zǒu hòumén(r)

（동） (부당한 수법으로) 뒷거래를 하다. 연줄을 대다. = 拉关系 = 找关系

他靠走后门找到了现在的这份工作。 = 靠关系
그는 연줄에 대어 현재의 이일은 찾았다.

1448 >> 走极端 zǒu jíduān

극단으로 치닫다.

他做事不冷静，喜欢走极端。 = 做事偏激
그는 일을 할 때 냉정하지 못해서, 극단으로 치닫곤 한다.

1449 >> * 走漏   zǒulòu

동 (비밀이) 새다. (비밀을) 누설하다.

(1) 事情一开始就走漏了风声，难怪要失败呢。 = 泄露
일을 시작하자마자 소문이 새어나가 버렸어, 그러니 실패하고 말지.

(2) 这次任务的保密工作做得很好，没有任何人走漏消息。 = 偷偷告诉别人
이번 임무의 비밀 유지가 잘되어서 어떤 사람도 정보를 누설하지 않았다.

1450 >> 走俏   zǒuqiào

형 잘 팔리다. 시세가 매우 좋다.

今年布的凉鞋在市场上很走俏。 = 畅销
올해 천으로 만든 샌들은 시장에서 잘 팔린다.

1451 >> 走题   zǒu tí

동 (말이나 글이) 주제에서 벗어나다.

王校长讲话经常走题。 = 离开主题
왕교장의 연설은 자주 주제에서 벗어난다.

1452 >> 足有半(个)小时   zǒu yǒu bàn ge xiǎo shí

족히 30분은 된다.

我等你足有半小时了。 = 整整半个小时
내가 너를 기다린 지가 족히 30분은 되었다.

1453 >> * 遵照   zūnzhào

동 …대로 따르다. …대로 하다. // 遵照你的吩咐做(당신의 분부대로 하다.)

遵照老师的吩咐，她做好了一切准备工作。 = 遵循
선생님의 명령에 따라서, 그녀는 일체의 준비작업을 해 놓았다.

1454 >> 左膀右臂　　zuǒ bǎng yòu bì

명　유능한 조수.

小李和小王是经理的左膀右臂。= 得力助手 = 不可或缺的助手
이씨와 왕씨는 사장님의 왼팔 오른팔이다.

1455 >> 左撇子　　zuǒpiēzi

명　왼손잡이.

弟弟是个左撇子。= 用左手干事的人
동생은 왼손잡이다.

1456 >> 左说右说　　zuǒ shuō yòu shuō

〈成〉횡설수설하다. 이말 했다 저말 했다 하다.

他这人真是铁石心肠，我左说右说，他就是不答应。= 反复说
그 사람은 정말 철석같이 냉정해서, 내가 이렇게 말하고 서렇게도 밀해보지만, 진혀 승낙하지 않는다.

1457 >> ☆　左右　　zuǒyòu

동　좌우하다. 좌지우지하다. 조종하다.　명　〈가격[시간] + 左右〉전후. 가량. 정도. 쯤.

(1) 公司大小事务都由他一个人左右。= 操纵
　　회사의 크고 작은 일들은 모두 그 한 사람이 좌지우지한다.

(2) 形势发展太快了，不是一个人能左右的。= 控制或决定
　　형세의 진전이 너무 빨라서, 한사람이 좌지우지 할 수 있는 게 아니다.

1458 >> 左右不了　　zuǒ yòu bu liǎo

동　좌지우지할 수 없다. ⇔ 左右不了

孩子大了，你左右不了他了。= 操纵
아이가 커서 너는 그를 마음대로 할 수 없다.

1459 >> 作伴　zuòbàn

동 같이 있다. 함께 하다. 동무가 되다. = 做伴

妈妈经常与奶奶作伴去公园。 = 陪伴 = 结伴
어머니는 항상 할머니와 함께 공원에 간다.

1460 >> ☆ 作品　zuòpǐn

명 작품.

我昨天读了你发表的作品，写得确实很棒。 = 文章
나는 어제 네가 발표한 작품을 읽었는데, 정말 훌륭하게 썼더군.

1461 >> ☆ 坐班　zuòbān

동 매일 정해진 시간에 출퇴근하다.

小学教师坐班，中学教师不坐班。 = 呆在学校里 = 每天按规定时间上班
초등학교 선생님은 정해진 시간에 출퇴근하지만, 중고등학교 선생님은 그렇지 않다.

1462 >> 做不过来　zuòbuguòlái

동 (시간·능력·인원의 부족 등으로) 다 할 수 없다. = 忙不过来

家务活儿太多，我一个人实在做不过来。 = 做不完
가사 업무가 너무 많아서, 나 혼자서는 정말 다 해낼 수 없다.

1463 >> 做了手脚　zuò le shǒujiǎo

몰래 부정한 짓을 하다. 수작을 부리다.

往猪肉中注水，做了手脚，是犯法的。 = 暗中欺骗
돼지고기에 물을 넣어 수작을 부리는 것은 위법이다.

1464 >>

做梦也没有想到　　zuòmèng yě méiyǒu xiǎngdào

꿈에도 생각하지 못했다.

我做梦也没想到他能考上清华大学。＝ 怎么也不会想到
나는 그가 청화대학에 합격하리라고는 꿈에도 생각하지 못했다.

1465 >> ☆

做生意　　zuò shēngyì

동 사업을 하다. ＝ 做买卖

改革开放后，不少人做生意，富了起来。＝ 经营商业
개혁 개방 후, 적지 않은 사람이 사업을 하여 부자가 되었다.

■ 아래의 각 단문 중 빈 칸에 들어갈 적합한 한자를 보기에서 골라 써 넣어보세요.

<table>
<tr><td>보기</td><td>□ 真格的</td><td>□ 有两下子</td><td>□ 一时</td><td>□ 一带</td><td>□ 一分价钱一分货</td></tr>
<tr><td></td><td>□ 意思意思</td><td>□ 糟</td><td>□ 一味</td><td>□ 有心人</td><td>□ 做生意</td><td>□ 装扮</td></tr>
<tr><td></td><td>□ 一手儿</td><td>□ 要数</td><td>□ 一下儿</td><td>□ 依稀</td><td>□ 以往</td><td>□ 扎实</td></tr>
<tr><td></td><td>□ 意思</td><td>□ 咬耳朵</td><td>□ 照样</td><td>□ 严严实实</td><td>□ 有意者</td><td>□ 眼看</td></tr>
<tr><td></td><td>□ 欲</td><td>□ 压制</td><td>□ 赃物</td><td>□ 硬着头皮</td><td>□ 以为</td><td>□ 要不然</td></tr>
<tr><td></td><td>□ 再说</td><td>□ 俨然</td><td>□ 值得</td><td>□ 指</td><td>□ 注重</td><td>□ 正宗</td></tr>
<tr><td></td><td>□ 自然</td><td>□ 左说右说</td><td>□ 走漏</td><td>□ 做不过来</td><td>□ 腰包鼓鼓</td></tr>
</table>

1　大家都不想在这儿干下去了，这儿太　　　　　人才了！

2　她感冒了，外出时妈妈给她穿得　　　　　的。

3　他那读书时忘我的神态，　　　　　是一个老学究。

4　　　　　　着两个孩子都大了，要为他们考虑人生大事了。

5　别看他　　　　　，其实挣得都是不易之财。

6　他们俩总是在一起　　　　　，不知说什么悄悄话呢！

7　你必须珍惜你现在所拥有的一切，　　　　　到失去的时候你就该后悔了。

8　所有的孩子当中，妈妈最疼爱的就　　　　　弟弟了。

9　在珠江路　　　　　，经常聚集着一些卖盗版光盘的外地人。

10　俗话说"　　　　　"，买东西时不能只贪图便宜。

11　你当替补只是　　　　　的，下个月就能成为正式队员。

12　他在下象棋方面真有　　　　　，还没见他输过呢。

13　做为生产部门不能　　　　　追求数量，商品的质量更重要。

14　请你把刚才说的话再解释　　　　　，我们都还没有听懂。

15　今天雾很大，十米外只能　　　　　辨出对方衣服的颜色。

16 ＿＿＿＿＿过年，他都回家团聚，今年出差，只好在外面过年了。

17 不要＿＿＿＿自己什么都懂，这个社会上有学问的人多着呢。

18 你照顾我这么久，这盒蛋糕是我的一点儿＿＿＿＿＿，一定要收下。

19 你去给老板＿＿＿＿吧，或许对你升职有些帮助呢！

20 你要负起责任，已经做了的事，只好＿＿＿＿＿做到底，你懂不懂？

21 他修自行车＿＿＿＿，附近这一带没有不知道的。

22 谁有困难他总会第一个发现，确实是个＿＿＿＿＿哪。

23 我们公司贴出了招聘书，＿＿＿＿＿最近会到人事部门面试的。

24 好了，故事明天再说了。＿知后事如何，且听下回分解。

25 这件事既然讨论不出什么结果，就等以后＿＿＿＿＿吧。

26 有一个学生听了法制课以后主动送还＿＿＿＿＿，所以未受处分。

27 整个行动全被他一个人搞＿了，他应该承担一切结果。

28 那些和古代有关的专业都要求学生有＿＿＿＿＿的文献基础。

29 那些看到红灯＿＿＿＿＿往前闯的人是在拿自己的生命开玩笑。

30 这回他可是动＿＿＿＿了，你没看见，老本都押上去了。

31 这里的招牌上写着"＿＿＿＿＿川菜"，其实全不是那么回事。

32 这次交流会虽然花了我一个多星期的时间，但有收获很＿＿＿＿＿。

33 你们不能都＿着我一个人，一个人的力量毕竟是有限的。

34 我们不能只＿＿＿＿＿一个人的外表，更要看他的才干。

35 五十周年国庆节前夜，整个天安门广场被＿＿＿＿＿得格外漂亮。

36 那是他第一次在电影中扮演角色，但演得很＿＿＿＿。

37 他这人真是铁石心肠，我＿＿＿＿，他就是不答应。

38 这次任务的保密工作做得很好，没有任何人＿＿＿＿消息。

39 家务活儿太多，我一个人实在＿＿＿＿＿。

40 改革开放后，不少人＿＿＿＿＿，富了起来。

1 这几年，我们家买了冰箱，添了彩电，日子过得挺美。⋯⋯⋯⋯⋯⋯⋯⋯⋯（　　）
- A. 阔
- B. 方便
- C. 满意
- D. 美丽

2 上个月花得多一些，手头显得<u>紧</u>了。
⋯⋯⋯⋯⋯⋯⋯⋯⋯⋯⋯⋯⋯（　　）
- A. 紧张
- B. 紧急
- C. 很忙
- D. 不富裕

3 他把一生的积蓄几乎都用完了，现在<u>手里有点儿紧</u>。⋯⋯⋯⋯⋯⋯⋯⋯（　　）
- A. 紧张
- B. 紧急
- C. 很忙
- D. 不富裕

4 老张如果知道你去，他<u>准</u>去。⋯⋯⋯（　　）
- A. 一定
- B. 允许
- C. 按时
- D. 准备

5 大家谦让着，关照着，非常<u>动人</u>。（　　）
- A. 气人
- B. 感人
- C. 惊人
- D. 吓人

6 这匹马不太诚实了，你替我好好<u>收拾收拾</u>。
⋯⋯⋯⋯⋯⋯⋯⋯⋯⋯⋯⋯⋯（　　）
- A. 修理修理
- B. 整理整理
- C. 打扫打扫
- D. 整治整治

7 咱们普通老百姓最<u>看不惯</u>这种官气十足的人。⋯⋯⋯⋯⋯⋯⋯⋯⋯⋯⋯（　　）
- A. 看不过
- B. 轻视
- C. 讨厌
- D. 看不上

8 整整一个晚上，他一直坐在屋角的一堆鞍具上手里揉弄着一本皱巴巴的<u>课本</u>。（　　）
- A. 课文
- B. 教科书
- C. 笔记本
- D. 本文

정답

1. C　2. D　3. D　4. A　5. B　6. D　7. C　8. B

9 他的音容笑貌，从此<u>留在</u>我的脑海里。

10 这件事情<u>实在</u>太危险了，你不能去做。

11 看见房屋<u>燃烧</u>起来，人们赶忙跑过去救火。

12 阳光<u>照</u>在窗户上，刺人的眼睛睁不开。

13 他走了<u>刚刚</u>半小时，你就进来了。

14 听到好朋友得重病的消息，我很<u>伤心</u>。

15 这两家公司<u>协作</u>开发了一项新的产品。

16 你这么说，让我很<u>痛苦</u>，不知道怎么办才好。

17 这套<u>课本</u>很适合外国人学习汉语。

18 他的<u>个子</u>不高，但是人精神。

19 从这个物品的<u>形状</u>上看不出原来做什么用的。

20 姐姐<u>成家</u>以后，没有和父母一起住。

21 他很<u>不愿意地</u>答应去做这件事情。

22 这件事做起来很难，你要换一个角度<u>作文章</u>才行。

23 你这样做，<u>分明</u>是看不起我。

24 校长<u>吩咐</u>学生，在九点之前要集合完毕。

25 他都已经28岁了，可还是没有工作，<u>要向我伸手</u>。

26 <u>没说的</u>，你的事情就是我的事情，我一定办好。

27 商店里的<u>营业员</u>态度很好，顾客们都很高兴。

28 她<u>拉长了脸</u>坐在那里，一句话也不说。

29 这道题目，你们俩用的解题方法是<u>异曲同工</u>。

30 经过<u>一再</u>申请，他才得到一份奖学金。

정답

9. 存在　10. 真　11. 着　12. 反射　13. 仅仅　14. 难过　15. 共同　16. 为难　17. 教材　18. 身高　19. 样子　20. 结婚　21. 勉强　22. 深入研究　23. 显然　24. 命令　25. 跟我要钱　26. 没有问题　27. 服务员　28. 生气了　29. 方法不同, 效果一样　30. 再三

제1회 확인학습

1. 爱去不去　2. 碍事　3. 巴不得　4. 白　5. 半瓶醋　6. 包袱　7. 本事　8. 毕竟　9. 别提了　10. 别扭　11. 不得已　12. 不对劲儿　13. 不管三七二十一　14. 不好意思　15. 不见得　16. 不禁　17. 不免　18. 不然　19. 不三不四　20. 不算数　21. 不像话　22. 不要紧　23. 不一定　24. 不在乎　25. 不知不觉　26. 曾　27. 差不多　28. 差劲　29. 炒了鱿鱼　30. 车到山前必有路　31. 吃不开　32. 吃不了　33. 吃得上　34. 吃苦　35. 吃亏　36. 吃香　37. 出色　38. 出洋相　39. 除非　40. 吹

제2회 확인학습

1. 答复　2. 打扮　3. 打架　4. 打算　5. 大吃一惊　6. 大概　7. 大小　8. 带病　9. 挡　10. 得　11. 倒霉　12. 典礼　13. 盯　14. 恶劣　15. 二话没说　16. 翻了一番　17. 反正　18. 放冷枪　19. 非法　20. 分别　21. 分配　22. 奋斗　23. 风光　24. 风雨　25. 否则　26. 副作用　27. 赶紧　28. 高速　29. 个个　30. 够意思　31. 辜负　32. 鼓舞　33. 顾　34. 挂　35. 怪不得　36. 惯　37. 贯彻　38. 光　39. 光临　40. 归

제3회 확인학습

1. 过目　2. 过意不去　3. 还可以　4. 含糊　5. 好　6. 好不　7. 好看　8. 好像　9. 何况　10. 喝彩　11. 恨不得　12. 红过脸　13. 忽视　14. 糊涂　15. 怀疑　16. 黄昏　17. 回头　18. 浑身　19. 活　20. 火坑　21. 或许　22. 及　23. 计划　24. 艰难　25. 将　26. 教案　27. 接济　28. 解剖　29. 借口　30. 仅　31. 经不住　32. 景气　33. 竟　34. 就　35. 就要　36. 举世无双　37. 开辟　38. 看遍了　39. 靠　40. 空口说白话

제4회 확인학습

1. 老的老，小的小　2. 老手　3. 乐观　4. 冷板凳　5. 冷门　6. 立刻　7. 连连　8. 连忙　9. 两下子　10. 了不起　11. 临时　12. 领域　13. 留心　14. 马马虎虎　15. 忙活　16. 没趣儿　17. 没什么比它再贵的　18. 没事儿人　19. 没戏　20. 没怎么睡觉　21. 门道　22. 免得　23. 明明　24. 摸门儿　25. 木头人　26. 拿不出手　27. 耐火　28. 难为情　29. 难兄难弟　30. 闹　31. 宁愿　32. 牛郎织女　33. 赔不是　34. 配得上　35. 偏偏　36. 贫乏　37. 凭借　38. 婆婆妈妈　39. 起风波　40. 千克

제5회 확인학습

1. 热　2. 热门　3. 人情　4. 任　5. 三长两短　6. 谁知道　7. 神气　8. 时不时地　9. 时兴　10. 实事求是　11. 事　12. 事与愿违　13. 释怀　14. 数一数二　15. 说得有鼻子有眼　16. 搜查　17. 体面　18. 土　19. 万万　20. 往返　21. 文盲　22. 闻名　23. 问题　24. 我说什么来着　25. 无非　26. 无情　27. 喜悦　28. 显著　29. 现实　30. 像……等　31. 心得　32. 心里像碰倒了五味瓶　33. 心眼儿　34. 行百里者半九十　35. 形成　36. 须眉　37. 宣告　38. 学问真到家　39. 巡视　40. 学到手

제6회 확인학습

1. 压制　2. 严严实实　3. 俨然　4. 眼看　5. 腰包鼓鼓　6. 咬耳朵　7. 要不然　8. 要数　9. 一带　10. 一分价钱一分货　11. 一时　12. 一手儿　13. 一味　14. 一下儿　15. 依稀　16. 以往　17. 以为　18. 意思　19. 意思意思　20. 硬着头皮　21. 有两下子　22. 有心人　23. 有意者　24. 欲　25. 再说　26. 赃物　27. 糟　28. 扎实　29. 照样　30. 真格的　31. 正宗　32. 值得　33. 指　34. 注重　35. 装扮　36. 自然　37. 左说右说　38. 走漏　39. 做不过来　40. 做生意

■ 参考书籍

1. 惯用语一千条, 孙治平、叶敏华编著, 上海文艺出版社, 1986.

2. HSK汉语水平考试大纲(初、中等), 国家汉语水平考试委员会
    办公室编制现代出版社, 1989.

3. 汉语水平考试模拟试题集, 刘颂浩、刘元满、林观、方晔编著,
    华语教育出版社, 1995.

4. 汉语水平考试模拟题集(初、中等), 李增吉编著, 南开大学出版
    社, 1996.

5. HSK汉语水平考试指南, 汉语水平考试仿真试题集、李宝贵主
    编, 大连理工大学出版社, 1996.

6. 汉语水平等级标准与语法等级 大纲, 国家对外汉语教学领导小
    组办公室汉语水平考试部, 高等教育出版社, 1996.

7. HSK听力自测(1-6)朱子仪啦郑蕊编, 北京语言文化大学出版
    社, 1997.

8. HSK汉语水平考试应试指南(初, 中等), 倪明亮主编, 北京语
    言文化大学出版社, 1998.(빨간 표지)

9. HSK考前强化训练, 郭玉玲, 张若莹主编, 新世界出版社,
    1999.

10. HSK汉语水平考试(初, 中等)分项模拟题库听力理解, 李增吉
    主编, 南开大学出版社, 1999.

11. HSK汉语水平考试(初, 中等)分项模拟题库语法结构, 李增吉
    主编, 南开大学出版社, 1999.

12. HSK汉语水平考试(初, 中等)分项模拟题库阅读理解, 李增吉
    主编, 南开大学出版社, 1999.

13. HSK汉语水平考试(初, 中等)分项模拟题库综合填空, 李增吉
    主编, 南开大学出版社, 1999.

14. HSK汉语水平考试模拟习题集(初，中等)，袁冰，赵延风编著，北京大学出版社，2000.

15. HSK中国汉语水平考试模拟试题集(初，中等)，陈田顺主编，北京语言文化大学出版社，2000.

16. 汉语流行口语，李杰明，李杰群编著，华语教学出版社，2001.

17. HSK汉语水平考试模拟题集(初，中等)，红尘主编，华语教育出版社，2001.

18. HSK中国汉语水平考试模拟试题集(初，中等)，陈田顺主编，北京语言文化大学出版社，2001.

19. HSK精解活页题选(第2辑)(初，中等)，缪小放，张和平编著，北京语言文化大学出版社，2001.

20. HSK精解活页题选(第1辑)(初，中等)，缪小放，张和平编著，北京语言文化大学出版社，2001.

21. 汉语熟语学习手册，胡鸿编著，北京大学出版社，2002.

22. HSK听力关键词，王小宁，侯子玮编著，新世界出版社，2002.

23. HSK听力惯用语，王小宁，侯子玮编著，新世界出版社，2002.

24. HSK 8级精解(听力)，赵菁主编，北京语言文化大学出版，2002.

25. HSK精解活页题选(第2辑)(初，中等)，卢福波著，北京语言文化大学出版社，2002.

26. 汉语水平考试听力题型分析与训练(初，中学)，王小宁，侯子玮编著，清华大学出版社，2002.

■ 工具书

1. 8822中韩辞典，韩国中国语文学会编，松山出版社，1999.

2. 通过HSK—HSK词汇精解，HSK对策研究组著，华夏出版社，1997.

3. HSK汉语水平考试词典，邵敬敏主编，华东师范大学出版社，2000.

기출문제 어휘로
HSK 8급을 잡아라 (독해편)

인쇄일	2003년 10월 30일
발행일	2003년 11월 5일

발행인	윤우상
편 저	백형술 · 최남규 · 윤영미
번 역	김성민
편 집	김영조
디자인	Design Didot(이주연 · 강보경 · 박미연 · 김상은 · 박혜원)
등록일	1976. 2.2. 제 9-40호
펴낸곳	송산출판사 120-094
	서울시 서대문구 홍제 4동 104-6
영업부	735-6189
편집부/FAX	737-2260

값 13,000원
*잘못된 책은 바꾸어 드립니다.

ISBN 89-7780-069-2 (18720)
　　　　89-7780-066-8 세트